SDGsで「変わる経済」と「新たな暮らし」

2030年を笑顔で迎えるために

不二製油グループ本社 CEO補佐
立教大学特任教授
河口 真理子 著

PROLOGUE

先が見えないからこそ、求められる意思決定

令和2年は、新型コロナ感染問題の深刻化に世界中が振り回されてのスタートでした。これを書いている8月上旬では、コロナの影響が日を追うごとに世界中へ広がり、グローバル経済や地域の社会生活に与える影響は深刻化している最中です。

ここでは、あえて状況を整理するために、コロナ感染が拡大している3月時点に戻って考えることにします。コロナの感染拡大で収束の目途が立たない段階では、感染拡大を防ぐ重要な手段である「人が集まること」「お互いに接触すること」「移動すること」を止めるために、基本的な衣食住にかかわること、ライフラインに直接かかわる活動以外の「不要不急」の活動、特に観光産業やエンターテインメントなどが大きなダメージを受けていました。

また、中国では人の移動や工場操業が制限されたため、世界のモノづくりにも影響を与え、特に中国での生産に頼る商品、パソコンや自転車、プラスチック成型品などの供給は影響を受けはじめていました。それだけでなく日本の場合、政府による一斉休校要請は、子どもの学ぶ機会を奪うという問題、働いている親の負担増などの問題、給食用の牛乳や食材が行き先を失い、事業者が困るといった事態を引き起こしました。

そして、イベントの多い3月の休校・イベント自粛要請は、イベントで必需品である生花が売れなくなり、家庭用に格安で売られるなど「風が吹けば桶屋が儲かる」式に影響をおよぼしました。

コロナに直接感染したり、発症して身体的に大変な思いをしたり、場合によっては命を落としてしまう。そんな被害者が大量に出るだけでも大変です。さらにワクチンがウィルスの治療にあたる医療機関の関係者は、自らの命を危機にさらしながらも、献身的な努力をし続けました。それだけでも大きな社会的なコストであるのに、新型コロナはその何倍も深刻な影響を世界経済と人々の暮らしに、もたらしました。

一方で、日々の暮らしをみていると、首都圏では在宅勤務や時差出勤を取り入れるために、ぎゅうぎゅう詰めのはずの通勤電車がゴールデンウィークの谷間のように空いていましたし、オフィス街を歩く人もまばらになり、外国人観光客であふれていた銀座などの繁華街も閑散としていました。

日本経済新聞は2020年3月8日の一面に「都心の人出大幅減」という記事を載せていましたが、それによると、2019年2月26日と2020年2月27日（いずれも水曜日）の午前零時の銀座と北新地の人口を調べたところ、銀座は47%減、北新地は46%減とほぼ半減し、在宅勤務を導入した企業が多い汐留地区の日中の勤務者人口は2月26から28日の間で、前年と比べて20%減少したことが報告されていました。

当然、新幹線も飛行機もガラガラ、デパートや量販店までも時間短縮をしたり、閉店日を増やすなどの対応に追われていました。一方で、ちょっとそこまで買い物にいく際にも、マスクをせずに外を歩くのは、罪人のように感じるまでになりました。春の選抜高校野球大会も中止、学校の卒業式も中止や縮小、入学式は延期、大相撲は無観客試合にするなど、2カ月前のお正月にこの事態を誰が預言したとしても「まさか〜」と一笑にふしたであろう異常事態が「常態」になったのです。

世界的にも3月に入り、WHOがパンデミック宣言をし、米国、イタリア、スペインなどで相次いで非常事態宣言が出され、多くの国が外国との渡航制限をもうけたり、国内でも集会やイベント、外食産業の禁止など、いままでのグローバル経済化の歯車を急停止させるような状態になったのです。その経済的な打撃の広がりを懸念して株式市場は急落し、不安定化しました。

移動や集会など、人の交流を禁止することが、どれだけ人の心と日々の暮らしに大きな影響を与えるのか計り知れず、人の生活にはつくづく基本的な生存のための衣食住だけで成り立つわけではなく、「人と会って話をしたり、食事をしたり、踊ったり、歌ったりする」「ライブや観劇、映画などエンターテインメントの場に参加して楽しむ」「顔をみながら会議をする」「観光地など、現地に足を運んでみる」ことが大事であることを実感しました。外食産業の打撃は、なじみの店が閉店するなど心が痛みました。

コロナ感染がもたらした副産物

一方で、自粛を機に広がった在宅勤務は、ラッシュの電車に詰め込められている通勤から解放されて、仕事の効率を上げる効果があったといわれます。これを機にムダな会議や作業工程を見直す企業も増えました。また、休日に観光地やアミューズメントパークに行く代わりに、家族でボードゲームをしたり、散歩して家の近所の良さを再認識する人もいました。

小中高の休校要請は日本社会に大きな衝撃を与えましたが、無料で教育サービスがネットでタイムリーに提供されたり、地域でも給食代わりの食事を外食チェーンやコンビニが提供するなど、目の前にある社会課題に素早く対応できる企業が増えているのも頼もしいことです。

また、非常事態宣言が出されたイタリアやスペインでは、医療関係者の感謝を示すため、部屋のベランダから国旗を掲げてみんなで歌ったり、踊ったり、拍手したりする動画が多数アップされますが、危機に瀕したときの団結や思いやりといった姿は、広く共感を呼びました。

世界規模でのコロナ禍は、経済的には長期におよぶ打撃を与えていきそうですが、グローバル化が支えてきた経済を前提にした、いままでの社会を大転換させる力があるようにもみえます。

そして、コロナのパンデミックが世界規模で経済や社会に大きな爪痕を残すのであれば、パンデミックが収束、回復する際の道しるべとしてSDGsの出番が期待されます。SDGsは「社会を転換する」ことを謳って、2030年を目指して2015年にスタートしました。しかし、これまでの進捗状況では、2030年の達成は困難だと、グテーレス事務局長も指摘しています。

ところで、SDGsのいままでの「社会を転換する」とは、どういうことでしょうか。

車の運転でいえば、120度カーブを曲がるくらいの転換ということになろうかと思います。しかし、高速で運転すれば、120度カーブを減速せずに回るのは困難です。いままでのSDGsは、高速運転を前提に「120度曲がろうよ」と、いっていたようなものなので、曲がりたくても曲がり切れないという状況でした。

このコロナのパンデミックは、人の行き来や集団での活動を制限しており、高速走行していた経済社会という自動車に急ブレーキをかけました。高速走行を前提とした目的地への到着時間（経済が求めてきた経済成長）までに達成できないかもしれませんが、SDGsが目指す120度カーブを曲がって、持続可能な道筋に転換するためには必要な減速かもしれません。経済的な打撃を中長期的に少しでも小さくし、「災い転じて福となす」ためにも、コロナ禍の打撃からの回復の道しるべとして、SDGsを活用すべきという兆しはみえています。

この本では、どんな転換ができるのかを、企業や金融の動きとともに私たちの生活の中で考えていきます。

コロナ収束と回復のためのSDGs

私の好きな歌手サラ・マクラクランの歌に、「Ordinary miracle（毎日が奇跡）」があります。当たり前と思っていた毎日が成り立っていること自体が奇跡だというのです。まさにコロナの騒ぎにもかかわらず、日本ではスーパーには野菜も肉も魚も、乳製品も、スナック菓子も飲み物も選びたい放題。店頭には潤沢に食材があり、好きなものを買って食べ、上下水道や電気のインフラも整っているからこそ、手洗いとうがい、そして入浴をして、清潔に暮らすことができます。

それ自体が実は奇跡的なことなのではないでしょうか。たとえば、終戦直後の日本人にとってはいまの状況は天国にみえるでしょう。私の幼いころと比較しても、蛇口をひねればお湯が出る。家の中にエアコンがあり、猛暑も安らかに寝ることができること自体、大金持ちでなければ無理な暮らしでした。今回のコロナ禍によって、いかに私たちの経済活動というのが「日常生活も、物流も、ゴミ収集などの生活インフラも、すべてが順調」といううえに成り立っているのかに気づかされます。

ゴール達成に大きな価値

先ほども述べましたが、コロナ禍は「わかっちゃいるけど動かない」人類に対し、痛みを与えて動かそうという地球のショック療法の意思の表れかもしれません。であればこそ、災い転じて福となすという発想が大事です。

そしてこの困難を乗り越えるための道先案内となるのが、ＳＤＧｓです。逆に、20年前にこのコロナ禍が起きたら回復はもっと困難になったでしょう。不幸中の幸いで、ネットの発展により人が行き来しなくてもリモートで会議や仕事ができるようになっています。また、社会全体がＳＤＧｓの理念と目的を社会が広く共有しはじめて、団結して社会課題解決のために尽くす、という社会価値も生まれてきました。

30年近く環境問題にかかわってきて、いくら口を酸っぱくして温暖化のリスク、化学物質の影響や森林破壊や水問題、途上国の子どもたちの児童労働の問題などについて発言しても、関心を持つのは一部の人で、なかなか広がっていくという実感がありませんでした。特にビジネス界の人たちには、環境や社会課題は、サイドメニューみたいな扱い方でした。

しかし、今回のＳＤＧｓは違う手応えを感じます。この問題をメインメニューにする意思や意欲を感じます。コロナ禍からのより良い回復のためにも、ＳＤＧｓの重要性が高まっています。

世の中の大きな変化をつかんでもらえたところで、本題に入ることにいたしましょう。

２０２０年８月吉日

河口 真理子

目次

CHAPTER2

「SDGsのゴール」と「達成状況」を整理する

CHAPTER3

「経済ファースト」から「地球ファースト」へ

環境・社会が目指す方向性とは？

CHAPTER4

「ビジネス」と「金融」の新価値観

サステナビリティ活動が企業の傍流から本業へ

CHAPTER 5

私たちの暮らしから変えよう

「ゴール12 持続可能な生産と消費」を実現させるために

EPILOGUE

三尺三寸箸に思う

CHAPTER1

社会が変わる中で何ができるのか

SDGsを読んでみよう

ウィズコロナの「経済と社会」の変化とは？

この原稿を書いているのは2020年夏。本来だったら、東京オリンピック・パラリンピックの開催で日本中が盛り上がっているはずでした。

しかし、目下のところ、日本における最大の関心事はコロナの感染者の増加と九州・中国地方、岐阜・長野を襲った大豪雨災害です。豪雨被害のニュースの合間に、2018年に広島や岡山などを襲った豪雨災害の慰霊祭のニュースも報道されるといった、なんともやりきれない状況です。

そして、これは日本だけでのことではなく、コロナも異常気象も世界全体が被害者です。九州や中国地方を襲った大豪雨は、中国本土の長江流域に、もっと深刻な洪水被害をもたらし、7月中旬の段階で3800万人が被災したとも伝えられていました。

また、春に東アフリカで大発生したバッタの大群が農作物を食いつくし、インドやパキスタンに移動して被害を与えているといわれます。これも気候変動が影響していると考えられます。

一方で、コロナ禍による人的被害は世界全体の感染者数2060万人、死亡者は74・9万人（2020年8月13日現在）にのぼりました。そして同時に深刻なのはコロナによる経済ダメージです。国際通貨基金（IMF）は、6月24日の世界経済見通しで、2020年の成長率をマイナス4・9％と予測しました。

これは4月時点から1・9ポイント下方修正です。コロナ禍による経済損失は、2年間で12・5兆ドル（約1300兆円）と試算しました。このことをIMFは「世界経済は『大封鎖』に陥り、大恐慌以来で最悪の景気後退だ」と指摘しています。ちなみに大恐慌時の1930～1932年は、世界経済が17～18％も縮小したとされます。ですから、コロナによるパンデミックは、大恐慌時なみの経済的災厄なのです。そして歴史を紐解くと、欧州の中世のペストなど深刻なパンデミックは、社会を変えるインパクト力を与えてきました。

一方、気候変動の影響は、振り返るとすでに何年も前からさまざまな災害として表れ、科学者が予測してきたように、その度合いは深刻化してきました。豪雨や台風による洪水や土砂崩れなどの災害に加え、オーストラリアのように乾燥した土地での山火事も恐ろしいですが、スウェーデンのような寒冷で湿潤なはずの土地も山火事が多発しました。そういう気候変動のインパクトが十分に大きくなった2020年に、コロナ禍が降ってわいたのです。

いまや人類が直面する問題は、コロナと気候変動のダブルパンチです。そして、それが特に途上国の子どもや女性など、弱い立場の人たちに大きくのしかかっているといわれます。

今回のコロナ禍はほぼ想定外でしたが、気候変動の深刻化も生物多様性の喪失も、30年ほど前から専門家の間では警告され、広く認識されてきました。しかし、誰の眼にもわかるほどの世界規模での影響は最近まであまり認識されませんでした。というのは、次ページの図表1－1のように環境被害とは、一次関数（直線）ではなく二次関数的に増えるからです。

「y＝x」という一次関数に対して二次関数「$y=x^2$」は、xが1まではxより小さい。たとえば、0・05の二乗は0・25、0・9の二乗は0・81です。しかし、1をこえると逆に大きくなる。1・1の二乗は1・21で、2の二乗は4、3の二乗は9と加速度的に大きくなります。気候変動のレベルxは、どうも1を超えてしまったように思えます。つまり、影響は加速度的に大きくなっているのです。

ただし、一方で国際社会や国際経済におけるコロナ後を見据える論調を見ると、意外と前向きな印象を受けます。「built back better」とか、「グリーンリカバリー」という掛け声のもと、七転び八起き的発想で、

二次関数の考え方

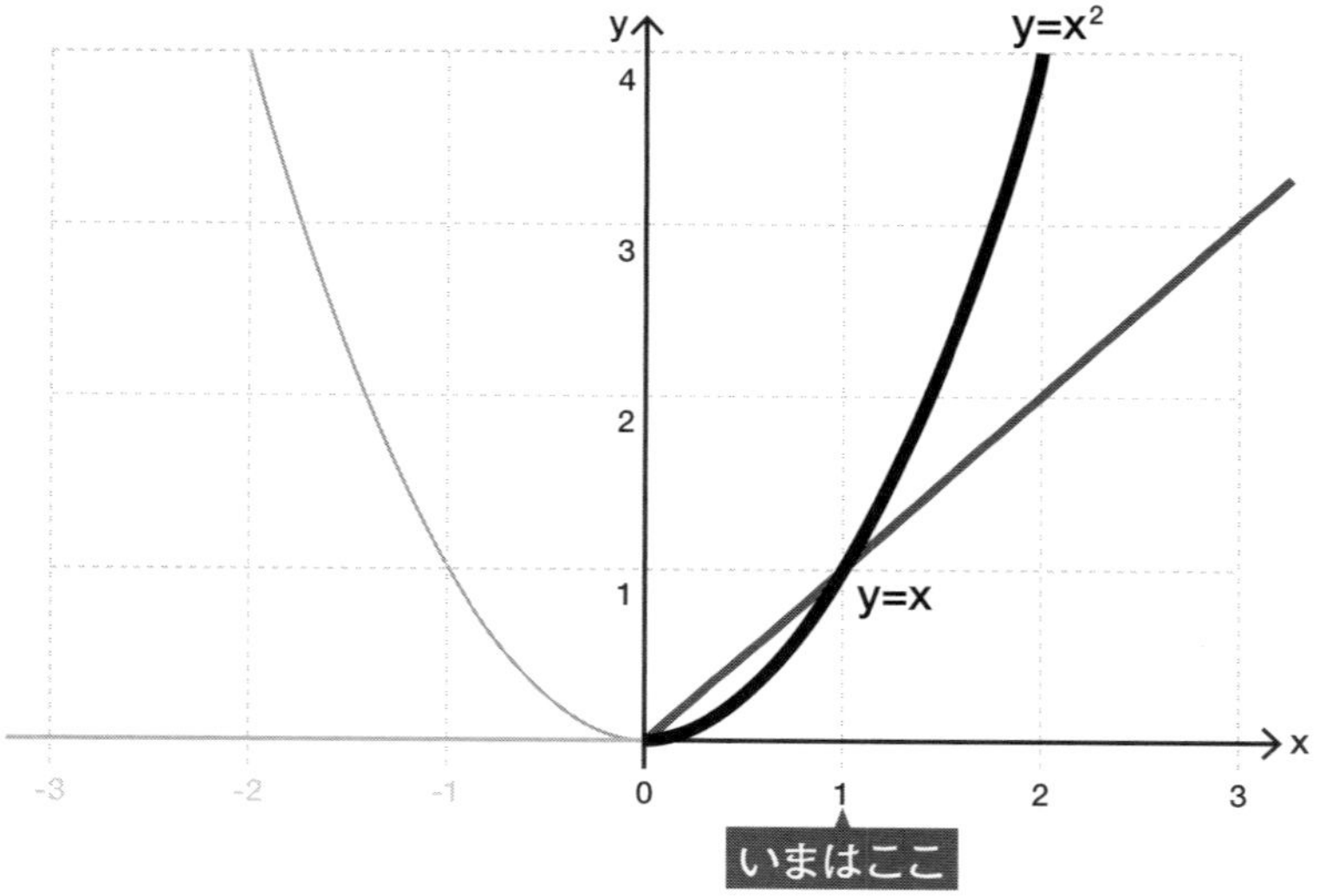

図表1－1 二次関数の考え方

SDGsへの達成を加速化したいという動きが増えているのです。

たとえば、ECサイトのアマゾンで7月15日現在、国際経済と日本カテゴリーでベストセラー1位となった『変質する世界 ウィズコロナの経済と社会』（VOICE編集部編／PHP新書）の執筆内容をみると、悲観的な空気のものもあれば、コロナ後の世界を焦点にした力強い前向きな論調もあれば、いままでの私たちのあり方を反省する論調も少なくないです。

　コロナと気候変動がもたらした悲惨な現状でも、直接被害を受けていない多くの人々からは被害者と一緒に、立ち止まって嘆くのではなく、被害者を救うためにも、これをきっかけとしてよく再生させていく、という強い意志も感じます。

　人間は悲観的にも楽観的にもなれるのだと思います。そして、悲観的なデータが巷に出回っていても、世の実態は必ずしも一致しない、そういう知恵に耳を傾ける人も増えています。

社会の俯瞰で浮き彫りになったこと

『ＦＡＣＴ ＦＵＬＮＥＳＳ――10の思い込みを乗り越え、データを基に世界を正しく見る習慣』（日経ＢＰ社）を読んで目からウロコだった方も少なくないのではないでしょうか。この本は、２０２０年上半期、ベストセラーになっています。コロナでも何が正解かわからない時代だからこそ、しっかり社会を理解したい人が増えているように思います。

同書ではグローバル社会に対して多くの人が何となくネガティブにとらえがちなことに対して、「データが発するメッセージはかなり違う。人々の思い込みと現実は違います」、と述べています。ではなぜ、そんなギャップが生まれるのか。それはどうしたら防げるのかを楽しく理解させてくれる、脳の体操になる本です。

その思い込みとは、「世界が分断されている」「世界はどんどん悪くなっている」です。確かに、途上国はずっと貧困状態にあえいでいる。そして途上国の子どもたちの多くは学校にいけない。医療もいきわたっていないから予防接種もできず、寿命も短いだろうと思いがちです。

しかし、同書によると現在では、低所得国の女子の半分以上の6割が初等教育を修了し、世界の人口のうち極度の貧困にある人の割合は過去20年で半減し、世界の平均寿命は70歳にもなり、自然災害の死亡者数は過去１００年で半減し、世界中の1歳児で何らかの病気に対する予防接種を受けている子どもの割合は8割、電気が使える人の割合も8割です。

『ファクトフルネス』の筆者であるハンス・ロスリングは、世界に配信されている大規模の講演会「ＴＥＤ――conference」の常連スピーカーです。さらに、途上国の現場で長年医療活動にかかわってきた経験の重みもあって魅力的な本なので、「なんだ。この世界は良くなっていて、社会を変革するＳＤＧｓなんて不要じゃない」とも思ってしまいたくなります。

さらに『ファクトフルネス』では、「世界では戦争、暴力、自然災害、人災、腐敗が絶えず、どんどん物騒になっている……（省略）……金持ちはより一層金持ちになり、貧乏人はより一層貧乏になり、貧困は増え続ける一方だ。何もしなければ天然資源はもうすぐ尽きてしまう」という西洋世界でよく聞こえてくる話というのは、「ドラマチックすぎる世界の見方」で「精神衛生上よくない」し、「そもそも正しくない」と断言しています。しかし、一方で、「人々はこうした間違ったドラマチックすぎる見方をしたがる」のだというのです。

その原因は、人間の脳の機能にあるとのこと。つまり、人間は狩猟採取時代の本能をひきずって、命を守るためにドラマチックな物語を瞬時に選ぶ構造になっているとのことです[(1)]。しかし、こうしたドラマチックな本能は抑えないと、ありのままの世界を見ることができず、何が正しいのかわからないままだと述べています。

たしかに数字があると信頼性は高まりますが、その使い方や比較の方法などによっては、まったく印象が異なってしまうことがあります。『ファクトフルネス』は、そのような間違った数字の読み方を戒めていますが、そのことに関して私は賛成です。しかし、この本での指摘と、ＳＤＧｓにかかわることで知った多くの数字を比べると、いまの世の中は『ファクトフルネス』ほど楽観できないですし、逆にここには悲観的な数字があまり書かれていないとも感じます。

コロナ感染以上に、人類の脅威といわれている気候変動問題についての人々の認識は、実態以上に楽観的だと思います。数年にわたり世界各都市で気候非常事態宣言が出されるようになっていましたが、ビジネス界でも一般の生活でも、それほどの緊迫感はありませんでした。だから気候変動でロックダウンとか外食店の休業要請などがありえるとは、誰も想像していません。しかし、コロナ感染の場合は、各国首脳が矢継ぎ早にそういう決断をしているのをみると、人は追いつめられることで大胆な決断ができることに気づきます。

「正しく恐れる」想像力は必須に

たしかにコロナで日々患者や死者が増え医療崩壊という、直接命にかかわる厳しい現実に直面する人は命の方を選ぶ。これに対して気候変動問題の脅威には、想像力が必要です。人の脳には、『ファクトフルネス』によると、そういう「想像力が必要なものをドラマチックに見たがる働き」と同時に、「異常事態が起きても正常と思いたがる正常化バイアス」もあるのです。

各国のリーダーや患者が、コロナ感染を甘くみるな、と厳しい規制をしても、どこかで「自分は大丈夫」とか「大げさ」とか思いたがる。

ドラマチックも、正常化バイアスもはずして、冷静に気候変動もコロナ感染も見ていく必要があります。まさに「正しく恐れる」ことが私たちに求められているのです。

ですから、ドラマチックに話を脚色して脅迫して、間違った方向に人々の意識や行動を誘導してはいけないのです。だからこそ、『ファクトフルネス』のように正しくモノをみられるように、頭の働かせ方の矯正をするのは大事になってきます。

特にコロナ渦の行方が不透明な中では過度に恐れず、しかし、慎重に生きていくことを心がけたいです。そして私たちはＳＤＧｓを学び、あと残り10年でこの17のゴールを達成する目標を堅持していきます。的確に現状を把握し、行動に移さなければなりません。楽観主義に走らず、過度に悲観的、厭世的になっている時間もありません。

現実は良くなっている？　悪くなっている？

地球や社会の状況や変化を示す数字をいろいろなところから丹念に拾ってみると、途上国の開発などで改善はみられるものの、地球環境のデータは残念ながら圧倒的に悪化を示しているのです。

①陸の状況――アマゾンの熱帯雨林は2割が破壊

たとえば、1980年から2010年の40年間で、世界の森林面積は3・1％減少、一人あたりにすると0・8ヘクタールから0・6ヘクタールへ5％も減少[(2)]したとされます。日本は国土の7割弱が森林におおわれているので、森林が減っているというのはピンとこないかもしれませんが、世界的にみると、ブラジル、アフリカ、インドネシア、オーストラリアなどでは牧畜、パーム油、大豆、木材生産のために森林は破壊されています。アマゾンの熱帯雨林での森林火災の被害が増えていると指摘しましたが、これらは放牧や耕作のための更地をつくるために森林への放火が横行しているためだといわれます。

さらに木材生産などの原因もあり、すでに南米のアマゾンの広大な熱帯林は2割が破壊されて、このままだと南東部アマゾンがサバンナ化する可能性が指摘されています[(3)]。アマゾンの熱帯雨林は地球の肺ともいわれ、二酸化炭素を吸収し酸素を放出してくれています。それが破壊されるということは、大気中の二酸化炭素が増え、温暖化が加速するのと同時に、酸素が十分に供給されなくなるリスクがあるのです。

②海の状況――海は魚よりプラスチックが多くなる？

プラスチックゴミが海を汚染していることは、最近の報道などで認識している人も増えているでしょう。海は広いので、プラスチックゴミが浮かぶ海域は一部だけの問題と思われているかもしれません。しかし、次の文章をみてください。

「一線を越えようとしている漁業資源の減少、海洋酸性化の程度、海洋に投棄されたプラスチックの量のどれをみても、良識のある人なら、もう時間はなく、すぐにでも行動を起こす必要があると結論づけられるはずです」

これは2017年に開催された世界初の海洋に関する国連会議「国連海洋会議」におけるピーター・トムソン「71回 国連総会議長」の冒頭のあいさつです。使い捨てのプラスチックは、多くがリサイクルや処理されることなく、そのまま海洋に捨てられています。「このままでいくと2050年には、海の中には魚よりプラスチックのほうが多くなる」(4)、そんな恐ろしい予想もあります。

また、世界の魚種資源のうち3割は乱獲されており、5割は完全利用状態にあるといわれます。まだ十分に獲る余地がある魚種は全体の2割にすぎません。残念ながらこうした情報は、ドラマチックな見方ではなく厳しい現実です。

③環境破壊と人間活動——経済活動がゴミも増やす

なぜ、このような事態になってしまったのでしょうか？　その大きな理由は拡大し続ける私たちの経済活動です。プラスチックのゴミが増えるのも、プラスチックの生産と消費が増えているからにほかなりません。

軽くて便利なプラスチックの生産量は、1964年の1500万トンから2014年の3億1100万トンへと半世紀で20倍以上に「成長」してしまっています。そして、毎年最低８００万トンが海洋に流されています。これはなんと1分ごとに1台のごみ収集車が海にゴミを捨てるペースです(5)。

国連環境計画によると、１９７０年から２０１０年の40年間で世界の人口は37億人から69億人に１・86倍に増えましたが、経済の伸びはそれを大きく上回り、ＧＤＰは15・４ドルから51・７兆ドルへと３・35倍に拡大しました。

当然、資源の消費量は増えます。資源（木材や動植物などのバイオマス資源、化石燃料、金属、セメントのような非金属の鉱物）の消費量はこの間、２２０億トンから７００億トンへと３・２倍、ほぼＧＤＰの伸びと同じくらい増えています。１人当たりにすると、６・４トンから10・１トンへと約１・６倍に拡大しました。そして経済成長とともに豊かな国と貧しい国の格差は広がっているのです。先進国の私たちは１人当たり、実に25トンもの資源を使っていることになるのですが、最貧国は０・１トン。なんと２５０倍の差がついているのです。ちなみにいまの人口は77億人、この分析時点から10年で８億人も増えています。

ドラマチックにしたくなくても、残念ながらいまの世界の置かれている状況は、人々が考えている以上にドラマチックで、特に地球環境の状況は危機的でもあります。そして人間がその地球環境の変化に大きくかかわっていると考えられるようになっていました。

地質学的年代区分というのがあります。氷河期が1万年以上前に終わってから現在までの時代は、完新世《かんしんせい》と呼ばれてきました。それに対して２０００年にノーベル化学賞受賞者のパウル・クルッツェンが、人間が地球環境を改変している現在は新たな時代だとして「人新世《じんしんせい》」「アントロポセン =anthropocene」という新たな地質年代の考え方を提唱しました。

これは正式に新たな時代区分として認定されていませんが、その後の調査により国際地質科学連合では、「地球が人間によって永遠に変化させられたことを示す証拠は十分にある」としています。地質学の世界で正式に認定されていなくても、人新世という概念が生まれること自体、人間は現在地球に不可逆的な影響を与えている、というメッセージではないでしょうか。

④社会の状況――「極度な貧困低下」は改善された面も

環境面では悪化している状況ばかりでしたが、社会の状況は、長期的に見ると改善している側面もたくさんあります。たとえば、貧困問題。世界銀行では、所得水準で1日1・9ドル（2015年10月以前は、1日1・25ドル）を国際貧困ラインと定め、それ以下の所得層を「極度の貧困」としています。

その貧困率ですが、1990年には世界の3分の1以上、36％の人々が極度の貧困にあえいでいましたが、2015年には10％へ大きく下げました。極度の貧困状態にある人は、1990年の18億9500万人から2015年には、7億3600万人と10億人以上減少したことになります(6)。また、健康面でみると妊産婦の死亡率は2000年以来37％に低下し、2000年から2016年までに、5歳未満の幼児死亡率と新生児死亡率はそれぞれ47％と39％低下しています。その結果、5歳未満で死亡した子どもの総数は、990万人から560万人へと減少しました。

教育面では、全世界の幼児・初等教育参加率は、2010年の63％から2016年の70％へと改善。ジェンダー平等では、全世界で一院制または下院の国会議員に女性が占める割合は、2010年の19％から2018年の約23％へと上昇しました。エネルギー利用状況をみると、2000年から2016年にかけ、世界人口のうち電力が利用できる人々の割合は、78％から87％へと上昇し、電力なしで暮らす人々の絶対数は10億人を切りました。そして2000年から2014年にかけて、世界の都市人口にスラム住民が占める割合は、28・4%から22・8%に減少しました。しかし、スラム住民の絶対数は、8億700万人から8億8300万人へと増えています(7)。

⑤SDGsに取り組む姿勢とは？――生態系と共生、繁栄できる社会へ

以上のように、「人」にかかわる部分では、改善もみられており、『ファクトフルネス』とも整合性がとれます。こうした改善は、SDGsの前身で2015年に終了したMDGsという国際開発援助の取り組みの成果でもあるでしょう。先進国の支援により、健康や教育などの社会インフラ、社会保障のしくみを整備していったおかげです。

しかし、改善しているとはいえ、まだ多くの人が絶対的貧困に苦しみ、スラムに住み、初等教育を受けられず、妊娠や出産で命を落とす女性も後を絶ちません。まだ社会の仕組みではカバーされず、取り残されている人たちは、たくさんいます。そしてコロナは、そういう人たちを直撃しているとされます。

そして、地球環境の状況は残念ながら悪化しているのは述べた通りです。人間社会の取り組みが改善したとしても、人間の住処である地球環境が人間に対して牙をむけば、私たち人類の未来は非常に悲観的にならざるを得ません。それとも私たち人類が持続可能であるためには、第一に地球環境が健全で、すべての人間を尊重する社会システムが確立され、そして経済的にもすべての人が充足していなければいけません。

しかし、その理想に対して現状はいま見たように、かなり悲観的です。ですから、地球環境や世界の人々の暮らしに関する状況を踏まえ、危機的な状況に関してはパニックにならずに状況を理解し、速やかに対策をたてること。そして改善している領域は、一段と取り組みを加速させることが求められています。

SDGsの正式名称は、「持続可能な開発目標」(Sustainable Development Goals)です。2015年9月の国

連総会において、193の加盟国が全会一致で採択されました。正式名称は、「我々の世界を変革する――持続可能な開発のための2030アジェンダ」です。ここでは、2030年までに達成すべき人類の共通の行動計画であり、17のゴールと169のターゲットが決められ、のちに232の達成度合いを測る指標が設定されています。

SDGsの本文では、「今日の世界」を以下のように述べています。

「我々は、持続可能な開発に対する大きな課題に直面している。依然として数十億人の人々が貧困のうちに生活し――地球規模の健康の脅威、より頻繁かつ甚大な自然災害、悪化する紛争、暴力的過激主義、テロリズムと関連する人道危機及び人々の強制的な移動は、過去数十年の開発の進展の多くを後戻りさせる恐れがある。――我々の時代において、気候変動は最大の課題の一つであり、すべての国の持続可能な開発を達成するための能力に悪影響を及ぼす――多くの国の存続と地球の生物維持システムが存続の危機に瀕している」

という記述があります。私がいま述べてきたように厳しいことです。しかし、それは以下のように続きます。

「(チャンス) **しかしながら、大きな機会のときでもある**。多くの開発の課題に対応するために重要な進展があった。過去の世代において、数百万人の人が極度の貧困から脱した――(略)」(太字筆者)危機的な現状を見据え、それを機会に変える。そのチャレンジに参加することは、国連の誰かとか大企業の偉い人だけではなく、私たち一人ひとりです。そのためにSDGsは国際機関、各国政府、企業、金融機関、NGO、地域の友人たちや家族など市民社会を通じた共通言語にもなっています。

なお、最後に、『ファクトフルネス』が指摘する一番の悲観的な思い込みは、私たちが抱く日本に対するイメージではないでしょうか。バブル崩壊以降平成の時代は「失われた30年」となり、経済は停滞、少子高齢化が進み、保険制度など社会保障制度の先行きも大変です。地方の衰退も危惧され、世界の課題先進国といわれ、先行きは暗く「日本はもうダメ」だと思いがちです。本当にそうなのでしょうか。

『ファクトフルネス』の裏表紙には、各国の所得レベルと平均寿命の図表が示されていますが、シンガポールやスイスと並び日本では、最も金持ちで健康な国の一つとしてランキングされています。また、海外から来日される方は、「夜、女性が一人で歩いていても安全だし、道にゴミは落ちていない住みやすい良い国」といいます。

さらに海外在住の友人たちは帰国すると、日本は家電の修理やお届けものは時間指定で速やかに届きますし（欧州や米国では、家電の修理は数週間先、時間指定もできないから終日、家にいないといけないそうです）、首都圏なら公共交通機関を使えば子どもでも移動できますし（カリフォルニアでは移動は自動車なので子どもは自動車で連れて行かないといけない）、大変暮らしやすい。

もちろん、通り魔殺人や暴走車の事故など不幸なニュースは後を絶たず、日本はダメだと思いがちです。でも外国と比較してみると、日本は経済も暮らしもすべてダメな国というのは、これも「悪い思い込み」でしょう。コロナの対応に関しては、マスコミでは海外の取り組みを取り上げ、日本の取り組みはダメだという論調が多いのですが、感染者数、死者数などで見る限り、日本はそれほど悪くないように思えます。

かつて日本人くらいしかしないとマスクは敬遠されてきたのに、マスクを義務化する国も増えています。確かにデジタル化の遅れとか、二転三転する「Ｇｏ ｔｏキャンペーン」とか、問題をあげればきりがありませんが、今回のコロナは未曽有の事態ですから、１００％の結果を求めるのはないものねだりだと思います。

問題点もたくさんありますが、それはどこの国もそれぞれ問題を抱えています。日本は相対的にかなり恵まれた状況にあると認識しておくことも大事だと思います。そのうえで、単なる批判でなく困っている人たちをサポートしつつ、将来に向けて、日本が世界に対しても何ができるかを考えて実行する。そのためのツールとしてＳＤＧｓは最高の教科書であり、ガイドブックとなるように思います。

なぜ、ＳＤＧｓが広がりはじめたのか

環境問題や人権、サステナビリティを専門にする人たちにとって、２０１５年に国連総会全会一致でＳＤＧｓが採択されたということは大きなニュースでした。当時、ここまで日本の社会において幅広くＳＤＧｓが関心を集めると思っていた人は少なかったのではないでしょうか。

それまで私が受けてきたＣＳＲや社会的責任投資の講演依頼は、企業や投資家向けがほとんどでしたが、ＳＤＧｓとなると企業経営層、自治体、地方の経済団体、学校の先生向け、一般市民向けなど、対象と主催団体が一気に広がりました。電通では一般向けに、ＳＤＧｓに関するアンケート調査を２０１８年から行なっていますが、ＳＤＧｓの認知度は２０１８年の14・８％、２０１９年16・０％に続き２０２０年は29・１％に上っています[(8)]。

「かくありたい」社会を示し課題解決策を指南

なぜ、浸透してきているのか。そのカギはＳＤＧｓの共感性にあります。

電通の２０１８年のアンケート調査では、ＳＤＧｓの17の目標テーマに対して共感するかどうかを尋ねていますが、共感度の平均値は73・1％でした。ほぼ４人中３人が共感していることになります。「安全な水とトイレを世界中に」「すべての人に健康と福祉を」「住み続けられるまちづくりを」「海の豊かさを守る」「平和と公正をすべての人に」などは多くの人の共感を呼ぶのは当たり前ともいえるでしょう。

さらに２０１９年の調査では、17の目標の考えに関することを何らか実践している人は、全体の60・４％と報告されています。２０２０年の調査では、ＳＤＧｓに関連する８つの関連するキーワードに対する意識についても尋ねています。それによると、「脱プラ実践意向率」は54・２％、「ミニマリスト」は49・７％と半分くらいの人が、脱プラスチックや、モノをなるべく所有しない暮らしを志向しているのです。

建築や教育の現場でみんなが直面している課題への答えや解決のためのヒントを探していたら、それがＳＤＧｓだったということなのかもしれません。

「国連の」というと、身構えますが、ＳＤＧｓとはごく当たり前の感覚から「世の中がこうあってほしい」「かくありたい」理想の社会を提示したもので、かつ身近なところに課題があり、対処方法もあるものなのです。ＳＤＧｓは共感から入って目標を達成するための実効プランまで用意されており、実施するためのインセンティブもセットになっているところが、新しい社会実験といえるのではないでしょうか。なお先ほどのアンケートで認知度は３割弱に上がっていますが、２０１９年９月に世界経済フォーラムが行なったアンケートによると、「ＳＤＧｓを聞いたことがない成人」の割合は世界がわずか24％なのに対して日本はまだ51％でした。そして「良く知っている」のは日本だとわずか８％（世界は26％）。まだ、先は長いのです。

その先に行くために、ＳＤＧｓの成り立ちについて整理してみましょう。

ＳＤＧｓに取り組む意義を問う

17のゴールを次ページの図表１－２に示しましたが、これらは先に示した電通の調査でも明らかなように、多くの人の共感を呼ぶ「ありたい社会」像を集積したものといえるでしょう。

ただし、共感したからといってＳＤＧｓを「国連が定めた高尚なスローガン」として、額に入れて部屋に掲げておく猶予はすでにありません。もうすでに10年を切ってしまったのです。

ここ2、3年ほど前からＳＤＧｓのレンボーホイールといわれる17色の輪をデザインした「ＳＤＧｓバッジ」を身につける人が増えています。これは「私はＳＤＧｓをサポートしています」と広く宣言している、という姿勢を示しているのだと思います。

企業、行政や個人、ＮＧＯなどが自作したバッジを配ったりしますし、社員全員にバッジを配りつけるのを奨励する企業もあります。

私が知り合いからいただいたバッジも木製だったり、缶バッジだったり、それもいずれも障がい者施設で製

（出所）国際連合広報センターウェブサイトより

図表1-2　SDGsの17のターゲットと179の開発目標

作するなど工夫されています。

これは企業姿勢を示すわかりやすいアイコンです。デザインも美しいので、身につけていても絵になります。

ただし、「社員に配ったのはいいけれど、具体的に何をするの？」というところで止まっている企業も多いように思います。

笑い話ですが、バッジをつけた知人が、あるバーに入ったところ、バーテンから「最近、そのバッジを胸につけているお客さんが増えてるんだけど、いったいどういう会社なんですか？」と聞かれたとか。確かに、近年やたら増えているからどういう新興勢力の会社なのかと思っても、不思議ではないですね。

バッジによるＳＤＧｓの知名度をあげる広報効果は、出ていると思います。しかし、２０３０年までにＳＤＧｓの中身、行動計画の実践を急がなければいけません。

そして総論から各論に移行していかなければならないのです。

「どのように」の前に「なぜ」から考える大切さ

そして、その実践を本当に魂のこもったものにするには、一人ひとりがなぜ、ＳＤＧｓを自分がやらなければならないかについて、納得することが大事です。上司から業務命令として取り組んだとしても、なぜやるのか。自分で理解していなければ、形を整えることが目標となり、活動の中身がＳＤＧｓの目的から外れてしまうこともありえます。図表１−２の17のゴールのスローガンは知っていても、きちんと１６９のターゲットまで読む機会は少ないわけですね。

活動に魂を入れるためには、一人ひとりが最初からＳＤＧｓをきちんと読んでみることが不可欠だと思います。長年、ＣＳＲについて提言やアドバイスをしている中で、日本人の傾向として感じている課題があります。

それは日本の教育の弊害なのかもしれませんが、多くのビジネスパーソンは、「なぜ、やるのか」という原理原則にはあまり注意を払わず、「何をどうやるのか」、という実践だけに飛びつきたがる傾向があるように感じます。また、従来の常識では金儲けには簡単につながらないような話の場合は特に、「やる」哲学がない人には周囲がついていきません。説得もできないし、ことを起こすパワーもない。

たとえば、気候変動対策として再生可能エネルギーに切り替えると、現在の料金では割高になるかもしれません。それでも切り替えないといけないのです。それはなぜなのか。温暖化が進み、現在でも多発している異常気象がもっと激化するからこそ、少しでも温室効果ガスであるCO_2を削減し、温暖化をくいとめなければならない。

こうした「なぜ？」がなければ、目先の収益や周囲の空気によって活動をやめてしまうことにもなりかねません。まあ、これだけ異常気象が増えているので、気候変動については実利面でも動く人は増えているとは思います。

しかし、途上国の子どもの暮らしに配慮するフェアトレードとなると、そのメリットは直接自分に戻りません。しかも、コストアップになることは明らかだったりします。こういう場合、「誰一人取り残さない」という、哲学と正しい情報と志がなければ推進できません。本質を理解しない中途半端な対応は、企業ブランド価値にプラスどころか企業戦略にマイナスの影響を与えかねません。

ＳＤＧｓを定めた「持続可能な開発のための２０３０アジェンダ」全文には、策定の目的、意義、その経緯と内容について、網羅されているのです。ＳＤＧｓに関する５Ｗ１Ｈが示されています。この本では初心にたちかえります。それからアジェンダ全文をみていくことで、ＳＤＧｓについての理解を深めていきたいと思います。

「我々の世界を変革する」が示す国連の決意

ＳＤＧｓの正式名称「我々の世界を変革する――持続可能な開発のための２０３０アジェンダ」で注意すべきは、「変革」です。原文は「transforming our world」です。「Transform」とは、「to completely change the appearance, form, or character of something or someone, especially in a way that improves it (9)（外見や形、性質などを良い方向へ完全に変えてしまう）」。

この言葉が大事なのは、従来の延長線上にある改良ではない。非連続だったとしても、ジャンプしても「あるべき姿」に変化させなければならないというニュアンスがあります。つまり、従来の習慣や思考の延長線上で考えるのではないということです。これには注意してください。

持続可能な社会の「発展」をみんなで目指す

次に、「持続可能な開発」の語源です。原文は「sustainable development」です。「Sustainable」は持続可能と訳されますが、「development」は開発だけでなく発展と訳されることがあります。開発とは、明治時代ごろまでは「かいほつ」と呼んだそうです。

大辞林によると、

①森林や荒れ地などを切り開いて、人間の生活に役立つようにすること。
②天然資源を活用して産業を興すこと。
③潜在している才能などを引き出し伸ばすこと。
④新しいものを考え出し、実用化すること。

という意味があります[(10)]。つまり、「最初から人間のために環境を改変したり、利用すること」という意味と、途上国開発のように、「未熟なヒトや場所の能力を見つけ出して伸ばす」という意味です。

また、開発は「開発する主体が開発される国や場所に働きかける」という他動詞的な使われ方をします。

その代表的な使用例が先進国による途上国開発だったり、都会の大資本による地域の観光開発というようなことです。同様に、大辞林で発展を調べると[11]、

①伸び広がること。勢いなどが盛んになり、栄えること。「〜する企業」
②高い段階に進むこと。「話が〜して計画ができあがってきた」
③盛んに活躍すること。異性関係にいうことが多い。「最近、ご〜のようで」

という意味がでてきます。

こちらは発展する主体自身が勢いを盛んにしたり、高い段階に進んだりという、受動的なニュアンスになります。外務省の訳「持続可能な開発のためのアジェンダ2030」では、「development」を「開発」と訳していますが、SDGsの主旨と目的から考えると「発展」のほうが私は適切だと思います。地球上のそれぞれの主体が自分で自覚して伸び、勢いを盛んにして繁栄するために努力する。SDGsは、そのための行動計画であるというメッセージだからです。

これに対して「開発」だと第三者が自分の能力開発のために支援の手を差し伸べてくれるというイメージ、あるいは先進国は途上国のために支援をしなければならない、というニュアンスが強くなります。いまやSDGsを日本語の正式名称で呼ぶ人はほとんどおらず、このいい方で通用するので弊害はないかとも思いますが、これからSDGsを念頭において行動していく際には、その基本精神も頭の片隅に入れておいていただきたいのです。

「誰一人取り残さない」行動計画とは？

「持続可能な関係のための2030アジェンダ」の前文は、次の文章からはじまります。

> このアジェンダは、**人間、地球及び繁栄のための行動計画**である。これはまた、より大きな自由における**普遍的な平和**の強化を追及するものでもある。我々は、極端な貧困を含む、**あらゆる形態と側面の貧困を撲滅することが最大の地球規模の課題**であり、**持続可能な開発のための不可欠な必要条件であると**認識する。
>
> すべての国及びすべてのステークホルダーは、協同的なパートナーシップの下、この計画を実行する。我々は、人類を貧困の恐怖及び欠乏の専制から解き放ち、地球を癒やし、安全にすることを決意している。我々は、世界を持続的かつ強靭（レジリエント）な道筋に移行させるために緊急に必要な、大胆かつ変革的な手段をとることに決意している。我々はこの共同の旅路に乗り出すにあたり、誰一人取り残さないことを誓う。
>
> （太字は筆者）

「貧困問題」の解決こそが最大の目標

重要なキーワードを太字で示しましたが、同じ年に採択されたパリ協定は、気候変動の抑制という環境の問題が目的なのに対して、ＳＤＧｓは「人間」の問題解決からはじまっています。貧困撲滅が最優先課題であり、そのために地球を癒す、という順番になっています。それを実行していくにあたり「誰一人取り残さない」も、重要な目的になっています。

私自身は環境問題からこの分野に入っているので、いまの地球環境を癒す方が先のようにも感じますが、ＳＤＧｓは貧困問題が最優先となっています。ＳＤＧｓは、ミレニアム開発目標（ＭＤＧｓ）を基にしており、「ミレニアム開発目標が達成できなかったものを全うすること」を目指すものだからです。ＭＤＧｓは、「すべての人々の人権を実現し、ジェンダー平等とすべての女性と女児の能力強化を達成すること」を目指していました。

これに対し、ＳＤＧｓの目標及びターゲットは、「統合され不可分のものであり、**持続可能な開発の三側面、すなわち経済、社会及び環境の三側面を調和させるものである**」です。

そして、ＳＤＧｓの特徴として「このアジェンダは前例のない範囲と重要性を持つものである。このアジェンダは、各国の現実、能力及び発展段階の違いを考慮に入れ、かつ各国の政策及び優先度を尊重しつつ、すべての国に受け入れられ、すべての国に適用されるものである。**これらは、先進国、開発途上国も同様に含む世界全体の普遍的な目標とターゲットである。**これらは、統合され不可分のものであり、持続可能な開発の三側面をバランスするものである」としています。

先述したミレニアム開発目標（Millennium Development Goals: MDGs）とは、２０００年に国連で採択された「国連ミレニアム宣言」と、１９９０年代の主要な国際会議で採択された８つの国際開発目標を統合した、発展途上国向けの開発目標として２００１年に国連で策定されたものです。

先進国・途上国の分け方を超えた取り組み

具体的には、2015年を期限とする8つの目標（①貧困・飢餓、②初等教育、③女性、④乳幼児、⑤妊産婦、⑥疾病、⑦環境、⑧連帯）が設定されました。そのうち目標1の「極度の貧困」の半減や目標6の「HIV・マラリア対策」などは達成できましたが、「乳幼児や妊産婦の死亡率削減同」は未達成に終わりました。

そしてこのMDGsの後継として、SDGsは「市民社会及びその他のステークホルダーとの間で行われた2年以上にわたる公開のコンサルテーション及び関与の結果」策定されました。ですから、「development」を「開発」と訳すのはMDGsの流れを考えるとしょうがないのかもしれません。SDGsが画期的なのは、「経済、社会及び環境の3側面を調和させた」点と「先進国・途上国両方すべての国が取り組むもの」とされた点です。

国際的な共通用語としてのSDGs

①「環境」「社会」「経済」の調和にこそ価値がある

SDGsを説明する際に、SDGsのウエディングケーキと呼ばれる17ゴールを環境・社会・経済の3層に整理した次ページの図表1－3が使われます。

これはいままでと別々に議論されてきた環境問題、社会問題、経済問題を一つの枠組みの中に入れたという

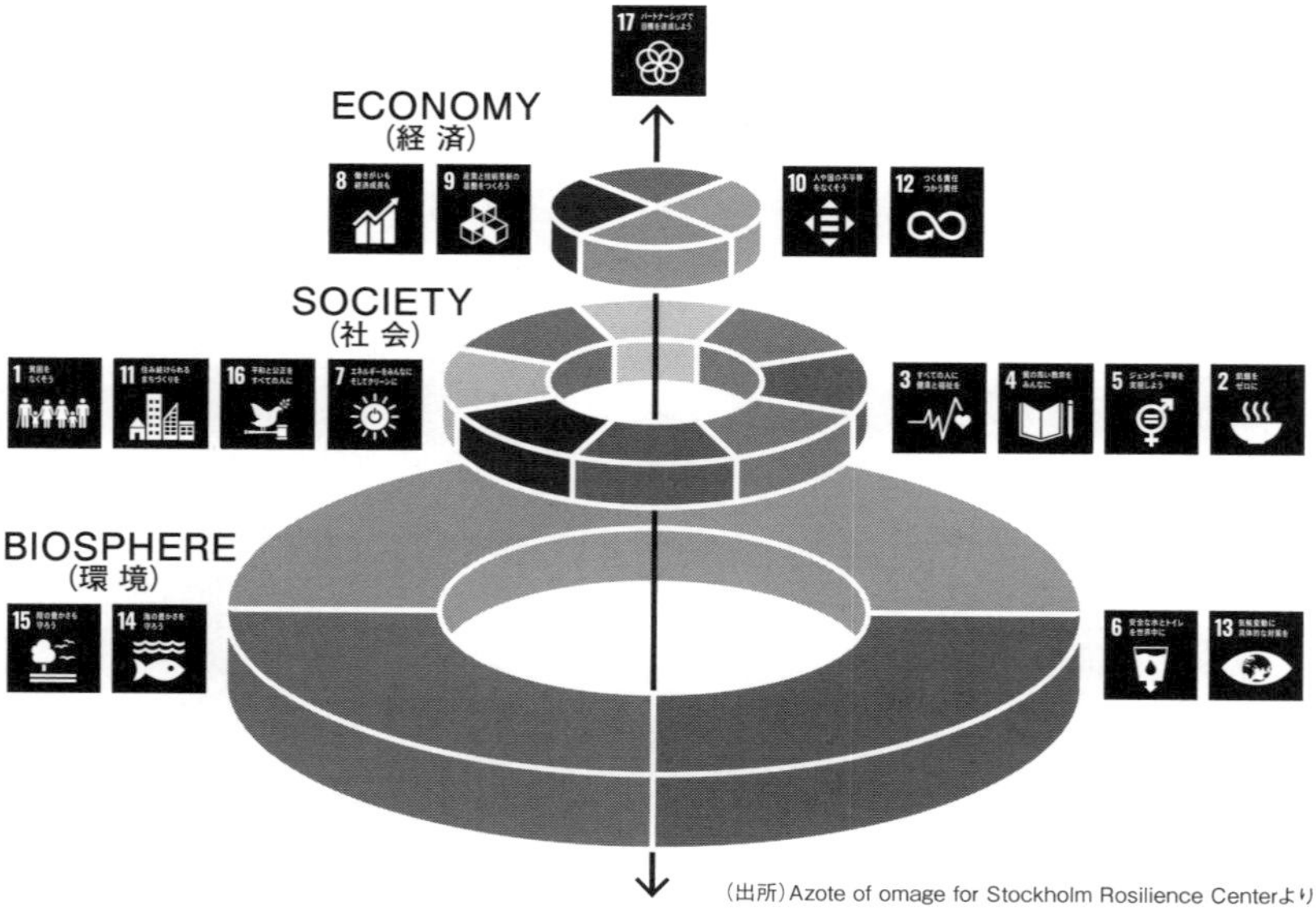

（出所）Azote of omage for Stockholm Rosilience Centerより

図表1－3 SDGsのウエディングケーキ

面で画期的なことと、それぞれの課題がおのおのが独立しているものではなく、実は相互依存的であり、密接不可分だということを示した、という点で画期的だと思います。

20世紀までは、環境問題は環境の専門家が取り組む。途上国の開発、健康安全、社会保障などの社会問題は、それぞれの専門家が手がけるもので、収益を求めるビジネスと次元が異なるものとされてきました。

環境保護や福祉を担うのは公共部門。民間ビジネスは、ひたすら経済価値を追求する。環境保護や福祉的取り組みはコストであり、経済活動の足を引っ張るものであり、環境・社会・経済は相いれない。これがいままでの常識でした。しかし、ＳＤＧｓはこの3つを調和させるとしています。

みなさんはこれに関して、違和感がありますか。今世紀に入ってからビジネスも金融も消費のあり方も、環境や福祉を考慮する新たな形に生まれ変わりつつありました。ＳＤＧｓができたことで、それが一気に加速化しはじめたという方が正しいでしょう。ＳＤＧｓ時代のビジネス、金融、消費はどのようになるべきか。それに一人ひとりがどんな形でコミットできるのか。あるいはするのか。それがＳＤＧｓ達成に取り組むことにもなるのです。

②貧困も環境も途上国だけの問題ではない

ＭＤＧｓでは、先進国が途上国の開発を支援するという立場や役割分担が明確でした。しかし、ＳＤＧｓの特徴は、「先進国、開発途上国も同様に含む、世界全体の普遍的な目標とターゲットである」ところにあります。

貧困問題は、途上国の問題だけではありません。日本の子どもの貧困率は、２０１２年に16・3％、ほぼ６人に１人が貧困だといわれ、社会に衝撃を与えました。その後、２０１５年には13・7％に低下していますが、引き続き７人に１人が貧困状態にあるのです(12)。経済発展の中で取り残されている人がいるのは、先進国でも問題となっています。一方、気候変動の影響に国境は関係ありません。

２０１９年8月のブラジルのアマゾン熱帯林の大火災は、Ｇ７でも議論されましたが、世界の2割を占めるといわれるアマゾンの熱帯林の消失は、ブラジル一国ではなく世界の問題です。このように各国の置かれている状況は異なるものの、すべての国が影響を受けているからこそ、すべての国がコミットする全員参加がＳＤＧｓなのです。ＳＤＧｓは国際的な共通課題でもあります。

長期的なビジョンとは？

長期にわたるプロジェクトを成功させるために大事なことは、ステークホルダーがビジョンを共有することでしょう。ＳＤＧｓは、どのようなビジョンにもとづいて採択されたのでしょうか。多少、長くなりますが、「我々のビジョン」のアジェンダ（課題計画）から引用します。

7．（目指すべき世界像）これらの目標とターゲットにおいて、我々は**最高に野心的かつ変革的なビジョン**を設定している。我々は、**すべての人生が栄える、貧困、飢餓、病気及び欠乏から自由な世界を思い描く**。我々は、恐怖と暴力から自由な世界を思い描く。すべての人が読み書きできる世界。すべてのレベルにおいて質の高い教育、保健医療及び社会保護に公平かつ普遍的にアクセスできる世界。身体的、精神的、社会的福祉が保障される世界。安全な飲料水と衛生に関する人権を再確認し、衛生状態が改善している世界。十分で、安全で、購入可能、また、栄養のある食料がある世界。住居が安全、強靭（レジリエント）かつ持続可能である世界。そして安価な、信頼でき、持続可能なエネルギーに誰もがアクセスできる世界。

8．（目指すべき世界像）**我々は、人権、人の尊厳、法の支配、正義、平等及び差別のないことに対して普遍的な尊重がなされる世界**を思い描く。人種、民族及び文化的多様性に対して尊重がなされる世界。人間の潜在力を完全に実現し、繁栄を共有することに資することができる平等な機会が与えられる世界。子供たちに投資し、すべての子供が暴力及び搾取から解放される世界。すべての女性と女児が完全なジエンダー平等を享受し、その能力強化を阻む法的、社会的、経済的な障害が取り除かれる世界。そして、最も脆弱な人々のニーズが満たされる、公正で、衡平で、寛容で、開かれており、社会的に包摂的な世界。

9.（目指すべき世界像）我々は、すべての**国が持続的で、包摂的で、持続可能な経済成長と働きがいのある人間らしい仕事を享受できる世界を思い描く。**消費と生産パターン、そして空気、土地、河川、湖、帯水層、海洋といったすべての天然資源の利用が持続可能である世界。民主主義、グッド・ガバナンス、法の支配、そしてまたそれらを可能にする国内・国際環境が、持続的で包摂的な経済成長、社会開発、環境保護及び貧困・飢餓撲滅を含めた、持続可能な開発にとってきわめて重要である世界。**技術開発とその応用が気候変動に配慮しており、生物多様性を尊重し、強靱（レジリエント）なものである世界。人類が自然と調和し、野生動植物その他の種が保護される世界。**

地球環境と調和した社会の実現へ

私が特に重視する箇所を太字にしましたが、このように全方位的なビジョンなのでそれぞれが重要視するポイントは異なって当然だと思います。でも、これをみていると、17色のグラデーションで塗り分けられた地球儀がイメージされます。ＳＤＧｓは統合されており、不可分であると、このアジェンダにも記載があります。

たとえると、地球儀で日本の箇所を深く掘っていくと反対側の南米に到達する、ちょっと上向きに掘ればロシアへ、という感じで各ゴールとターゲットはつながっているのだと思います。そしてこのビジョンが示す世界とは、地上のすべての人の人権が守られ、やりがいのある仕事があり、地球環境と調和した社会であり、宗教で示す天国、つまり、理想郷でしょう。これを宗教の世界ではなく、現実の世界で実現しようというのですから大変野心的な取り組みです。では、別の観点からみて地上の世界、つまり、私たちが直面する現実はどうなのでしょうか？

すべきことは「危機」を「機会」に変えること

一部再掲になりますが、アジェンダでは、以下のように記述されています。

14.「今日の世界」の（直面する課題）**我々は、持続可能な開発に対する大きな課題に直面している。**依然として数十億人の人々が貧困のうちに生活し、尊厳のある生活を送れずにいる。国内的、国際的な不平等は増加している。機会、富及び権力の不均衡は甚だしい。ジェンダー平等は依然として鍵となる課題である。失業、とりわけ若年層の失業は主たる懸念である。地球規模の健康の脅威、より頻繁かつ甚大な自然災害、悪化する紛争、暴力的過激主義、テロリズムと関連する人道危機及び人々の強制的な移動は、過去数十年の開発の進展の多くを後戻りさせる恐れがある。

天然資源の減少並びに、砂漠化、干ばつ、土壌悪化、淡水の欠乏及び生物多様性の喪失を含む環境の

悪化による影響は、人類が直面する課題を増加し、悪化させる。我々の時代において、気候変動は最大の課題の一つであり、すべての国の持続可能な開発を達成するための能力に悪影響を及ぼす。世界的な気温の上昇、海面上昇、海洋の酸性化及びその他の気候変動の結果は、多くの後発開発途上国、小島嶼開発途上国を含む沿岸地帯及び低地帯の国々に深刻な影響を与えている。**多くの国の存続と地球の生物維持システムが存続の危機に瀕している。**

つまり、貧困、不平等、ジェンダー課題、高い失業率、自然災害、紛争、テロ、人道危機、天然資源の減少、気候変動、生物多様性の喪失など、社会面でも環境面でも、実は危機的な状況に私たちは置かれているのです。このままだと人類全体が持続不可能という状況だと認識されていることがわかります。だからこそ、あきらめるのではなく、立ち上がることがＳＤＧｓなのです。

立場が違う人も取り組むべき課題

15.（チャンス）しかしながら、大きな機会の時でもある。多くの開発の課題に対応するために重要な進展があった。過去の世代において、数百万人の人が極度の貧困から脱した。教育へのアクセスは少年少女いずれに対しても大きく増加した。ＩＣＴと地球規模の接続性は人間の進歩を加速化させ、デジタルデバイドを埋め、知識社会を発展させる大きな潜在力があり、医学やエネルギーのように多様な幅広い分野において科学技術イノベーションが持つ潜在力もまた同様である。

この人類の危機をいかにチャンスに変えて、ビジョンに示した理想的な社会をつくるのか。非常に困難でチャレンジングですが、この時代に生きていなければ参加できない壮大な企てでもありますし、またこの時代を生きるものとして、次世代にバトンを渡すために、みんなが参加する義務があるとも考えます。実際に、「我々の世界を変える行動の呼びかけ」のアジェンダはこのように結ばれています。

52．（人々を中心に据えたアジェンダ）「われら人民は」というのは国連憲章の冒頭の言葉である。今日2030年への道を歩き出すのはこの「われら人民」である。我々の旅路は、政府、国会、国連システム、国際機関、地方政府、先住民、市民社会、ビジネス・民間セクター、科学者・学会、そしてすべての人々を取り込んでいくものである。数百万の人々がすでにこのアジェンダに関与し、我がものとしている。これは、人々の、人々による、人々のためのアジェンダであり、そのことこそが、このアジェンダを成功に導くと信じる。

53．（結語）**人類と地球の未来は我々の手の中にある。そしてまた、それは未来の世代にたいまつを受け渡す今日の若い世代の手の中にもある。持続可能な開発への道を我々は記した。その道のりが成功し、その収穫が後戻りしないことを確かなものにすることは、我々すべてのためになるのである。**

すべての人間へ覚悟と行動を促して締められています。この行動をたとえると、老朽化して安全性・快適性に問題が出てきたいま、住んでいる家を出て新築の別な家に引っ越すのはなく、棲みながら家をリフォームし、暮らしのルールを修正していく、ということです。住んでいる家というのは、地球のことです。

地球環境の状況が自然災害の増加で暮らしにくいからと簡単に引っ越せるわけもなく、この地球の環境を改善させてあらゆる生命にとって住みやすい環境にリフォームし、住民の暮らし方ルールを皆の人権が守れるように変えていくことしか、私たちの選択肢はないということです。では、どのようにリフォームして、ルールを変えていかなければならないのでしょうか。CHAPTER2では、これについて整理していくことにします。

NOTE

注(1)『FACTFULNESS』pp21－23
注(2)FAO 'Global Forest Resources Assessment 2015
注(3)Scientific American誌　“Amazon Deforestation Takes a Turn for the Worse”
注(4)Ellen Macarthur Foundation 'New Plastics Economy'
注(5)Ellen Macarthur Foundation 'New Plastics Economy'
注(6)http://www.worldbank.org/ja/news/feature/2014/01/08/open-data-poverty
注(7)国連広報センターHP https://www.unic.or.jp/activities/economic_social_development/sustainable_development/2030agenda/sdgs_report/ より本資料は The Sustainable Development Goals Report 2018 の Overview部分の日本語訳。レポートの全文は以下を参照。https://www.un.org/development/desa/publications/the-sustainable-development-goals-report-2018.html（2019.6.19閲覧）

注⑻ 電通第3回「ＳＤＧｓに関する生活アンケート調査」

注⑼ Longman 英英辞典 https://www.ldoceonline.com/jp/dictionary/transform

注⑽ https://kotobank.jp/word/%E9%96%8B%E7%99%BA-458292

注⑾ https://kotobank.jp/word/%E7%99%BA%E5%B1%95-602841（2019.6.24）

注⑿ 厚生労働省 平成28年国民生活基礎調査の概要
https://www.mhlw.go.jp/toukei/saikin/hw/k-tyosa/k-tyosa16/dl/03.pdf

CHAPTER 2

「ＳＤＧｓのゴール」と「達成状況」を整理する

「誰一人取り残さない」が意味すること

貧困状態にある人たちをゼロにできるのか

では、ＳＤＧｓに掲げたビジョンを達成するには、何をすればよいのか？
ゴールごとにみていきましょう。

Goal 1

【貧困をなくそう】

あらゆる場所のあらゆる形態の貧困を終わらせる

このゴールを達成するための、ターゲットは以下です。

1.1 ２０３０年までに現在１日１・25ドルで生活する人々と定義されている極度の貧困をあらゆる場所で終わらせる。

1.2 ２０３０年までに、各国定義によるあらゆる次元の貧困状態にある、すべての年齢の男性、女性、子供の割合を半減させる。

1.3 各国において最低限の基準を含む適切な社会保護制度及び対策を実施し、２０３０年までに貧困層及び脆弱層に対し十分な保護を達成する。

1.4 ２０３０年までに、貧困層及び脆弱層をはじめ、全ての男性及び女性が、基礎的サービスへのアクセス、土地及びその他の形態の財産に対する所有権と管理権限、相続財産、天然資源、適切な新技術、マイクロファイナンスを含む金融サービスに加え、経済的資源についても平等な権利を持つことができるように確保する。

1.5 ２０３０年までに、貧困層や脆弱な状況にある人々の強靭性（レジリエンス）を構築し、気候変動に関連する極端な気象現象やその他の経済、社会、環境的ショックや災害に暴露や脆弱性を軽減する。

1.a あらゆる次元での貧困を終わらせるための計画や政策を実施するべく、後発開発途上国をはじめとする開発途上国に対して適切かつ予測可能な手段を講じるため、開発協力の強化などを通じて、さまざまな供給源からの相当量の資源の動員を確保する。

1.b 貧困撲滅のための行動への投資拡大を支援するため、国、地域及び国際レベルで、貧困層やジェンダーに配慮した開発戦略に基づいた適正な政策的枠組みを構築する。

これをみると貧困と一口にいっても、さまざまな形態があるとことがわかります。最低限２０３０年までにすべきことは、「極度の貧困」をゼロに。そして、そこまではない貧困状態を半減させることです。そのためには、貧困状態にある人たちへの物資などの援助だけでは不十分。同時に貧困に陥らないようにするための仕掛け――社会保障制度が整っていることが重要になります。現在、貧困ではない生活をしている人も、常に貧困に陥るリスクを抱えているからです。

たとえば、病気やケガによって仕事ができなくなる。一家の大黒柱の死亡や失業、退職によって収入が絶たれる。そうなれば、一気に暮らしが立ち行かなくなる可能性があります。

こうした貧困リスクを予防し、サポートするための仕組みとして年金制度、医療保険、生命保険、失業保険などの社会保障制度があります。

日本の誰もが保険で医療が受けられる国民皆保険制度は世界的に見ても充実した制度だといわれます。また、失業した途端、失業保険もあります。

年金制度に関しては、「老後の生活には2000万円不足する」などが批判されていますが、日本はまだ恵まれています。また、コロナで倒産失業廃業に追い込まれる企業に対する補償が、まったく不十分と批判されており、確かにそう思います。

でも、世界にはこうした社会保障制度がまったく、あるいは一部しか整備されていない国も少なくないのが実態です。ターゲット1.3では、その整備が掲げられている所以です。では、世界の貧困状態は、SDGs発足から5年たったいま、どこまで改善しているのでしょうか？　国連のSDGs進捗レポートからみていきましょう。

2030年世界の6%の人が絶対的貧困の可能性

2030年にゼロを目指す「極度の貧困」は、1990年の36%から2010年には16%、2015年には10％と順調に減ってきました。しかし、その後スピードが落ち、２０１８年は８・６％、２０１９年は８・２％です。さらにコロナの影響が重くのしかかり、国連は２０２０年に８・４％～８・８％へ悪化すると予測しています。まだ６％程度の人が絶対的貧困にあると予想されています。

社会保障制度は、日本では制度の不備はあれども、あって当たり前ですが、まったくその恩恵に浴していない人の方が世界的には多いのです。２０１６年時点で40億人、世界人口の55％の人たちが、まったく社会保障の現金給付を受けることができていません。これも地域差が大きくて北米と欧州は86％が受給されるのに対して、サハラ以南のアフリカでは13％にとどまっています。

また、ターゲット1.5は、気候変動は貧困の一因である、貧困と環境問題はつながっていることを示します。自然災害による被害は、１９９８～２０１７年の20年間で30兆ドルに上るとされ、このうち77％が気候関連の災害です。また、世界の災害死のうち9割が中心国と途上国で発生していますし、各国のＧＤＰに与える損害のレベルも、こうした国のほうが大きくなっています。

５年の成果として貧困は改善傾向にありましたが、そのスピードが気候変動による自然災害やコロナの影響で、大きく足を引っ張られています。特にコロナはサプライチェーンを分断し、先進国からの支援もビジネスニーズも大幅に低下させ、最も弱い貧困層を直撃しており、いままで以上の国際社会へ向けた官民を挙げた対策が求められることになります。

ポイント

貧困と環境問題は深いつながりがある。自然災害による被害も貧困の一つの元凶なのだ。

2 飢餓をゼロに

飢餓を終わらせ、食料安全保障及び栄養改善を実現し、持続可能な農業を促進する

2.1 ２０３０年までに飢餓を撲滅し、全ての人々、特に貧困層及び幼児を含む脆弱な立場にある人々が１年中安全かつ栄養のある食料を十分得られるようにする。

2.2 ５歳未満の子供の発育阻害や消耗性疾患について国際的に合意されたターゲットを２０２５年までに達成するなど、２０３０年までにあらゆる形態の栄養不良を解消し、若年女子、妊婦・授乳婦及び高齢者の栄養ニーズへの対処を行う。

2.3 ２０３０年までに、土地、その他の生産資源や、投入財、知識、金融サービス、市場及び高付加価値化や非農業雇用の機会への確実かつ平等なアクセスの確保などを通じて、女性、先住民、家族農家、牧畜民及び漁業者をはじめとする小規模食料生産者の農業生産性及び所得を倍増させる。

2.4 ２０３０年までに、生産性を向上させ、生産量を増やし、生態系を維持し、気候変動や極端な気象現象、干ばつ、洪水及びその他の災害に対する適応能力を向上させ、漸進的に土地と土壌の質を改善させるような、持続可能な食料生産システムを確保し、強靭（レジリエント）な農業を実践する。

2.5 ２０２０年までに、国、地域及び国際レベルで適正に管理及び多様化された種子・植物バンクなども通

じて、種子、栽培植物、飼育・家畜化された動物及びこれらの近縁野生種の遺伝的多様性を維持し、国際的合意に基づき、遺伝資源及びこれに関連する伝統的な知識へのアクセス及びその利用から生じる利益の公正かつ衡平な配分を促進する。

2.a 開発途上国、特に後発開発途上国における農業生産能力向上のために、国際協力の強化などを通じて、農村インフラ、農業研究・普及サービス、技術開発及び植物・家畜のジーン・バンクへの投資の拡大を図る。

2.b ドーハ開発ラウンドの決議に従い、全ての農産物輸出補助金及び同等の効果を持つ全ての輸出措置の並行的撤廃などを通じて、世界の市場における貿易制限や歪みを是正及び防止する。

2.c 食料価格の極端な変動に歯止めをかけるため、食料市場及びデリバティブ市場の適正な機能を確保するための措置を講じ、食料備蓄などの市場情報への適時のアクセスを容易にする。

5年間の行動の結果は、どうなったでしょうか？　実は残念なことに、悪化しています。国連の報告書によると「栄養不良状態にある人」は２０１７年には、８億２１００万人で２０１５年の7億８４００万人から増えてしまっています。食糧難にある人口の割合は、２０１４年の23・2％から２０１８年は26・4％に悪化しました。また、飢餓人口は長期的に減少していたのですが、２０１５年から増加に転じているのです。良いニュースは２０００年以降、発育不良の子どもが減少していることです。それでも発育不良の5歳以下の子どもはまだ、1億４９００万人もいます。しかし、一方で肥満の子どもは４０００万人もいます。飢餓を終わらせるためには、量的にも質的にも十分な食料をすべての人に行き渡らせなければなりません。

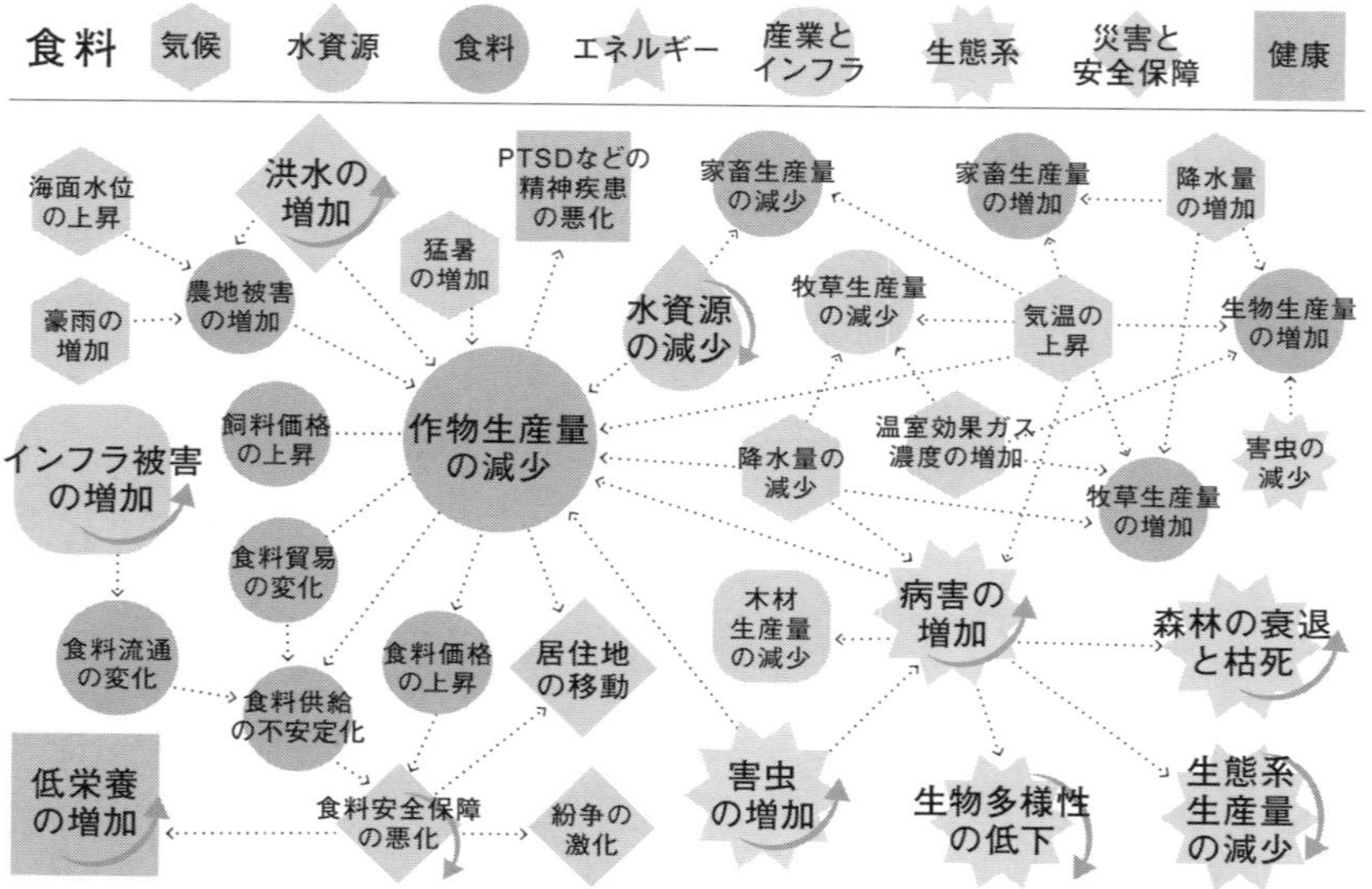

（出所）国立環境研究所、東京大学、東京工業大学他、プレスリリース「気候変動による影響の連鎖の可視化に成功」より

図2-1 食料分野における気候変動影響の連鎖

そのためには、農業の生産性向上だけでなく、自然災害にも強い食料生産システムをつくること、種子の適正な管理などの農林水産業の現場の取り組みに加えて、貿易における農業補助金の撤廃、投機的な商品市場をコントロールすることなどが重要です。ちなみにターゲット2の「種子や遺伝子資源に関する取り組み」期限は2020年です。

気候変動は食料生産のダメージ要因へ

飢餓問題とは、いまや開発援助の問題というより、環境の問題の影響を大きく受ける領域であり、経済の課題と考えられています。

どういうことでしょうか？ 農産物の生産は、環境問題、特に気候変動の影響を大きく受けます。図表

２－１は、気候変動が食料生産に与える幅輳《ふくそう》的な影響を示したものです。洪水、干ばつ、害虫など、さまざまな脅威が農業生産の障害となっています。台風により収穫前の果物が全部落ちてしまったとか大雨で作物が腐ったり、売りものにならなくなったという残念な話が増えています。

実際に私たちの身近なところにもその影響は、チラホラ見えはじめています。前職の大和総研では、研究員は持ち回りで会社のウェブサイトに身の回りのことをつづったコラムを寄稿しているのですが、２０１７年４月、私は気候変動を身近に感じた経験を以下のようなコラムに書きました（当時の様子がよくわかります）。

Focus 1 ［気候変動］

気候変動の被害者となった「ポテトチップスと阿闍梨餅(1)」

ポテトチップスといえば、スナック菓子の横綱。かたや阿闍梨餅は京都を代表する銘菓。この二つには意外な共通点がある。それは「気候変動の被害者」ということである。

4月10日の日本経済新聞では、主要メーカーのポテトチップスの一部販売休止が報道された。カルビーは33品目、湖池屋は16品目の販売を休止あるいは終了するとのこと。理由は主原料の北海道産ジャガイモの不作。国産ジャガイモ生産の8割を占める北海道では、昨年6月の長雨による日照不足と8月の相次ぐ台風襲来の被害を受け、昨年の出荷量は1割減少したという。

私は契約農家の野菜を扱う生協で主な食材を購入している。ジャガイモは北海道の有機農家のもので、ポテトサラダにするとわかるのだが、その辺のスーパーの品より格段においしかった。しかし、この冬は傷が多く水っぽいジャガイモが混ざるようになっていた。うすうす昨年の台風の影響かと思っていたが、今回の報道を見て改めて産地の厳しい状況が理解できた。

その数日後に出てきたのは、京都の代表的な銘菓阿闍梨餅が4月から10月の間、水曜日の販売を休止するニュースだ。主原料の丹波大納言小豆が昨年の大凶作で入手困難になったためで、大正時代の販売開始から初めての減産になるという。いずれも産地を変えれば生産できるのだろうが、産地にこだわると減産という決断になった。ファンには好物が食べにくくなるのは残念だが、まだ消費者の日常生活に大きな支障が出るレベルではない。阿闍梨餅も販売休止は10月までとしている。しかし、これらは一過性のアンラッキーなできごとで終わるのだろうか。

楽観的に考えたいが、地球を取り巻く現実はもっと厳しく、今回のことは気候変動の予兆と理解すべきではないかと思う。

世界に目を向けても、昨年6月には米国南西部の熱波（アリゾナ州フェニックスで48℃）、7月の中国長江流域での多雨による洪水や土砂災害、今年の春は南米北西部のコロンビアやペルーで大雨による洪水や大規模土砂災害が発生するなど、異常気象のニュースが増えている。

温暖化は一様に気温が徐々に上がるのではなく、気候がますます不安定になり異常な暑さか寒さ、干ばつか多雨という極端な気象が多発するようになる。先ほどの日本経済新聞によると、ジャガイモ不作は昨年の北海道だけのことではないようだ。

この4月に出荷が本格化してきた鹿児島県産も降雨の影響で出荷量が平年より1割少なく、3月の平均卸値は過去5年平均に比べ5割高だという。パリ合意では気候変動の上昇を産業革命以前から2℃未満に抑えることが合意されたが、現状の政策や経済システムではその達成は困難といわれる。すでに地球の平均気温は０・85℃上昇してしまったが、０・85℃の上昇でこれだけ気候不安定化し、影響が出ている。ポテトチップスと阿闍梨餅のことは、日常生活にも気候変動の影響が表れはじめたととらえるべきだろう。今年は、丹波や北海道の天気は恵まれたとしても、別な産地の作物が甚大な被害を受けるかもしれない。

でも、現状はお菓子の減産がニュースになる段階である。これが今後、米や小麦など主食におよばないように、せめてポテトチップスを食べるときに、気候変動がいま、起きつつある自分事であるという自覚を少しでも多くの人が持ち、省エネや再エネなど自らできることはなんでも行動に移していくべきではないか。

２０１７年４月20日「大和総研グループ／レポート・コラム」より

求められる農業施設への投資

このコラムを書いた後、ポテトチップメーカーは産地を九州などに分散して原材料の安定的な調達をはかりました。また、阿闍梨餅は原材料の不作による値上げを受けて、２０１９年６月についに小売価格の値上げに踏み切っています(2)。異常気象だけでなく、というか異常気象が増えているからさらに必要とされるのが、農業インフラへの投資です。災害に強い灌漑施設や農業施設への投資が不可欠ですが、農業分野への公共投資は世界的に減少しています。農業への政府支出が農業生産高対する比率は、２００１年の０・42から０・26（２０１７年）へ大きく下がりました。

一方で、農業生産物の価格をゆがめるとされる、農産物輸出への補助金は、2010年の5億ドルから、2016年の1・2億ドルへ大きく削減。2020年の令和2年7月豪雨災害7月22日の速報でも（農林水産省ウェブサイト「令和2年7月豪雨に関する情報」より）」826・3億円にのぼると報じられています。

ポイント

飢餓問題は人権問題だけど、いまや環境と経済に大きな影響を受けやすい領域である。人権と環境は別のものでなく、つながっている。

Goal 3

［すべての人に健康と福祉を］

あらゆる年齢のすべての人々の健康的な生活を確保し、福祉を促進する

3.1 2030年までに、世界の妊産婦の死亡率を出生10万人当たり70人未満に削減する。

3.2 全ての国が新生児死亡率を少なくとも出生1000件中12件以下まで減らし、5歳以下死亡率を少なくとも出生1000件中25件以下まで減らすことを目指し、2030年までに、新生児及び5歳未満児の

予防可能な死亡を根絶する。

3.3 ２０３０年までに、エイズ、結核、マラリア及び顧みられない熱帯病といった伝染病を根絶するとともに肝炎、水系感染症及びその他の感染症に対処する。

3.4 ２０３０年までに、非感染性疾患による若年死亡率を、予防や治療を通じて3分の1減少させ、精神保健及び福祉を促進する。

3.5 薬物乱用やアルコールの有害な摂取を含む、物質乱用の防止・治療を強化する。

3.6 ２０２０年までに、世界の道路交通事故による死傷者を半減させる。

3.7 ２０３０年までに、家族計画、情報・教育及び性と生殖に関する健康の国家戦略・計画への組み入れを含む、性と生殖に関する保健サービスを全ての人々が利用できるようにする。

3.8 全ての人々に対する財政リスクからの保護、質の高い基礎的な保健サービスへのアクセス及び安全で効果的かつ質が高く安価な必須医薬品とワクチンへのアクセスを含む、ユニバーサル・ヘルス・カバレッジ（ＵＨＣ）を達成する。

3.9 ２０３０年までに、有害化学物質、並びに大気、水質及び土壌の汚染による死亡及び疾病の件数を大幅に減少させる。

3.a 全ての国々において、たばこの規制に関する世界保健機関枠組条約の実施を適宜強化する。

3.b 主に開発途上国に影響を及ぼす感染性及び非感染性疾患のワクチン及び医薬品の研究開発を支援する。また、知的所有権の貿易関連の側面に関する協定（ＴＲＩＰＳ協定）及び公衆の健康に関するドーハ宣言に従い、安価な必須医薬品及びワクチンへのアクセスを提供する。同宣言は公衆衛生保護及び、特にすべての人々への医薬品のアクセス提供にかかわる「知的所有権の貿易関連の側面に関する協定

（ＴＲＩＰＳ協定）」の柔軟性に関する規定を最大限に行使する開発途上国の権利を確約したものである。
3.c 開発途上国、特に後発開発途上国及び小島嶼開発途上国において保健財政及び保健人材の採用、能力開発・訓練及び定着を大幅に拡大させる。
3.d 全ての国々、特に開発途上国の国家・世界規模な健康危険因子の早期警告、危険因子緩和及び危険因子管理のための能力を強化する。

世界で自殺者は減少だが課題も

健康を図る指標も多岐にわたり、進捗はまちまちです。５歳以下死亡率は、２０１５年の42人／１０００人から39人／１０００人へ減少しました。でも、目標は25人／１０００人です。新生児の死亡率は、31人／１０００人（２０００年）から18人（２０１７年）に減少して、目標である12人まであと一息です。２０１５年、推計30万３０００人の女性が妊娠および出産で死亡しました。ほとんどが低・中所得国で起きています。

なお、専門家の支援のもと出産する女性の割合は、２０１２年の69％から２０１８年は81％にまで上昇しましたが、サハラ以南の地域では59％にとどまっています。「顧みられない熱帯病」といった伝染病の治療が必要な人は、２０１０年の20・３億人から２０１５年は16・３億人、２０１７年は15・８億人と順調に減ってきています。

　また、世界での自殺率は、10万人あたり12・9％（２０００年）から10・6人（２０１６年）まで減少しましたが、15～29歳までの世代の死亡要因としては2番目に多いのです。そして自殺者の79％も、低・中所得の国で起きています。喫煙率は、２０００年の27％から２０１６年の20％へ低下。女性の場合は11％から6％へ、一方、男性は43％から34％です。ちなみに日本の場合、２０００年の男性喫煙率は53・5％もありました。女性は13・7％です。これが２０１８年には、男性27・8％女性が8・7％(3)まで下がっています。たばこ嫌いにはありがたいことです。

　一方で、交通事故死は、「２０２０年までに半減」というターゲット3.6と裏腹に増えています。２０１３年の１３１万人から１３５万人へと（２０１６年）増加しました。自動車販売台数自体が増えていたからです。日本自動車工業会によると、２０１７年の世界の四輪販売台数は９６８０万台で8年連続増加だそうです(4)。

　私は２０１８年、ウガンダの難民キャンプを視察しましたが、整備された幹線道路は数えるほど少なく、時速１００キロメートル以上で飛ばす私たちが乗った車の脇を、幼い子どもを含め多くの地元の人たちが徒歩や自転車、バイクなどで通行しています。車道の脇に安全な歩道はありません。日本だったら高速道路の路側帯のようなところが子どもの通学路になっている感じです。また、道路にはときに大きな穴が空いており、高速で穴にはまって大事故を起こすことも少なくないとか。こうした発展途上国は経済発展の余地が大きく、自動車は増えることがあっても減ることはないような状態です。日本では飲酒運転が厳しく取り締まられる交通事故死は減少していますが、世界全体では事故が増えたとしても当然だと思います。

　大気汚染も私たちの健康を脅かしています。町の大気汚染（自動車排気ガスや工場の排気ガス）と薪の料理での室内の大気汚染によって、多くの人が命を落としています。２０１４年にＷＨＯは、大気汚染により年間７００万人が死亡しており、その半分が屋内の調理によるというレポートを出しています。

それによると、大気汚染による病死者数は、太平洋西部、東南アジア、アフリカで合わせて600万人近くになるのに対して、欧米の高所得地域では40万人以下だったそうです。先進国では屋内で危険な固形燃料を使った調理は、ほとんど行われていないからです。

水の問題も深刻です。不衛生な飲料水と排泄施設によって、つまり上下水道の不備による、下痢や栄養不良などによる死者は、2016年には87万人にも上ります。コロナによる死者が57・6万人になったそうです（2020年7月15日）が、コロナがいかに人の健康に脅威かを示しています。しかし、大気汚染や自宅の食事で毎年700万人以上が命を落としているのです。ウガンダの難民の方の住居を見学させていただきましたが、泥の手作り小屋に泥のかまどがあり、薪で煮たりするので小屋の中は煙が常に充満していて胸が痛くなりました。そこでも子どもが遊んでいました。

こうした状況に大して国際社会のサポートは増えています。基礎的な健康に関するODAは2010年から2017年の間に61％増加し、107億ドルになっています。しかし、2013年から2018年まで入手可能なデータから読み取れることは、人口1万人に対する医者の数が10人以下の国が世界の4割を占めて、看護師の比率が40人／1万人以下の国が55％であり、まだ充分とはほど遠い状況です。

ポイント

整備された幹線道路が少ない中で、4輪車の販売台数が増え続ける発展途上国。今後も心配されるのが交通事故死であろう。

Goal 4

［質の高い教育をみんなに］

すべての人々への包括的かつ公正な質の高い教育を提供し、生涯学習の機会を促進する

4.1　２０３０年までに、全ての子供が男女の区別なく、適切かつ効果的な学習効果をもたらす、無償かつ公正で質の高い初等教育及び中等教育を修了できるようにする。

4.2　２０３０年までに、全ての子供が男女の区別なく、質の高い乳幼児の発達・ケア及び就学前教育にアクセスすることにより、初等教育を受ける準備が整うようにする。

4.3　２０３０年までに全ての人々が男女の区別なく、手の届く質の高い技術教育・職業教育及び大学を含む高等教育への平等なアクセスを得られるようにする。

4.4　２０３０年までに、技術的・職業的スキルなど、雇用、働きがいのある人間らしい仕事及び企業に必要な技能を備えた若者と成人の割合を大幅に増加させる。

4.5　２０３０年までに、教育におけるジェンダー格差をなくし、障害者、先住民及び脆弱な立場にある子供など、脆弱層があらゆるレベルの教育や職業訓練に平等にアクセスできるようにする。

4.6　２０３０年までに、全ての若者及び大多数（男女ともに）の成人が、読み書き能力及び基本的計算能力を身につけられるようにする。

4.7 2030年までに、持続可能な開発のための教育及び持続可能なライフスタイル、人権、男女の平等、平和及び非暴力的文化の推進、グローバル・シチズンシップ、文化多様性と文化の持続可能な開発への貢献の理解の教育を通して、全ての学習者が、持続可能な開発を促進するために必要な知識及び技能を習得できるようにする。

4.a 子供、障害及びジェンダーに配慮した教育施設を構築・改良し、全ての人々に安全で非暴力的、包摂的、効果的な学習環境を提供できるようにする。

4.b 2020年までに、開発途上国、特に後発開発途上国及び小島嶼開発途上国ならびにアフリカ諸国を対象とした、職業訓練、情報通信技術（ICT）、技術、工学・科学プログラムなど、先進国及びその他の開発途上国における高等教育の奨学金の件数を全世界で大幅に増加させる。

4.c 2030年までに、開発途上国、特に後発開発途上国及び小島嶼開発途上国における教員研修のための国際協力などを通じて、質の高い教員の数を大幅に増加させる。

生涯教育という発想

教育分野への開発援助には、長い歴史があります。それにもかかわらず2017年現在、6～17歳までの子どものうち、2億6200万人が学校に行っていません。驚くべきことに過半数の子どもと大人は、十分な読み書き計算ができません。ＩＴ技術の進歩は目覚ましく、それによって可能性は広がっていますが、学校や教師の数や質といった教育インフラの整備が、これに追いついていません。生涯教育という発想で、特に女性や女の子の教育環境整備が必要です。

一方で、成果としては3人中2人の子どもは義務教育がはじまる前に、最低1年間の幼児教育を受けています。この幼児教育は、学校教育をはじめる準備期間としてとても重要です。しかし、サハラ以南ではこの比率は5割を切っています。また、学校があっても安全で衛生的な教育、環境（電気、インターネット、衛生的なトイレ飲料水など）があるのは、半分以下です。初等中等教育対象年齢の子ども6億１７００万人（全体の過半数）は読み書き計算の基礎レベルを満たしていません。２０１７年時点で、7億７３００万の大人（3分の2は女性）は読み書きができません。

日本が明治維新以降急速に経済発展できた背景には、高い識字率があったという説があります。日本の尋常小学校の就学率は、１９００年にほぼ8割、１９１０年には9割以上になっています[5]。高等教育はムリでも、１００年以上前から小学校に行くのは当たり前になっていたということは、日本が大変、恵まれていたと思います。

奨学金のためのＯＤＡは、２０１７年総額13億ドルになりました。豪州、フランス、日本、イギリス、ＥＵの機関によるサポートが全体の3分の2を占めています。この分野で日本の貢献が大きいのはうれしいことです。一方で、訓練を受けた小学校の教員の比率は、２０１５年から85％で足踏みしています。

ポイント
世界で2億６２００万人が学校に行けず、そのために読み書き計算ができない。生涯教育という発想で、特に女性や女の子の教育環境整備がますます必要になってくるだろう。

Goal 5

［ジェンダー平等を実現しよう］

ジェンダー平等を達成し、すべての女性及び女児の能力強化を行う

このゴールを達成するための、ターゲットは以下です。

5.1 あらゆる場所における全ての女性及び女児に対するあらゆる形の差別を撤廃する。

5.2 人身売買や性的、その他の種類の搾取など、全ての女性及び女児に対する、公共・私的空間におけるあらゆる形態の暴力を排除する。

5.3 未成年者の結婚、早期結婚、強制結婚、及び女性器切除など、あらゆる有害な慣行を撤廃する。

5.4 公共のサービス、インフラ及び社会保障政策の提供、並びに各国の状況に応じた世帯・家族内における責任分担を通じて、無報酬の育児・介護や家事労働を認識・評価する。

5.5 政治、経済、公共分野でのあらゆるレベルの意思決定において、完全かつ効果的な女性の参画及び平等なリーダーシップの機会を確保する。

5.6 国際人口・開発会議（ＩＣＰＤ）の行動計画及び北京行動綱領、並びにこれらの検証会議の成果文書に従い、性と生殖に関する健康及び権利への普遍的アクセスを確保する。

5.6 国際人口・開発会議（ＩＣＰＤ）の行動計画及び北京行動綱領、並びにこれらの検証会議の成果文書に従い、

性と生殖に関する健康及び権利への普遍的アクセスを確保する。

5.a　女性に対し、経済的資源に対する同等の権利、並びに各国法に従い、オーナーシップ及び土地その他の財産、金融サービス、想像財産、天然資源に対するアクセスを与えるための改革に着手する。

5.b　女性の能力強化促進のため、ＩＣＴをはじめとする実現技術の活用を強化する。

5.c　ジェンダー平等の促進、並びに全ての女性及び女子のあらゆるレベルでの能力強化のための適正な政策及び拘束力のある法規を導入・強化する。

ここでは、ジェンダー平等といいながら、女性に焦点があてられています。なぜならば、今日でも世界的にみても、女性はマイノリティなのです。マイノリティなので、日々の生活でも不利な立場にあります。「ＳＤＧｓ報告２０１９」によると、夫や恋人などがいたことのある女性（15～49歳）のうち18％、約５人に１人は、過去12カ月以内に夫や恋人から身体的／性的な暴力（ＤＶ）を受けています。

女性の立場が弱くなる主要な原因に、学齢で本来なら学校に行くべき年齢の子どものうちに、本人の意思に反して結婚させられる児童婚があります。夫は大人、妻はまだ子どもであれば、対等な夫婦の関係はむずかしくなります。力でも、知識でも、経済力でも、夫に隷属せざるを得なくなり、家庭内でも地域でも女性は弱い立場に置かれ、ＤＶの被害を受けるリスクも高まります。報告によるとこの児童婚が多い南アジアでは、児童婚が２０００年から４割減少しています。しかし、それでも現在、20～24歳の女性の３割は18歳未満で結婚しているのが現状です。

政治や経済のリーダーとして、活躍する女性は先進国でも途上国でも、まだ少数派です。「列国議会同盟」

の女性の議会進出に関するレポート（２０１８年版）によると、世界の女性国会議員比率は１９９５年の11・3％から２０２０年1月には、24・9％まで上昇しています。それでも全体の4分の1弱にすぎません。

現在のランキングがサイト[6]にありますが、２０１９年10月現在、日本の女性国会議員比率（衆院）は10・1％で、95年の世界平均のレベル以下、そして現在１９３カ国中１６４位という結果です。

一方、企業で働く女性についてはどうでしょう？ ＩＬＯが２０１９年３月に公表した報告書によると、２０１８年企業の管理職に就く女性の割合は、世界全体で27・1％でした、これも１９９１年が24・8％だったので、緩やかに上昇はしていますが遅いですね。地域別にみると米州が一番高くて39％、アジア太平洋は22・5％一番低いのがアラブ圏で11％です。しかし、残念ながら日本は12％とアラブと同列の最低レベルです。

活躍する女性リーダーは3割弱

世界の人口の半分は女性であるにもかかわらず、政治でも経済でも女性のリーダーはおおむね3割にも満たないのが現状です。いままでの世界は男性が政治も経済も引っ張ってきました。つまり、男性的な価値観で政治や経済をコントロールしてきたことになります。確かに経済的な発展のおかげで、１９５０年には25億３６００万人だった世界の人口は２０１９年に77億１５００万人と3倍以上に増えました[7]。それだけ繁栄した結果ともいえます。ただし、ＳＤＧｓが示すように、多くの社会課題も同時に生み出しています。

これらを解決するためには、従来の男性中心のやり方ではうまくいかないのではないか、と考える人が増えてきています。

手元に『女神的リーダーシップ』というおもしろい本があります。これは世界最大の消費者調査「BrandAsset® Valuator」の責任者ジョン・ガースマ氏が共著で執筆した本です。彼らはそれ以前の調査の中で、「単に誠実さ、共感力、コミュニケーション力、忍耐強さなど、最近の世の中でうまくやっていくのに必要なスキルを備えているのはどちらかといえば、女性であるという言葉を何度も耳にしたのである」(8)として、いまの時代を人々がどう受け止められているのかについて、主要13カ国の6万４０００人を対象とした特別調査を２０１１年に開始。その結果、得られたのは、「男性がもっと女性のような発想をしたら、世界は好ましい方向に変わるだろう」に賛成する割合は全体で66％、日本男性に限ると79％にも上るという驚くべき数字です。「自国における男性たちの振る舞いに不満である人」はグローバル平均で57％、日本と韓国は79％にのぼりました(9)。

しかし、先ほど見たように男性が決定権を持っているのが、現在の社会です。だからこそ、女性に光を当てる理由があるのです。それは単純に女性上位にすればうまくいくのか。私はそう思いません。男性的発想が過多な状況から脱して、男性的発想とほぼ女性的発想が半々になる社会がＳＤＧｓで目指すべき社会です。となると、いままでの社会は男性が主導権を握る、ある意味で偏った社会でした。

ジェンダーバランスが良い社会とは？

これを畑にたとえると、特定の作物を植えすぎた結果、土壌が酸性過多になって作柄が落ちてしまった畑になります。畑の健全性を回復させるには、土壌をアルカリ性に取り換えるのではなく、酸性土壌にアルカリ性（石灰とか）を投入して土壌を中和して土壌の健全性を取り戻します。ジェンダーの平等を目指す目的は、男性（酸性）過多に女性（アルカリ性）を注入して、結果として中和（男女のバランスの良い社会）を目指すということです。そのこと自体、ＳＤＧｓが目指す社会です。

逆にいえば、ジェンダーバランスが良い社会でないと、他の16のターゲットの達成も困難ということになります。なぜならば、男性的発想が課題をつくり出してきたからです。そして当然、児童婚など基本的人権が守られていなかった弱い立場の女性たちの人権を守るという意味もあります。

Focus 2［ジェンダー平等］

あなたは、テレビを観ながら洗濯物を畳めるか？――男性と女性の違い

自宅でテレビを観ているときに、私宛てに電話がかかってくると、なぜか夫はテレビを消してしまっていた。また、彼が料理とか簡単な作業をしているときに話しかけると「いま、料理中だから話しかけないで」と拒否されたものだ。

なんで人がせっかく観ているテレビを消すのか、会話を拒否するのか、喧嘩を売っているのか！　と、むかついていた。しかし、話を聞いてみると、彼はテレビがついていたら電話で話ができないだろうから、という親切心で消してくれていたらしいし、料理中は本当に話ができないらしい。

私はテレビを観ながら電話は当たり前にできるし、黙って料理するよりワイワイ世間話しながらの方が楽しいと思っているので、「そのような簡単なことができないなんて、どこかおかしいのじゃないか」とも思っていたものだ。

しかし、それはどうも誤解だったようだ。『話を聞かない男、地図が読めない女』（「主婦の友社」アラン・ピーズ、バーバラ・ピーズ著、藤井留美訳、２０００年）という脳学者の本によると、脳には男脳と女脳があるという。女脳はマルチタスク脳で一度に複数のことができる、男脳はシングルタスク脳で一時に一つのことしかできないという。

大昔の狩猟採集時代、男性は狩りに出かけ、女性は集落の周りで木の実を拾いつつも子育てをしていた。男性は獲物を狩る能力が発達したため、一つのことに集中する脳が発達し、女性は足元でウロチョロする子どもの面倒を見つつ、木の実や食糧を探したり家事をするので、同時に複数のことができる脳になったという。実際に右脳と左脳を結ぶ脳梁は女性の方が太いといわれており、一時に多くの情報が処理できるのだそうだ。

それは本当なのか？

そこで周囲の男性に「テレビを観ながら洗濯物を畳めるか」を聞いてみたところ、ほぼ半分はダメだそうだ。「気がついたら手が止まっていて奥さんによく怒られる」という人もいた。普通に畳めるというのは、１割程度か。残りは「洗濯物を畳んだことがないから、わからない」という論外な答えだった。職場でもパソコンを打っている最中の人に話しかけると、よっぽど複雑なことでなければ、女性は受け答えしつつも手を止めないが、男性の場合は打つ手を止めることが多い。

家事でも仕事でも単純な作業であれば、マルチタスクの方が効率は良いはずだ。そして、１割程度の男性は畳めるらしいので、それは鍛えればどうにかなる程度のことだろうと思い、シングルタスク脳の息子をトレーニングすることにした。何をしたかというと、息子が夜、テレビを観る際には洗濯物を畳むことを条件にした。そうしたらすんなり畳めるようになった。最近では、テレビを観る際は何かを同時にやっていることが多いようだ。

これがテレビ以外にも応用が利くのか、単にテレビを観ながらの「ながら族」になっただけなのか、まだはっきりしないが、少なくともテレビがついていると手が動かない夫よりはマルチタスクの能力が育っているようだ。

男の子のお母さんには、このトレーニングはお勧めしたい。息子のマルチタスク脳を鍛えるだけでなく、母親が洗濯物を畳む手間が省ける。また、女性の下着を畳むことに抵抗のある男性が多いらしいが、子どものうちから鍛えればそういう抵抗もないので、将来のお嫁さん（もし来てくれれば）に感謝されることだろう。

２０１５年４月９日「大和総研グループ／レポート・コラム」より）

ポイント

男性的発想と女性的発想のバランスが取れる社会づくりが、ＳＤＧｓで目指すべき方向性となる。

Goal 6

［安全な水とトイレを世界中に］

すべての人々の水と衛生の利用可能性と持続可能な管理を確保する

6.1 ２０３０年までに、全ての人々の、安全・安価な飲料水の普遍的かつ衡平なアクセスを達成する。

6.2 ２０３０年までに、全ての人々の、適切かつ平等な下水施設・衛生施設へのアクセスを達成し、野外での排泄をなくす。女性及び女児ならびに、脆弱な立場にある人々のニーズに特に注意を払う。

6.3 ２０３０年までに、汚染の減少、投機の廃絶と有害な化学物質や物質の放出の最小化、未処理の排水の割合半減及び再生利用と安全な再利用の世界的規模で大幅に増加させることにより、水質を改善する。

6.4 ２０３０年までに、全セクターの水利用の効率を大幅に改善し、淡水の持続可能な採取及び供給を確保し水不足に対処するとともに、水不足に悩む人々の数を大幅に減少させる。

6.5 ２０３０年までに、国境を越えた適切な協力を含む、あらゆるレベルでの統合水質源管理を実施する。

6.6 ２０２０年までに、山地、森林、湿地、河川、帯水層、湖沼などの水に関連する生態系の保護・回復を行う。

6.a ２０３０年までに、集水、海水淡水化、水の効率的利用、排水処理、リサイクル・再利用技術など、開発途上国における水と衛生分野での活動や計画を対象とした国際協力と能力構築支援を拡大する。

6.b 水と衛生の管理向上における地域コミュニティの参加を支援・強化する。

人類にとって、水は不可欠です。人は食べなくても2～3週間は生きていけるけれど、水を一滴も飲まなければ4～5日で死亡するともいわれます。

では、この水は、いったいどのくらい地球上にあるのでしょうか？　図表2-2をみてください。左側の球が地球全体を表すとすると、右の一番上の球は地球上にある水はをまとめたときの球の大きさになります。

地球全体の直径1万３０００キロに対してこの球の直径は、１４００キロメートルと約1割強です。水の総量は13・8億平方キロメートルです。このうち淡水をまとめたものが、真ん中の球（３６００万平方キロメートル、直径４００キロメートル）です。しかし、これらの多くは氷河など人間が使える状況にない淡水です。

水ストレスを抱える人が世界で20億人も

実際に人間が使える飲料水はその20分の1の18万平方キロメートル、直径で70平方キロメートルです。一番下の点ほどの大きさにすぎません。だから安全でおいしい水は大変、貴重です。

日本は水に恵まれているので、あまり水のありがたさがわからないといわれます。しかし、世界的にみて水は不足しています。「ＳＤＧｓ報告（２０１９）」では、「２０３０年までに、7億人が深刻な水不足により住む場所を追われる恐れがある」としています。

そして足元の状況をみると20億人が現在、深刻な水ストレスを抱える国で生活し、２０１7年時点

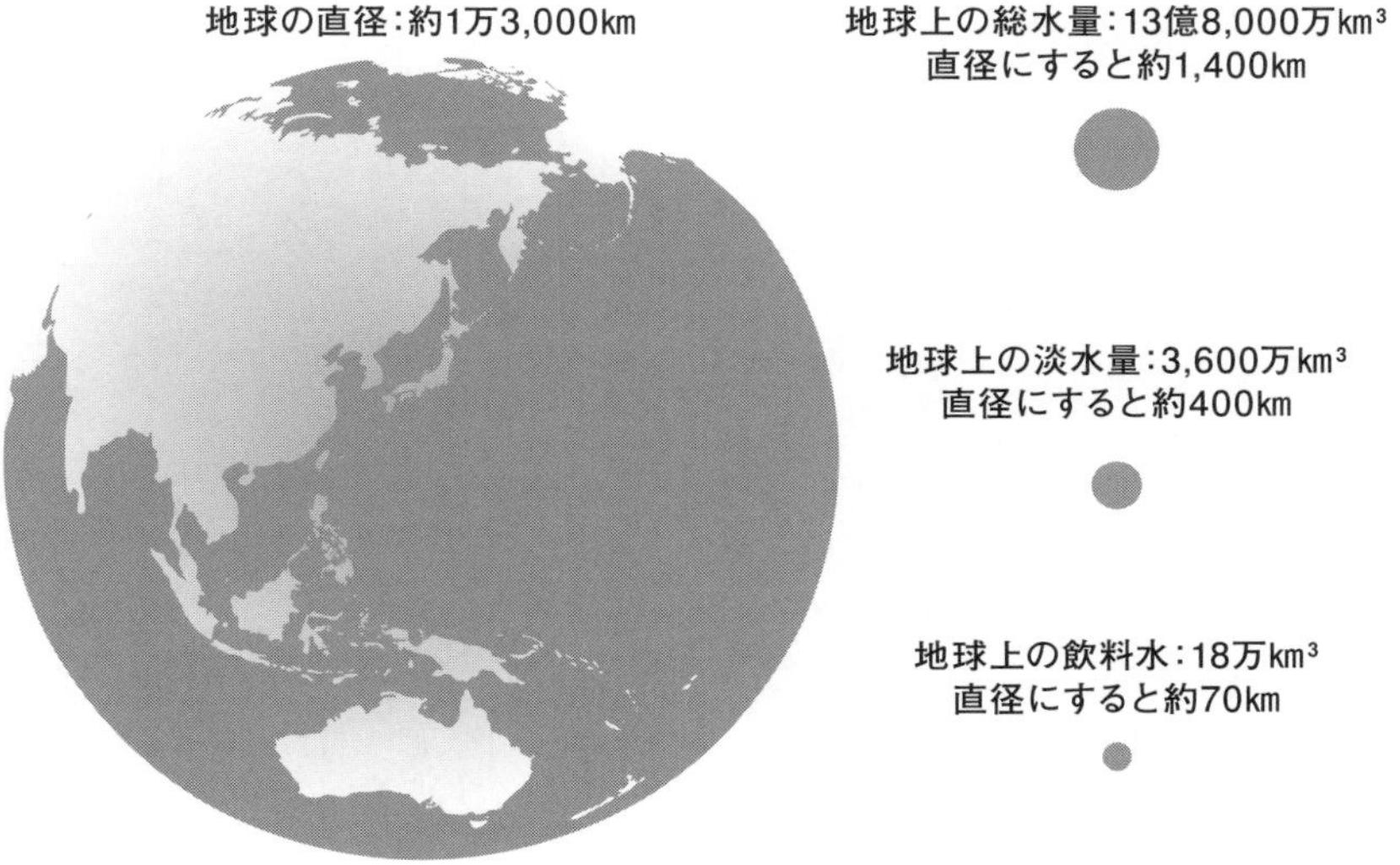

（出所）山本良一編「みずものがたり」ダイヤモンド社（2008年）PP19-20より大和総研作成より

図表2-2 地球上の飲料水

で、基本的な飲料サービスを受けられない人口は7億8500万人、世界の約1割です。そして、世界人口の5人に2人は自宅に石鹸と水を備えた基本的な洗面設備を持っていません。それだけでなく、医療施設の4カ所に1カ所は、基本的な飲料サービスが欠如しています。水の不足は安全衛生にも影をおとしています。安全な水を確保するためには衛生的なトイレが必要ですが、6億7300万人は依然として野外排泄を行なっているとされます。

特に大切なトイレ問題

途上国で暮らすうえでトイレは、特に大事です。きちんとしたトイレが整備されれば、野外排泄で汚染された水を飲料水にしなくてもすみます。私がウガンダを訪れたのは、評議員をつとめる国際開発ＮＰＯのプランインターナショナルジャパンの支援プロジェクトの視察のためでした。

開発援助の専門家ではないので、途上国支援ってどんなことをやるのか？　あまり具体的なイメージがなかったのですが、プランインターナショナルの活動の柱の一つは、「学校にトイレをつくること」でした。学校の校舎はあれども、トイレがあるとは限りません。なのでプランの重大な仕事が学校にトイレをつくることになるのです。

安全で清潔なトイレがあれば学校に行きやすくなりますし、排せつ物で飲料水や校庭を汚すことがなくなります。そこでびっくりしたのは、プラン独自のトイレ基準です。校舎から離れたところにトイレをつくる。それも、男子用と女子用トイレは、別々にする。男子用と女子用の間に大人用のトイレを建てる。

なぜ、こんな面倒なことをするのかわかりますか？　男子が女子にいたずらをしないためにです。男子トイレと女子トイレが離れていたら、女子トイレには男子は近づきにくくなる。そんな配慮も必要と知って、びっくりしました。そして、女子の場合は、生理教育がさらに大事です。日本のように便利な生理用品がないので、生理がはじまった女の子たちは、その時期は服が汚れて、それを男子にからかわれるのがイヤだから学校に行かなくなります。私が見学した学校でも、低学年のことどもたちはほぼ男女同数なのに、高学年になると女子はほとんど残っていないくらい減るという状況をみました。そして彼女たちは家にいてもしょうがないからと嫁に出される。児童婚をさせられ、若くして子どもを産むことになります。

ですからプランでは、トイレの建設と同時に、女子の生理教育と、布ナプキンの配布活動も行なっています。それも完成品のナプキンではなく、ナプキンの材料（布地やビニールシート）を配ってつくり方から教えます。それに洗濯用のバケツと石鹸をキットにして、女の子や成人女性に配布する活動を行なっています。これが結果として女子の就学率を上げ、児童婚を防ぎ、人口増に歯止めをかける有効な手段なのです。

こんな些細にみえることが、女の子の人生を守るだけでなく、地域の水資源と女の子の人生を守ることになる。なぜならば、飲料水を含めて生活に必要な水は、地域の井戸水を利用しているからです。

集落では、あまり清潔とはいえないようなポリタンクに井戸水を汲んで自宅に持ち帰るのです。それで洗面や煮炊きをしているため、特に排せつ物の管理は大事なのです。そして安全で衛生的なトイレを使えるということは、大事な基本的人権といえるでしょう。これはゴール３にもかかわる視点ですね。

ポイント

世界の中で6億７３００万人は依然として野外で排泄を行なっている。トイレが整備されれば、野外の排泄で汚染された水を飲料水にしなくてもすむ。

Goal 7

［エネルギーをみんなにそしてクリーンに］

すべての人々の、安価かつ信頼できる持続可能な近代的エネルギーへのアクセスを確保する

7.1 ２０３０年までに、安価かつ信頼できる現代的エネルギーサービスへの普遍的アクセスを確保する。

7.2 ２０３０年までに、世界のエネルギーミックスにおける再生可能エネルギーの割合を大幅に拡大する。

7.3 2030年までに、世界全体のエネルギー効率の改善率を倍増させる。

7.a 2030年までに、再生可能エネルギー、エネルギー効率及び先進的かつ環境負荷の低い化石燃料技術などのクリーンエネルギーの研究及び技術へのアクセスを促進するための国際協力を強化し、エネルギー関連インフラとクリーンエネルギー技術への投資を促進する。

7.b 2030年までに、各々の支援プログラムに沿って開発途上国、特に後発開発途上国及び小島嶼開発途上国、内陸開発途上国の全ての人々に現代的で持続可能なエネルギーサービスを供給できるよう、インフラ拡大と技術向上を行う。

この目標に対して現状はどうでしょうか？　ほかのゴールに比べて比較的進んでいるほうではないかと思います。特に、後発途上国における進展が目覚ましい。

世界人口の電化率は、2010年の83％から2015年には87％、2017年に89％と上昇しています。電力を利用できない8億4000万人のうち9割弱（87％）は農村部に暮らしています。

しかし、エネルギーとは、電力だけではありません。煮炊きに使う熱エネルギーも家庭にとっては重要な用途です。日本でも家庭で使うエネルギーの内訳（2017年）をみると、給湯が一番多くて31・7％、暖房が29・9％、厨房が14・1％です。

実はこの比率は1965年とあまり変わっていません。生活に必要なのは、部屋を暖める、お風呂やシャワーのための給湯そして、調理のためのエネルギーです。なお、アフリカやアジアなど暑い地域では、お風呂のような給湯のニーズはそれほどありません。先ほどアフリカ、ウガンダの水事情を紹介しましたが、お湯を

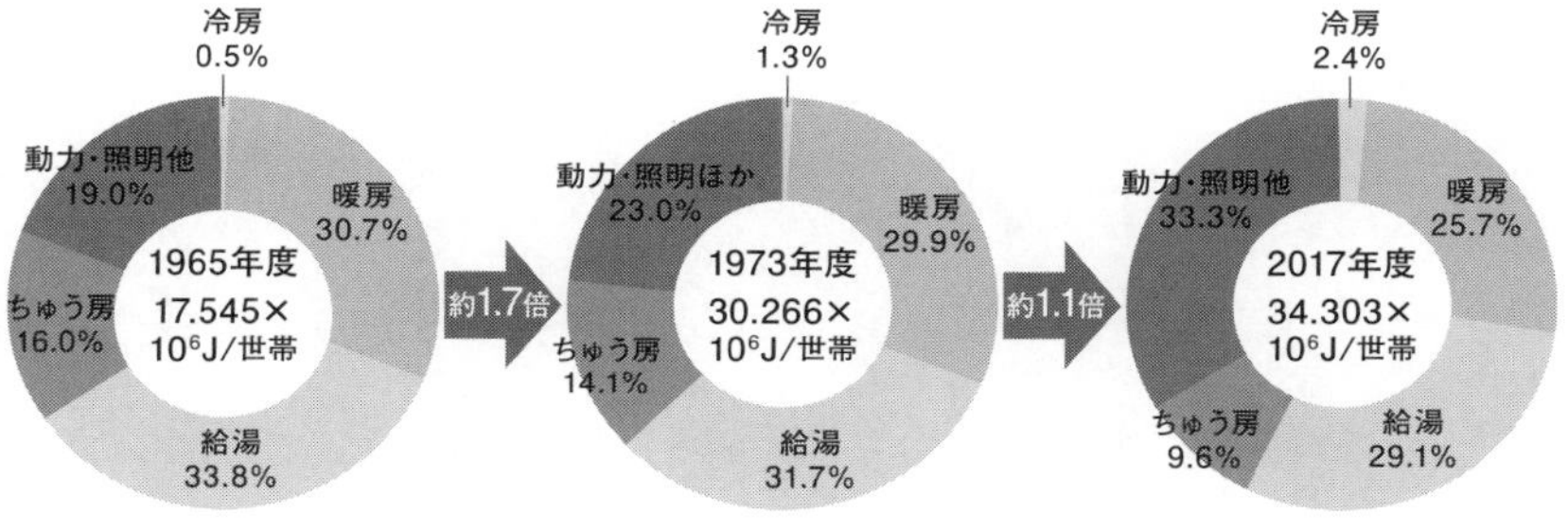

（注1）「総合エネルギー統計」は、1990年度以降、数値の算出方法が変更されている。
（注2）構成比は端数処理（四捨五入）の関係で合計が100%とならないことがある。
（出所）エネルギー白書2019、日本エネルギー経済研究所「エネルギー・経済統計要覧」、資源エネルギー庁「総合エネルギー統計」、総務省「住民基本台帳に基づく人口、人口動態及び世帯数」を基に作成

図表2-3 1世帯あたりのエネルギー消費単位と用途別エネルギー消費の推移

沸かして湯舟につかるという状況は望むべくもありません。習慣は水の豊かな日本ならではのようです。

食事をするのも危険と背中合わせ

家庭におけるエネルギーの主要な用途は、調理です。その調理をする際にクリーンな熱源を使えない人が世界にたくさんいます。「ＳＤＧｓ報告」２０１９の英語版では、「access to Clean cooking fuels」――つまり、安全な調理燃料を使える人と表現されていますが、その比率はまだわずか61%（２０１７年）でしかありません。これは２０１０年の57%より改善していると報告されていますが、毎日の食事をつくる際に安全に調理できない人たちが、30億人近くいるのです。安全に調理できないとは、

どういうことなのか、と思うかもしれません。
最近、日本ではガスでもなく電気で調理する家庭が増えているので、火を燃やして調理をするということを知らない子どもたちが増えており、イメージがわかないかもしれませんね。

室内で固形燃料を使うと大気汚染に

日本でも昭和30年代くらいまで、調理も薪や炭が当たり前で、炭を使った火鉢が家の中心にありました。炭は、炭焼きが粗悪品だと不完全燃焼して一酸化炭素中毒になる危険があります。また、薪は枝だったらなんでもいいわけでなく、完全に乾燥させないと煙が出ますし、うまく燃えません。日本でもバーベキューのときに、うまく火をつけられなくて苦労した人も少なくないでしょう。実際に途上国では、薪や炭だけでなく、石炭や牛糞などの固形燃料を使って調理しています。これらは先述したように、多くの死亡原因になっています。室内で使うと、大変な大気汚染になります。

そしてクリーンエネルギーといえば、再生可能エネルギーです。最終エネルギー消費に占める再生可能エネルギーの割合は、２０１０年の16・6％から２０１６年には17・5％に上昇。その成長率は、２０１０年以降、年率18％で伸びており、脱炭素社会づくりに向けて、「まだ遅すぎる」というのが国連の評価です。エネルギー経済密度（ＧＤＰ／1単位当たりに必要なエネルギー量）は、２０１０年から２０１６年の間で年率２・３％改善していますが、７・３％を達成までに必要な２・７％を下回っています。

ポイント
２０１４年、ＷＨＯは大気汚染により年間 ７００万人が死亡したと発表した。そのうちの半分が屋内での調理時に起っているのが現実だ。

Goal 8

［働きがいも経済成長も］

包括的かつ持続可能な経済成長及びすべての人々の完全かつ生産的な雇用と働き甲斐のある人間らしい雇用（ディーセントワーク）を促進する

8.1 各国の状況に応じて、１人当たり経済成長率を持続させる。特に後発開発途上国は少なくとも年率７％の成長率を保つ。

8.2 高付加価値セクターや労働集約型セクターに重点を置くことなどにより、多様化、技術向上及びイノベーションを通じた高いレベルの経済生産性を達成する。

8.3 生産活動や適切な雇用創出、起業、創造性及びイノベーションを支援する開発重視型の政策を促進するとともに、金融サービスへのアクセス改善などを通じて中小零細企業の設立や成長を奨励する。

8.4 ２０３０年までに、世界の消費と生産における資源効率を漸進的に改善させ、先進国主導の下、持続可能な消費と生産に関する10カ年計画枠組みに従い、経済成長と環境悪化の分断を図る。

8.5 2030年までに、若者や障害者を含む全ての男性及び女性の、完全かつ生産的な雇用及び働きがいのある人間らしい仕事、並びに同一労働同一賃金を達成する。

8.6 2020年までに、就労、就学及び職業訓練のいずれも行っていない若者の割合を大幅に減らす。

8.7 強制労働を根絶し、現代の奴隷制、人身売買を終らせるための緊急かつ効果的な措置の実施、最悪な形態の児童労働の禁止及び撲滅を確保する。2025年までに児童兵士の募集と使用を含むあらゆる形態の児童労働を撲滅する。

8.8 移住労働者、特に女性の移住労働者や不安定な雇用状態にある労働者など、全ての労働者の権利を保護し、安全・安心な労働環境を促進する。

8.9 2030年までに、雇用創出、地方の文化振興・産品販促につながる持続可能な観光業を促進するための政策を立案し実施する。

8.10 国内の金融機関の能力を強化し、すべての人々の銀行取引、保険及び金融サービスへのアクセスを促進・拡大する。

8.a 後発開発途上国への貿易関連技術支援のための拡大統合フレームワーク（EIF）などを通じた支援を含む、開発途上国、特に後発開発途上国に対する貿易のための援助を拡大する。

8.b 2020年までに、若年雇用のための世界的戦略及び国際労働機関（ILO）の仕事に関する世界協定の実施を展開・運用化する。

ここではいままでと一転、経済成長の維持を求めています。特に後発開発途上国の高い成長（7%）を目指しています。しかし、「ＳＤＧｓ報告２０１９」によると、２０１０～２０１７年の実質ＧＤＰ成長は、４・８%と未達に終わっています。

また、若年の失業は世界的な問題です。ですから、8.bのようなターゲットがあるわけですが、現在、若者の5人に1人は、教育にも、仕事にも、訓練にも参加していない状態にあります。こうした若者が社会の希望が持てず将来を悲観し、不満を募らせると社会が不安定化します。彼らに、仕事あるいは仕事に就くための訓練、その前の段階で仕事ができるような教育ができる環境づくりも必要なのです。なお、このターゲットは経済成長を目指しているので、企業人の間では自社は利益が拡大しているから貢献できている、と考えるケースが多いのです。たしかに経済成長は必要ですが、従来型の経済成長は違います。ポイントは、「包括的かつ持続可能な」成長だということです。

日本でもバブル崩壊後、企業のリストラとして大幅な従業員削減を行いました。その結果、企業のコストは下がり、利益を生み出すことはできましたが、その分失業者が街にあふれることになり、消費意欲は減退し、社会全体の景気は上がらない、という状況になりました。それぞれが自社の利益確保に走り社会全体は停滞しました。こうした成長は包括的ではない、自分だけよければ成長だったといえます。こういう関係は、国同士でもありえます。途上国の主な産業である農産物を先進国が途上国でも、暮らしていけないような価格に買いたたけば、途上国は引き続き貧しく、農家の人たち生活水準は停滞したままです。

一方で、先進国の消費者はそのおかげで安くて良いものを手に入れることができます。しかし、それは包括的な成長ではありません。途上国の農民が疲弊します。ここで目指すのは、すべての人を取り残さない経済発展です。さらにポイントは、「ディーセントワーク」です。働き口さえ確保すれば良いのではなく、人間の尊厳を保てる人間らしい雇用環境をつくり出さなければなりません。その点からみると働き方改革が必要な日本も、後発国だといえるのではないでしょうか。

ポイント

従来型の経済成長は違う、「包括的かつ持続可能な」成長を前提にすることが大事。

Goal9

［産業と技術革新の基盤をつくろう］

強靱（レジリエント）なインフラ構築、包摂的かつ持続可能な産業化の促進及びイノベーションの推進を図る

9.1 全ての人々に安価で公平なアクセスに重点を置いた経済発展と人間の福祉を支援するために、地域・越境インフラを含む質の高い、信頼でき、持続可能かつ強靱（レジリエント）なインフラを開発する。

9.2 包摂的かつ持続可能な産業化を促進し、２０３０年までに各国の状況に応じて雇用及びＧＤＰに占める産業セクターの割合を大幅に増加させる。後発開発途上国については同割合を倍増させる。

9.3 特に開発途上国における小規模の製造業その他の企業の、安価な資金貸付などの金融サービスやバリュ

ーチェーン及び市場への統合へのアクセスを拡大する。

9.4　２０３０年までに、資源利用効率の向上とクリーン技術及び環境に配慮した技術・産業プロセスの導入拡大を通じたインフラ改良や産業改善により、持続可能性を向上させる。すべての国々は各国の能力に応じた取組を行う。

9.5　２０３０年までにイノベーションを促進させることや１００万人当たりの研究開発従事者数を大幅に増加させ、また官民研究開発の支出を拡大させるなど、開発途上国をはじめとするすべての国々の産業セクターにおける科学研究を促進し、技術能力を向上させる。

9.a　アフリカ諸国、後発開発途上国、内陸開発途上国及び小島嶼開発途上国への金融・テクノロジー・技術の支援強化を通じて、開発途上国における持続可能かつ強靱（レジリエント）なインフラ開発を促進する。

9.b　産業の多様化や商品への付加価値創造などに資する政策環境の確保などを通じて、開発途上国の国内における技術開発、研究及びイノベーションを支援する。

9.c　後発開発途上国において情報通信技術へのアクセスを大幅に向上させ、２０２０年までに普遍的かつ安価なインターネット・アクセスを提供できるよう図る。

私たちには、レジリエントな社会インフラづくりと経済的発展のを同時達成が求められています。そのためには、従来の技術やフレームワークではない技術や仕組み（イノベーション）が必要です。また、ＳＤＧｓは環境と社会課題だけでなく経済的なエンパワーメントも求めています。

しかし、後発開発途上国の産業化は、ＳＤＧｓのターゲットを達成できるペースではありません。一人当たりの製造業付加価値は、欧米の場合、4938ドルに対して後発開発途上国の場合、その2・3%の114ドルにすぎません。

一方で、研究開発への投資は世界全体で2兆ドル（2016年）と2000年の7390億ドルから2倍以上に増えています。2000年以降、インターネットが普及し、スマートフォンが生まれ、AIを使ったビジネスが急速に広がるデジタル社会がこのおかげで進んだといえるでしょう。

そしてコロナはリモート、デジタル化を一段と加速させます。世界の90%の人々は、3G以上の性能をもつモバイルネットワークがある場所に住んでいます。

私が訪問したウガンダでも、ホテルに戻れば、3GのWi－Fiに接続でき、意外とIT化が進んでいるのにびっくりしながらも、気楽に日本にも連絡できる環境があることに感謝し、安堵しました。そのおかげで日本との連絡は、ほとんど滞ることがありませんでした。人口の大多数が薪で煮炊きしていてもデジタル化はあまり遜色ない。これがいまの発展状況なのですね。

ポイント

SDGs達成には、いままでの技術やフレームワークではない新たな技術や仕組み（イノベーション）が必要。経済的なエンパワーメントは環境社会にも必要。

Goal 10

【人や国の不平等をなくそう】

各国内及び各国間の不平等を是正する

10.1 ２０３０年までに、各国の所得下位40％の所得成長率について、国内平均を上回る数値を漸進的に達成し、持続させる。

10.2 ２０３０年までに、年齢、性別、障害、人種、民族、出自、宗教、あるいは経済的地位その他の状況に関わりなく、全ての人々の能力強化及び社会的、経済的及び政治的な包含を促進する。

10.3 差別的な法律、政策及び慣行の撤廃、並びに適切な関連法規、政策、行動の促進などを通じて、機会均等を確保し、成果の不平等を是正する。

10.4 税制、賃金、社会保障政策をはじめとする政策を導入し、平等の拡大を漸進的に達成する。

10.5 世界金融市場と金融機関に対する規制とモニタリングを改善し、こうした規制の実施を強化する。

10.6 地球規模の国際経済・金融制度の意思決定における開発途上国の参加や発言力を拡大させることにより、より効果的で信用力があり、説明責任のある正当な制度を実現する。

10.7 計画に基づき良く管理された移民政策の実施などを通じて、秩序のとれた、安全で規則的かつ責任ある移住や流動性を促進する。

10.a 世界貿易機関（ＷＴＯ）協定に従い、開発途上国、特に後発開発途上国に対する特別かつ異なる待遇の原則を実施する。

10.b 各国の国家計画やプログラムに従って、後発開発途上国、アフリカ諸国、小島嶼開発途上国及び内陸開発途上国を始めとする、ニーズが最も大きい国々への、政府開発援助（ＯＤＡ）及び海外直接投資を含む資金の流入を促進する。

10.c ２０３０年までに、移住労働者による送金コストを３％未満に引き下げ、コストが５％を超える送金経路を撤廃する。

繰り返しですが、ＳＤＧｓの理念は「誰一人取り残さない」で、ゴールを達成することです。この是正のためには経済の仕組み、法律の枠組みから、変えていかなければいけません。現在、市場経済は効率的といわれますが、その本質は弱肉強食です。

市場というのはトランプのゲーム「大貧民」のように持てる者がさらに勝ちやすくできており、貧しいものが逆転して豊かになるのはむずかしいシステムです。

ですから、国際貿易や国内経済システムにおいて、弱肉強食の仕組みを是正修正して、不公平を縮小するような制度、工夫を有効に機能させることが課題です。

所得が最富裕層の1％に集中

「ＳＤＧｓ報告２０１９」によると、10・１のターゲット「最貧層40％の平均以上に高い所得の伸び」については、データが得られる92カ国の半数以上で２０１０年から２０１６年の間で達成できたと評価されています。しかし、最貧層40％が受け取る所得は、全所得の25％未満にとどまっています。

多くの国で所得が、最富裕層の１％に集中しています。グローバルＮＰＯのオックスファムが２０２０年１月に公表した報告では、世界の最も富める２１５３人は所得の低い46億人より多くの資産を持っている。

一方、先進国と途上国の関係に関しては、後発途上国からの輸出品の66％が、開発途上国全体では51％が無税（輸入国では関税がかけられないので他国の製品にくらべて優遇されている）といわれ、先進国が途上国の製品を輸入しやすく配慮は見られるようです。

移民に関しては、「安全で秩序ある移住を促進する政策を導入（76％）」しているものの、移民に関する政策があるのは54％、移民の社会経済的福祉に関する政策は57％にとどまります。欧州には中東やアフリカ難民が流出して大きな社会問題になりましたし、ミャンマーにおけるロヒンギャ難民の扱いは、国際社会からも批判されていました。

日本でも、外国人技能実習生問題のほか、２０１９年11月に来日されたローマ教皇フランシスコが、日本での難民受け入れを呼びかけるなど、世界的に難民問題は大きな政治課題としてこれからますます重要性が増す分野です。ちなみに埼玉県の蕨市には１０００人規模のグルド難民コミュニティがあります。彼らは「ワラビスタン」と呼ばれていますが、共生は課題です。命からがら逃げてくる難民を受け入れないのは人道的に問題ですが、難民がそのコミュニティと問題を起こしたり、住民がさまざまな負担を受けざるをえない、ということに反発する住民の気持ちも理解できます。ですから移民難民の人権を保障しつつ、行政や住民による納得できる仕組みづくりとコミュニケーションがさらに重要になります。

労働市場の構図が変わる!?

なおコロナによって、先進国の農業が貧しい国の移民や季節労働者に頼っていたことが明らかになり、それが農業生産の現在の大きなリスクとなっています。果樹、野菜、酪農は特に手作業が多く、西欧では北アフリカや東欧からの季節労働者に北米はメキシコからの季節労働者に依存してきました。

日本でも外国人技能実習生が来日できないことが問題になっています。これは途上国の人たちに専門技能を習得するための制度ですが、安い労働力として働かせるケースが多く、強制労働ではないかという批判を受けてきました。この問題はコロナ以前は広くは知られていませんでした。

しかし、コロナで外国人技能実習生がいないと収穫ができない農家の話などが報道されるにつれ、この問題が浮き彫りになってきました。海外の農業国だけでなく、日本の国内向け農業においても、いまの農業が一番弱い立場の移民や外国人労働者に依存している、という大きなひずみも浮き彫りになりました。一方で、観光業など失業する人が増える中で、農業に参入する動きも見られます。フランスでは、農業大臣が新型コロナ危機による失業者に対して農業参入を呼びかけると、20万人の応募があったと報道されています。いままでの労働市場の構図がこれで変わっていくかもしれません。

Goal 11

ポイント
移民難民の人権を保障、住民が納得する仕組みづくり、コミュニケーションがますます重要になる。

【住み続けられるまちづくりを】

包括的で安全かつ強靱（レジリエント）で持続可能な都市及び人間居住を実現する

11.1　２０３０年までに、全ての人々の適切、安全かつ安価な住宅及び基本的サービスへのアクセスを確保し、スラムを改善する。

11.2　２０３０年までに、脆弱な立場にある人々、女性、子供、障害者及び高齢者のニーズに特に配慮し、公共交通機関の拡大などを通じた交通の安全性改善により、全ての人々に、安全かつ安価で容易に利用できる、持続可能な輸送システムへのアクセスを提供する。

11.3　２０３０年までに、包摂的かつ持続可能な都市化を促進し、全ての国々の参加型、包摂的かつ持続可能な人間居住計画・管理の能力を強化する。

11.4　世界の文化遺産及び自然遺産の保護・保全の努力を強化する。

11.5 ２０３０年までに、貧困層及び脆弱な立場にある人々の保護に焦点をあてながら、水関連災害などの災害による死者や被災者数を大幅に削減し、世界の国内総生産比で直接的経済損失を大幅に減らす。

11.6 ２０３０年までに、大気の質及び一般並びにその他の廃棄物の管理に特別な注意を払うことによるものを含め、都市の一人当たりの環境上の悪影響を軽減する。

11.7 ２０３０年までに、女性、子供、高齢者及び障害者を含め、人々に安全で包摂的かつ利用が容易な緑地や公共スペースへの普遍的アクセスを提供する。

11.a 各国・地域規模の開発計画の強化を通じて、経済、社会、環境面における都市部、都市周辺部及び農村部間の良好なつながりを支援する。

11.b ２０２０年までに、包含、資源効率、気候変動の緩和と適応、災害に対する強靱さ（レジリエンス）を目指す総合的政策及び計画を導入・実施した都市及び人間居住地の件数を大幅に増加させ、仙台防災枠組２０１５―２０３０に沿って、あらゆるレベルでの総合的な災害リスク管理の策定と実施を行う。

11.c 財政的及び技術的な支援などを通じて、後発開発途上国における現地の資材を用いた、持続可能かつ強靱（レジリエント）な建造物の整備を支援する。

世界の都市に暮らす人口の割合は１９５０年には30％（７・５億人）でしたが、２０１８年は半分以上の55％（42億人）に増え、２０５０年には68％に達すると予測されています(10)。

地域ごとにみると、２０１８年の都市化率は北米が最も高く82％、ラテンアメリカ・カリブ地域が81％、欧州が74％、オセアニアが68％となっています。

相対的に低いアジアとアフリカでも5割弱（43％）となっています。都市人口の増加は純粋な人口増と農村から都市への流入にあります。都市に人が流入するのは、積極的に便利で豊かな都会で暮らしたいという前向きな理由だけでなく、干ばつや洪水によって農村や漁村での生活が成り立たなくなり、都会への流入を余儀なくされる場合も少なくありません。

彼らにすぐにできる仕事は少なく、貧しいままスラムに流れ込む状況になっています。そのためターゲットの11・1に「スラム改善」が入っています。しかし、彼らの多くは私たちが考えるような都市生活のサービスを享受することができません。

「ＳＤＧｓ報告２０１９」によると、１５０カ国が都市計画の国家政策を策定し、そのうちの半数は計画を実施中です。しかし、20億人はゴミ収集サービスを受けることができていません。２０１８年現在、都市住民の４人に１人はスラムに類似した環境で生活を余儀なくされています。都市生活人口が42億人ですから、10億人以上がそういう劣悪な環境で暮らしていることになります。

そして、２０１８年時点で公共交通機関へ便利なアクセスが可能なのは、都市住民のわずか半数（53％）にすぎません。日本では過疎地においてバスや電車など公共の足がなくなることが問題視されています。しかし、世界全体では都市においても約半分の人たちは、公共の足へのアクセスがこんな状況にあるのです。さらに、ショッキングなことは、都市住民の10人中9人は汚染された空気の中での生活を余儀なくされているということでしょう。

その季節になると、毎日の天気予報でＰＭ２・５の濃度が報告されますが、北京やデリーでは外出しないように当局が警告するほど、大気汚染がひどい状況がありました。コロナによるロックダウンで、これらの都市でも空気がきれいになったと報告されています。皮肉なことです。

私たちの生活に密接なこととして、台風や洪水などの災害にも強いインフラの整備が喫緊の課題です。２０１９年に関東地方を直撃した台風や大雨では、公共交通機関が計画運休を実施したり、台風洪水によって住宅や都市機能に大きな被害が出ました。２０２０年の日本の豪雨災害でも住居、道路、山林、田畑など大きな被害を受けています。ダムや堤防、遊水池などのインフラの強化によるレジリエントな都市づくりが急がれます。

ポイント

都市計画の国家政策を策定した半数は、計画を実施している。しかし、実際は20億人がゴミ収集サービスをいまだ受けられていない。都市住民の４人に１人はスラムに類似した環境で生活しているといえよう。

Goal 12

［つくる責任つかう責任］

持続可能な生産消費形態を確保する

12.1 開発途上国の開発状況や能力を勘案しつつ、持続可能な消費と生産に関する10年計画枠組み（10ＹＦＰ）

を実施し、先進国主導の下、全ての国々が対策を講じる。

12.2 ２０３０年までに天然資源の持続可能な管理及び効率的な利用を達成する。

12.3 ２０３０年までに小売・消費レベルにおける世界全体の一人当たりの食料の廃棄を半減させ、収穫後損失などの生産・サプライチェーンにおける食料の損失を減少させる。

12.4 ２０２０年までに、合意された国際的な枠組みに従い、製品ライフサイクルを通じ、環境上適正な化学物資やすべての廃棄物の管理を実現し、人の健康や環境への悪影響を最小化するため、化学物質や廃棄物の大気、水、土壌への放出を大幅に削減する。

12.5 ２０３０年までに、廃棄物の発生防止、削減、再生利用及び再利用により、廃棄物の発生を大幅に削減する。

12.6 特に大企業や多国籍企業などの企業に対し、持続可能な取り組みを導入し、持続可能性に関する情報を定期報告に盛り込むよう奨励する。

12.7 国内の政策や優先事項に従って持続可能な公共調達の慣行を促進する。

12.8 ２０３０年までに、人々があらゆる場所において、持続可能な開発及び自然と調和したライフスタイルに関する情報と意識を持つようにする。

12.a 開発途上国に対し、より持続可能な消費・生産形態の促進のための科学的・技術的能力の強化を支援する。

12.b 雇用創出、地方の文化振興・産品販促につながる持続可能な観光業に対して持続可能な開発がもたらす影響を測定する手法を開発・導入する。

12.c 開発途上国の特別なニーズや状況を十分考慮し、貧困層やコミュニティを保護する形で開発に関する悪影響を最小限に留めつつ、税制改正や有害な補助金が存在する場合は、その環境への影響を考慮してその段階的廃止などを通じ、各国の状況に応じて、市場のひずみを除去することで、浪費的な消費を奨励する。化石燃料に対する非効率な補助金を合理化する。

ゴール12は、社会から隔絶された場所で完全な自給自足をしていない限り、世界中の誰もが関係するゴールです。なぜなら、いまや世界中の人々がグローバルに網の目のように展開されている生産と消費のサプライチェーンのどこかにつながっているからです。特に先進国である日本に住む私たちの暮らしは、世界中のサプライチェーンがなければ成り立ちません。

そして私たちが豊かな生活を追い求め、途上国の人たちもその動きに追随すれば、消費され、廃棄され、資源が増えます。それが海洋ゴミ問題、資源の枯渇、気候変動など多くのＳＤＧｓの課題を引き起こしています。「消費する資源」を減らすことは、地球を健全にする第一歩でしょう。これは健康診断で肥満だけでなく内蔵の数値も問題がある人が、減量しただけで内蔵の数値が全部改善した、という話と似ています。減量（資源消費削減）するだけで、気候変動や資源枯渇、生物多様性の破壊、海洋ゴミ問題などの問題改善につながるのです。

国連の報告[11]によると、２０１７年、私たちの物質消費量は８５９億トン、２０１０年の７３２億トンから17・4％増加、１９７０年の２７０億トンからは、２１８％の増加で、２０００年以降の消費増加率は加速しており、このペースが続くと２０６０年には、１９００億トンにのぼると予想されています。

２０１５年時点での１人当たり資源消費量は、１９９０年の８・８トンから４割増の12・2トンにものぼりました。そして、ここに大きな経済格差が生まれています。高所得国の場合の消費量は26・3トンです。これは、上位中所得国（16・9トン）より６割多く、低所得国（２・０トン）の13倍です。現在の生産と消費のパターンを大きく変革しなければ、ゴール13の気候変動問題も、14や15の「海と陸の生態系の保全」も、ゴール10の「不公平是正」も達成できません。

それに対して私たちは、何をやっているのでしょうか。ほぼ１００カ国が持続可能な生産と消費を促進するための政策措置を行なっていて、３０３の政策手段が導入されたということですが、資源消費の現状を見る限り、政策手段だけでなく企業や消費者が自ら行動しなければならないことがたくさんあります。

今日からでも身近にできることに、フードロスの削減があります。世界で生産された食料の25～30％は廃棄されています。これは人間が出す温室効果ガス排出量の８～10％に相当し、使われている耕作地は数百万平方キロメートルにおよびます[12]。日々の私たちの暮らしは、地球環境に直接つながっているのです。

ポイント

世界で生産された食料の25～30％が廃棄されている。これはなんと人間が出す温室効果ガス排出量の8～10％に相当する。

Goal 13

［気候変動に具体的な対策を］

気候変動及びその影響を軽減するための急対策を講じる

13.1 すべての国々において、気候関連災害や自然災害に対する強靭性（レジリエンス）及び適応力を強化する。
13.2 気候変動対策を国別の政策、戦略及び計画に盛り込む。
13.3 気候変動の緩和、適応、影響軽減及び早期警戒に関する教育、啓発、人的能力及び制度機能を改善する。
13.a 重要な緩和行動の実施とその実施における透明性確保に関する開発途上国のニーズに対応するため、2020年までにあらゆる供給源から年間1000億ドルを共同で動員するという、UNFCCCの先進締約国によるコミットメントを実施し、可能な限り速やかに資本を投入して緑の気候基金を本格始動させる。
13.b 後発開発途上国及び小島嶼開発途上国において、女性や青年、地方及び社会的に疎外されたコミュニティに焦点を当てることを含め、気候変動関連の効果的な計画策定と管理のための能力を向上するメカニズムを推進する。

なぜ、気候変動が起きるのか。なぜ、気候変動対策イコール省エネ、脱炭素なのか。ご存じですか。二酸化炭素、メタンや亜酸化窒素（N_2O）などのガスには、「温室効果」があるとされます。これは太陽の光と熱を吸収するけれど、熱の放出を抑える効果のことです。

つまり、温室効果ガスの大気中の濃度が上がることは太陽の熱を吸収するが放出されなくなり、大気の温度を上昇させることになります。この温室効果ガス総排出量の76％が二酸化炭素、次いでメタン（17％）亜酸化窒素（6％）となっています[(13)]。気候変動対策は、

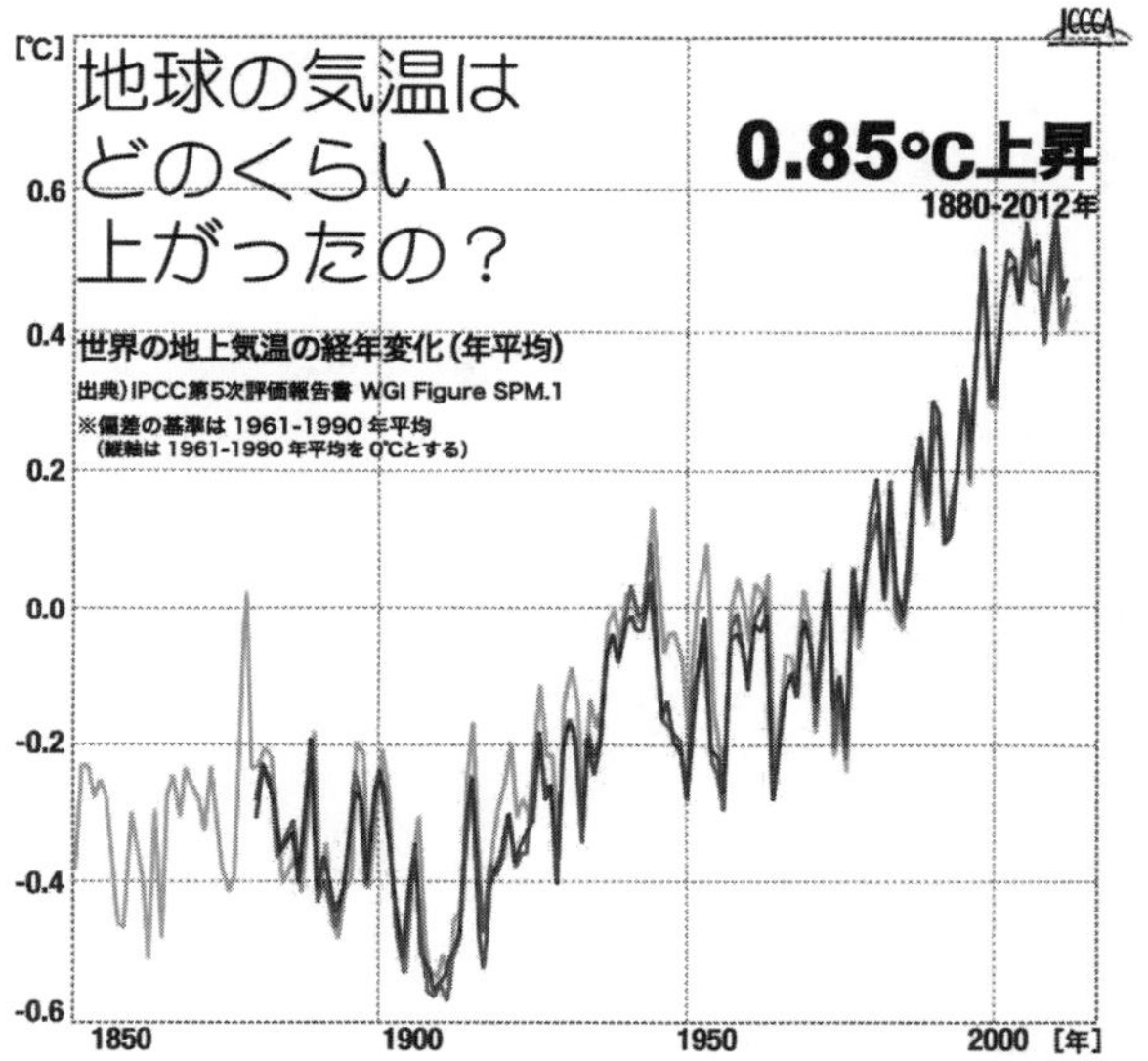

（出所）IPCC年第5次評価報告書 全国地球温暖化防止活動推進センターウェブサイトより

図表2-4 気候変動の状況

- **温暖化を食い止めること**（緩和策）
- **温暖化がもたらす気候災害への対処策**（適応策）

に分かれます。気候変動は、この温室効果ガスの大気中濃度が上がることで生じるといわれているので、排出量の多いCO_2削減が最も大事な取り組みなのです(14)。

気候危機の課題解決は急務

気候変動対策は１９９２年に締結された気候変動枠組み条約のもと、１９９７年の京都議定書をはじめ、さまざまな対策が取られてきました。いま、期待されているのは、２０１５年に成立したパリ協定です。

パリ協定では緩和策として「気温の上昇を産業革命以前の水準から2℃未満（できれば1・5℃未満）に抑えるため、今世紀後半には人間活動による排出ゼロをめざす」ことが決められ、各国がそれにむけたそれぞれの削減の自主目標（NDC）を策定することが義務づけられました。しかし、残念なことにいままで世界が取り組んで生きた緩和策では、まったく不十分なのです。国連環境計画（UNEP）にはパリ協定下で各国が設定した自主目標を達成したとしても、今世紀末には気温が産業革命前から3・2℃上昇してしまうと警告しています。さらに、全体の排出量の8割近くを占めるG20の20カ国のうち15カ国は二酸化炭素排出量を将来ゼロにする目標を掲げていないと酷評しています。

世界気象機関（WMO）が公表した報告書[15]によると、2018年の大気中、二酸化炭素濃度は過去最高値の407・8ppmとなり、産業革命以前（1750年）から47％も増加してしまいました。メタンと亜酸化窒素（N_2O）など、ほかの温室効果ガスの大気中濃度も増加しており、かつそれが加速してしまっています。その結果、UNEPによると、2018年の二酸化炭素排出量は55・3Gトンと過去最高となっているのです[16]。1997年の京都議定書以降、省エネ脱炭素に積極的に取り組んできたはずなのに、排出量は減るどころか増えてしまい、当然、濃度も上がっています。

スウェーデンの16歳の少女グレタさんが、2019年に国連で怒りのスピーチをしました。彼女の発言については批判する人も少なくありません。確かに環境問題を知らない人には、失礼な女の子にみえるでしょう。でも、ここで示した結果を見て、成果を上げていない大人の行動を見ていれば、その怒りは当然と思えます。

実際、すでに陸上では1・3℃上がってしまったとされ、これからの気温の上昇幅を最大限1・5℃で抑えるためには、2020年から2030年までに毎年7・6％削減しなければならないことになります。各国のNDCの目標を5倍にまで引き上げなければならないことになります。

2019年における経済損失の大きい10大自然災害（アメリカの保険会社エーオンの報告書）

	異常気象による災害	国／地域	発生時期	損害額（億ドル）	支払保険金（億ドル）
	2019年における自然災害			2,320	710
1	台風19号	日本	10月6～12日	150	90
2	モンスーンによる洪水	中国	6月～8月	100	7
3	台風15号	日本	9月7～9日	100	60
4	ミシシッピ流域の洪水	米国	5月～7月	100	40
5	ハリケーン（ドリアン）	バハマ、カリブ諸島、米国、カナダ	8月25日～9月7日	100	35
6	ミズーリ流域の洪水	米国	3月12～31日	100	25
7	モンスーンによる洪水	インド	6月～10日	100	2
8	台風9号	中国、フィリピン、日本	8月6～13日	95	8
9	洪水	イラン	3月～4月	83	2
10	サイクロン（ファニ）	インド、バングラデシュ	3月2～5日	81	5

（出所）"Weather,Clim ate & Catastrophe Insight , 2018 Annual Report , AON"より大和総研作成より

図表2-5 経済損失の大きい10大自然災害

以上が、気候変動の緩和策の残念な結果です。となると、すでに起きている温暖化が引き起こす甚大な気象災害に対して備え、激しい気候変動に見舞われる地球での暮らしに「適応」しなければなりません。ＳＤＧｓのゴール13は、この気候危機[17]への対処、つまり、適応策が中心です。

たとえば、２０１８年は主に西日本を、２０１９年は主に首都圏や東日本を襲った豪雨や台風に際して、気象庁が行なった緊急会見では、「これまで経験したことのないような」とか「直ちに命を守る行動をとってください」という発言が繰り返され、サスペンス映画の一場面のような光景が当たり前になってきました。最近の豪雨は、「１００年に一度」の豪雨が毎年のように起きるともいわれています。このように気候変動は多くの人の生死にかかわり社会基盤を大きく損ねる巨大な自然災害を、常態的に引き起こすようになっています。

では、世界の自然災害の被害を見てみましょう。

自然災害の主なものは気象災害と地震災害です。

２０１９年、世界の自然災害の被害は２３２０億ドル（約25兆円）、支払保険金は７１０億ドル（約７・８兆円）にものぼりました。図表２－５には10大災害を示しましたが、いずれも気象災害で、上位５つの中に、日本の台風と豪雨災害も含まれます。そして、これらの災害の損害規模は上位７つが１００億ドル（約１・１兆円）以上という巨額に上っています。

日本国内では自然災害（地震を除く）の保険金支払額は、１９８０年代から２０１０年ごろまで年間平均２０００億円以下で推移していました。[18] しかし、日本損害保険協会によると２０１８年の支払額は、１・５兆円超と過去最高にのぼっています。さらに、２０１９年は、首都圏を中心に甚大な被害がでたので、全体の規模が膨らむことが懸念されます。台風15号（房総半島）の支払い額が４６５６億円、台風19号が５８２６億円（房総半島）、10月25日の大雨が２３９億円と報告されています。

世界30カ国が「気候非常宣言」に署名

世界各地の行政機関でも、危機感は高まっています。２０１９年12月時点で世界30カ国の１７５２の政府や自治体（8億２０００万人の住民）は、行政課題として気候変動問題に取り組む「気候非常事態宣言」に署名しています。[19] 署名国には英国やポルトガルも含まれ、日本からは長崎県の壱岐市が第1号、長野県白馬村、長野県、福岡県大木町と続きます。

先ほど触れたように、世界規模で実効性のある温暖化対策ができておらず、結果としてCO_2が増加の一途をたどっている以上、日常的な気象災害に適応し、共生できる「レジリエント」な社会に早急につくり変えなければいけません。２０１９年に公表された長野県の宣言においても、「いまこそ将来世代の生命を守るため、気候変動対策としての「緩和」と災害に対応する強靭なまちづくりを含む「適応」の2つの側面で取り組んでいかなくてはならない」と決意を述べています。

なおここでは「強靭なまちづくり」という表現が使われています。確かに長野県のように、台風により多くの民家や鉄道、新幹線の車両基地までもが洪水被害を受ける状況からすると台風や洪水が直撃しても、命や家屋や財産インフラが守られる安全な「まち」づくりは最優先事項でしょう。

ただし、レジリエントを強靭と訳すと、求める姿が異なってくる気がします。強靭というのは、建物の地震対策でいえば、耐震ビルのイメージです。耐震性は地震の衝撃に耐えられる強度のある建物をつくる。これに対し、レジリエントとは、免振ビルのイメージです。免振とは地震の力を受けるのではなく、力を逃がして結果として建物や中の家具などを守るという発想です。レジリエントな社会とは、台風、洪水、地震などに襲われても、その力をなるべくスルーし、逸らして社会生活への被害を最小化できる社会です。

日本が誇る地震対策の免振技術的な発想の「レジリエンス」が今後、洪水や台風対策にも求められます。

２０１９年ラグビーワールドカップのメイン会場となった日産スタジアム。台風直撃で日本対スコットランド戦の開催は危ぶまれていました。日産スタジアムは鶴見川の氾濫を防ぐための多目的遊水池に建築されたもので、洪水を前提にした設計で１０００本以上の柱によってスタジアムがかさ上げされていました。周囲が洪水になる中でスタジアムは浸水せず、無事に試合が開催できたことは、みなさんも覚えているのではないでしょうか。このような被害を前提とした建物やインフラづくりが求められます。

レジリエントな街は、建物だけではなりません。ものごとの仕組みも大事です。２０１９年の首都圏直撃の台風の際、公共交通機関はみな、計画運休を行いました。これも社会の混乱を最小限に抑えるレジリエントな仕組みといえるでしょう。異常気象は、農産物へも甚大な被害を与えます。台風直撃で収穫直前だった農作物が全滅といった悲しいニュースが増えています。

神のお米ともいわれる「伊勢ひかり」という新種のお米があります。これは平成元年、台風に直撃された伊勢神宮の神田にて発見された新種です。台風の被害で収穫直前のコシヒカリがみんな倒伏する中で、倒れなかった稲が発見されました。コシヒカリとは違うＤＮＡをもつお米でした。台風や病気に強く、耐久性があり収量も多いことから縁起の良い神米ともいわれます。山口県などでも積極的に生産しており、最近では、アマゾンなどでも販売するようになっています。農作物の場合は、このように自然災害に強い品種に植え替えることもレジリエントな対策です。

ポイント

台風や洪水が直撃しても命や家屋や財産インフラが守られる、そんな「安全」で「強靭な街づくり」は、日本でも最優先事項になりつつある。

Goal 14

［海の豊かさを守ろう］

14 海の豊かさを守ろう

持続可能な開発のために海洋・海洋資源を保全し、持続可能な形で利用する

14.1 ２０２５年までに、海洋ごみや富栄養化を含む、特に陸上活動による汚染など、あらゆる種類の海洋汚染を防止し、大幅に削減する。

14.2 ２０２０年までに、海洋及び沿岸の生態系に関する重大な悪影響を回避するため、強靭性（レジリエンス）の強化などによる持続的な管理と保護を行い、健全で生産的な海洋を実現するため、海洋及び沿岸の生態系の回復のための取り組みを行う。

14.3 あらゆるレベルでの科学的協力の促進などを通じて、海洋酸性化の影響を最小化し、対処する。

14.4 水産資源を、実現可能な最短期間で少なくとも各資源の生物学的特性によって定められる最大持続生産量のレベルまで回復させるため、２０２０年までに、漁獲を効果的に規制し、過剰漁業や違法・無報告・無規制（ＩＵＵ）漁業及び破壊的な漁業慣行を終了し、科学的な管理計画を実施する。

14.5 ２０２０年までに、国内法及び国際法にのっとり、最大限入手可能な科学情報に基づいて、少なくとも、沿岸域および海域の10パーセントを保全する。

14.6 開発途上国及び後発開発途上国に対する適切かつ効果的な、特別かつ異なる待遇が、世界貿易機関（ＷＴＯ）漁業補助金交渉の不可分の要素であるべきことを認識した上で、２０２０年までに、過剰漁獲能力や過剰漁獲につながる漁業補助金を禁止し、違法・無報告・無規制（ＩＵＵ）漁業につながる補助金を撤廃し、同様の新たな補助金の導入を抑制する。

14.7 ２０３０年までに、漁業、水産養殖及び観光の持続可能な管理などを通じ、小島嶼開発途上国及び後発開発途上国の海洋資源の持続的な利用による経済的便益を増大させる。

14.a 海洋の健全性の改善と、開発途上国、特に小島嶼開発途上国及び後発開発途上国の開発における海洋生物多様性の寄与向上のために、海洋技術の移転に関するユネスコ政府間海洋学委員会の基準・ガイドラインを勘案しつつ、科学的知識の増進、研究能力の向上、及び海洋技術の移転を行う。

14.b 小規模・沿岸零細漁業者に対し、海洋資源及び市場へのアクセスを提供する。

14.c「我々の求める未来」のパラ158において想起されるとおり、海洋及び海洋資源の保全及び持続可能な利用のための法的枠組みを規定する海洋法に関する国際連合条約（UNCLOS）に反映されている国際法を実施することにより、海洋及び海洋資源の保全及び持続可能な利用を強化する。

14.c 我々の求める未来のパラ158において想起されるとおり、海洋及び海洋資源の保全及び持続可能な利用のための法的枠組みを規定する海洋法に関する国際連合条約に反映されている国際法を実施することにより、海洋及び海洋資源の保全及び持続可能な利用を強化する。

ゴール6で示しましたが、地球は水の星といわれていても、実は水の量は地球の大きさから比較するとかなり少ないといえます。そして、そのほとんどが海水です。しかし、その海洋も危機的な状況にあるのです。CHAPTER1でも触れたので、再掲になりますが、「一線を越えようとしている漁業資源の減少、海洋酸性化の程度、海洋に投棄されたプラスチックの量のどれをみても、良識のある人なら、もう時間はなく、すぐにでも行動を起こす必要があると結論づけられるはずです」。

これは2017年に開催された世界初の海洋に関する国連会議 Ocean Conference（国連海洋会議）2017にて、ピーター・トムソン71回国連総会議長がした挨拶の一節です。海洋に関する国連会議が2017年まで開かれなかったことにもビックリでした。しかし、この会議で指摘された事実は、さらに驚きです。

- 海洋汚染の8割は、陸上の人間活動の結果である。
- 海洋への窒素の流入は、産業革命以前から比較してほぼ3倍に増加。これは肥料、し尿と排水がもたらす。**多くの国において都市からの排水は処理されずに海洋に投棄されている。**窒素による汚染の被害は年間２０００～８０００億ドルに登ると見積もられる。

そして海洋プラスチックゴミの問題もあります。みなさんも、ストローが鼻にささったカメやプラスチックゴミでおなかがいっぱいになり、餓死した海獣などをみたことがあるでしょう。

海洋で解決が急務なプラスチックゴミ問題

プラスチックゴミの問題は、２０１５年エレン・マッカーサー財団の報告書[20]で「２０５０年には、海洋では魚よりプラスチックゴミのほうが多くなる」と予想されているという衝撃的なニュースによって世界中に認識されるようになりました。先にもふれましたがそれによると、現在毎年８００万トンが海洋に捨てられています。それは現在、1分に1台ゴミ回収車が海にプラスチックゴミを捨てるペースです。

そしてこのままだと、２０５０年には4台／分になると予想されています。また、現在1億５０００万トンのプラスチック（魚介類の重量の5分の1）が現在、海洋にあると推定されており、このペースでゴミが捨てられると、2050年には魚介類より重量ベースで多くなると予想されているのです。

こうした影響だけでなく、「SDGs報告2019」によると、大気中の二酸化炭素濃度の上昇により海洋による二酸化炭素吸収量が増えた結果、海洋の酸性度が上昇します。すでに海洋酸性度は、産業革命前から26％上昇してしまいました。

2100年までに、さらに100～150％も急上昇すると予想され、海洋生態系に深刻な被害をもたらすことが懸念されます。持続可能な水準にある漁業資源の割合は、1974年の90％から2015年には67％へと大幅に減少してしまいました。水産資源の減少は私たち日本人の生活にも、大きな影響を与えることでしょう。

太平洋クロマグロの乱獲も問題

私たちの大好きな太平洋クロマグロ。国際会議での漁獲高制限が毎年話題になります。でも、クロマグロは、すし屋、定食屋、スーパーと、どこでも、いつもメニューにあります。それなのに、制限しなければいけないほど減っているのか、と不思議に思われるでしょう。実は、太平洋クロマグロは、人間が漁をする前の水準（推定）から比較するとわずか4％以下にまで減ってしまった、と推定されています[21]。

世界的に増える人口の蛋白源として水産資源への期待が高まっていますが、その資源量も急速に減っているのです。その主な原因はIUU（違法・無報告・無規制の漁業）による乱獲です。

これを防止する手段としてIUUを取り締まる拘束力のある国際協定「寄港国措置協定」が、2016年に制定されましたが、その署名国は２０１９年12月段階で日本を含む63カ国とＥＵです。良いニュースとして、沿岸海域２２０カ所のうち、１０４カ所で沿岸水質が改善し、国家が管理する水域のうち保護区に指定されている割合は、２０１５年の12％から２０１８年には17・２％に増えています。これは２０１０年の倍以上の水準になりました。

日本は海洋国家です。排他的経済水域を含めると日本の領地は、世界第6位になります。水産物なしの和食は考えられません。また、魚を直接食べなくても、出汁はカツオなどの魚が中心です。精進料理なら昆布が不可欠です。

また、日本の食料自給率は4割、エネルギー自給率も4割です。それ以外は、船で海外から運ばれてきます。海は供給源としても輸送路としても大事です。

しかし、現在海洋に関心のある人は、ごくわずかです。海洋関係者以外の私たちは、みんな陸を見て暮らしをしているのです。一方で日本語には「あまねくあちこち」を示す表現に「津々浦々」があります。日本は海とともに生きてきました。海洋へのコミットメントは、海がなければ生きていけない私たち日本人こそ世界にリーダーシップをとるべき分野でしょう。

ポイント

世界的に増える人口の蛋白源として期待される水産資源。乱獲漁をする前の水準に比べて、４％以下に減った太平洋クロマグロ漁に、これからどう取り組むかは大きな課題。

Goal 15

［陸の豊かさも守ろう］

陸域生態系の保護、回復、持続可能な利用の促進、持続可能な森林の経営、砂漠化への対処、ならびに土地の劣化の阻止・回復及び生物多様性の損失を阻止する

15.1 ２０２０年までに、国際協定の下での義務に則って、森林、湿地、山地及び乾燥地をはじめとする陸域生態系の内陸淡水生態系及びそれらのサービスの保全、回復及び持続可能な利用を確保する。

15.2 ２０２０年までに、あらゆる種類の森林の持続可能な経営の実施を促進し、森林減少を阻止し、劣化した森林を回復し、世界全体で新規植林及び再植林を大幅に増加させる。

15.3 ２０３０年までに、砂漠化に対処し、砂漠化、干ばつ及び洪水の影響を受けた土地などの劣化した土地と土壌を回復し、土地劣化に加担しない世界の達成に尽力する。

15.4 ２０３０年までに持続可能な開発に不可欠な便益をもたらす山地生態系の能力を強化するため、生物多様性を含む山地生態系の保全を確実に行う。

15.5 自然生息地の劣化を抑制し、生物多様性の損失を阻止し、２０２０年までに絶滅危惧種を保護し、また絶滅防止するための緊急かつ意味のある対策を講じる。

15.6 国際合意に基づき、遺伝資源の利用から生ずる利益の公正かつ衡平な配分を推進するとともに、遺伝資源への適切なアクセスを推進する。

15.7 保護の対象となっている動植物種の密猟及び違法取引を撲滅するための緊急対策を講じるとともに、違法な野生生物製品の需要と供給の両面に対処する。

15.8 ２０２０年までに、外来種の侵入を防止するとともに、これらの種による陸域・海洋生態系への影響を大幅に減少させるための対策を導入し、さらに優先種の駆除または根絶を行う。

15.9 ２０２０年までに、生態系と生物多様性の価値を、国や地方の計画策定、開発プロセス及び貧困削減のための戦略及び会計に組み込む。

15.a 生物多様性と生態系の保全と持続的な利用のために、あらゆる資金源からの資金の動員及び大幅な増額を行う。

15.b 保全や再植林を含む持続可能な森林経営を推進するため、あらゆるレベルのあらゆる供給源から、持続可能な森林経営のための資金の調達と開発途上国への十分なインセンティブ付与のための相当量の資源を動員する。

15.c 持続的な生計機会を追求するために地域コミュニティの能力向上を図る等、保護種の密猟及び違法な取引に対処するための努力に対する世界的な支援を強化する。

私たちが地上で生きているかぎり、地表を使って棲み家をつくり、土地を耕作し、生産する場所を確保しなければなりません。その結果、生態系の健全性を大きく損ねてしまっています。現在、地球上の土地はどのような状況にあるかというと[22]、一番広いのが森林地表の31％です。その内訳は未利用の原生林は９％で、木材生産など管理された森林が20％、植林地２％となっています。ついで放牧地です。粗放な放牧地が19％、集約的な放牧地2％あわせて21％と、管理された森林面積と、ほぼ同じ規模にのぼります。続いて利用されているサバンナ・灌木地が16％あり、耕作地は12％（非灌漑耕作地は10％、灌漑耕作地は2％）となっています。

さらに未利用の非森林地7％、インフラに利用している土地が1％、そして利用困難な土地が12％となっています。増える人口を養うためには食料増産圧力は高まりますが、地球は人間がまだ利用していない土地は原生林9％、未利用の非森林地7％の合計16％しかありませんし、生物多様性の保全のためには、これ以上、人間の手を入れてはいけません。逆に、保護区を増やさなければならない状況にあります。地上の生物の重量のうち82％は植物であり、人間は0・01％でしかないのに地球上の哺乳類の83％を絶滅させました。そして、その結果地上の哺乳類の総重量のうち60％が家畜、36％が人間、野生動物はわずかに4％でしかない、という衝撃的な調査結果もあります。

地球上という部屋の中で人間という暴君が占有する面積がどんどん増えていくために、ほかの生物の住む場所が消滅して、死滅するか生き残った生物も部屋の隅に追いやられてしまっている状況ともいえます。

100万種の動植物種が絶滅危機リスクへ？

現在、多様な生物が生存できる自然のネットワークである生物多様性が大きく損ねられています。生物多様性の損失ペースを図るレッドリスト指数(23)によると生物多様性損失のペースが加速し、この四半世紀で、ほぼ1割悪化しています。それは具体的に、どういうことなのでしょうか。

「生物多様性及び生態系サービスに関する政府間科学政策プラットフォーム（ＩＰＢＥＳ）」は２０１9年5月に公表した報告書(24)において「人類活動よって、今後数十年間で、約１００万種の動植物種が絶滅危機リスクに陥る」と警告を発しています。報告書によると、

- 陸上では在来種が１９００年以降、20％以上も絶滅し、野生の哺乳類のバイオマスは82％減少した。
- 脊椎動物は16世紀から６８０種が絶滅し、９％を超える家畜哺乳類も絶滅した。
- 現在絶滅の危機にあるのは、両生類（40％）、サンゴ（33％）や海洋哺乳類（33％）昆虫（約10％）針葉樹・双子葉植物（30％以上）、シダ類（60％以上）、陸生哺乳類（20％以上）、甲殻類動物（20％以上）、鳥類（10％以上）、硬骨魚類約（10％）など。
- 4分の3の陸上環境と66％の海洋環境は人間活動により大幅に改変された。
- 土壌劣化で土地の生産性23％低下。最大年間５７７０億米ドル（約63・4兆円）の農作物が受粉損失リスクにある。
- 都市部の面積は92年から倍以上に増加。全体の陸地の4分の3が農地、コンクリート被覆地、ダム貯水池などに変換された。50万種以上が長期的な生息地を十分に確保できていない。
- １９７０年以来、原木の生産量は45％増加、農地の拡大による森林の消滅は50％にのぼる。

このように生物多様性は、人間のせいで大きく損なわれています。しかし、なぜ生物多様性が大事なのでしょうか？　そもそも生物としての私たちの命を支えるのは、さまざまな生物のネットワークである生態系そのものです。私たちは森林を含めた生態系のおかげで食料や水資源、衣料や住居の原料を得ており、安定的な

気候と健全な空気が提供されているのです。新薬開発には未知の生物の遺伝子情報がキーになるともいわれます。

生態系が保全され、生物多様性が維持されてはじめて人間が安定的に生きていける環境が整うことになります。通常だと小さい昆虫が数種類いなくなっても、私たちの生活には大きな影響はないと思われるかもしれません。しかし、身近なミツバチがいなくなると、どうなると思いますか。前記の指摘の中に、5770億米ドルの農産物が受粉損失リスクにある、とあります。どういうことでしょうか。

ミツバチも激変！

国連環境計画（UNEP）は、は、2011年に公表したミツバチ激減に関する報告書を公表し、「世界の食料の9割を占める100種類の作物種のうち、7割はハチが受粉を媒介している」と指摘しています(25)。報告書によると、その大事なミツバチが欧州では10～30％、アメリカでは30％、中東では85％が死滅してしまったそうです。

ミツバチの減少は、90年代後半からはじまったそうで、その原因は完全に特定されたものでありませんが、ネオニコチノイド系の農薬が影響しているという説が、現在は有力です。農業の生産性をあげる農薬が農業を立ちいかなくさせるという皮肉な状況があります。

ミツバチによる受粉リスクはわかりやすい事例ですが、このように私たち人類の暮らしに計り知れない影響を与える可能性がある生物は、その影響に気がついてないだけでも、たくさんあると考えられます。彼らの仕事は人間にとって当たり前のことで、彼らがいなくなって初めて気がつくからです。

でも、気づいたときには取り返しがつかないかもしれません。その中で、ちょっとだけうれしいニュースは、主要生物多様性地域における保護区指定率が、２０００年から２０１８年にかけ、陸域で39％、淡水で42％、山岳地域で36％上がったことです。

また、２０１９年２月時点では、１１６の国と地域が「遺伝資源へのアクセスおよび公正かつ衡平な利用に取り組む」とした名古屋議定書を批准しています。また、生物多様性保全にかかわるＯＤＡ総額は、２０１７年には87億ドルで２０１６年から15％増加しています。

しかし、生物絶滅のペースは速く、人間以外の動物がほとんどいない、不毛な社会になりかねませんし、そういう状況で人間だけが生き延びるというのは、極めてむずかしいことになると考えられます。繰り返しですが、私たちは理解している以上に、さまざまな生物の恩恵を受けて生きているからです。

たとえば、健康に良い発酵食品は菌の力によるものです。こうした生態系がもたらす恩恵とは、経済規模としてどのくらいになるのでしょうか。２０１９年、ＯＥＣＤがＧ７に対して提出した報告書「Biodiversity Finance and the Economic and Business Case for Action」（生物多様性――金融と経済の行動のための実践事例）の中で、

- 生態系は、年間１２５兆～１４０兆ドル（世界ＧＤＰの１・５倍以上）の価値を生み出している。生物多様性消失のコストは高い。
- １９９７年～２０１１年の間に土地利用の改編により失われたエコシステムサービスは、年間４～20兆ドルにのぼる。

・土壌劣化によるロスは、6〜11兆ドルと試算される。
・天然林は2010年から2015年の間、650万ヘクタール減少（イギリスの面積以上が5年で消えたのと同じ）。
・マングローブは、1980年から2005年の間に20％消滅、天然の湿地は1970〜2015年で35％減少している。

ということを指摘しています。生態系の価値は、世界DGPの1・5倍とは驚きではないですか？　人類が稼いでいる経済価値の1・5倍を生態系は無料で黙って私たちに恩恵をもたらしてくれている。それに気がつかず、私たちはその生態系を酷使し、大きく損ねている。野生動物保護の国際NGO WWFによると、ジャイアントパンダの場合は生息地がなくなる、コツメカワウソはペットとして乱獲され、ホッキョクグマは地球温暖化で海氷面積が減少して獲物がとれなくなっています。野生のゾウは象牙をとるために、密猟によって大量に殺されています。

ゴール13の気候変動は、私たち人類が直面する最大のリスクと認識されるようになりました。これは熱波や干ばつ山火事や洪水など誰にでもわかりやすい脅威なので、リスクとしての備えもできやすいです。

これに対して、自然の恵みはミツバチのように無言で与えられています。夏の強い日差しの中でも木陰にいると、ほっとします。樹木の水蒸気の蒸散効果と、日光を遮る効果によって数度温度が低くなるおかげです。しかし、その木陰サービスを樹木は無料で提供してくれています。生物多様性の喪失のリスクは、その生物によっても違うし、粛々と進むのでリスクとして認識しづらいのです。さらに、コロナの発生も生態系破壊が遠因だという専門家もいます。ウイルスの住処であった人手つかずの自然を乱獲していったために、無駄な出会いをつくってしまったというのです。ヒアリ先生として有名な環境省の国立環境研究所の五箇公一先生は、これは自然からの警告だと指摘しています。

だからこそ、もう希少になりつつある多様な生態系を維持することは、私たちの存続のためにも不可欠なのです。もう一度述べますが、地上からさまざまな生物たちが姿を消し生物多様性が損なわれています。そういう状況下で人間だけが生物として生き残れるのか、本気で考え直さなければいけないと思います。

ポイント

生態系の価値は世界ＤＧＰの１・５倍にあたる。人類が稼いでいる経済価値の１・５倍も生態系は無料で私たちに恩恵をもたらしてくれている。

Goal 16

［平和と公正をすべての人に］

持続可能な開発のための平和で包摂的な社会を促進し、すべての人々に司法へのアクセスを提供し、あらゆるレベルにおいて効果的で説明責任のある包摂的な制度を構築する

16.1 あらゆる場所において、全ての形態の暴力及び暴力に関連する死亡率を大幅に減少する。

16.2 子供に対する虐待、搾取、取引及びあらゆる形態の暴力及び拷問を撲滅する。
16.3 国家及び国際的なレベルでの法の支配を促進し、全ての人々に司法への平等なアクセスを提供する。
16.4 2030年までに、違法な資金及び武器の取引を大幅に減少させ、奪われた財産の回復及び変換を強化し、あらゆる形態の組織犯罪を根絶する。
16.5 あらゆる形態の汚職や贈賄を大幅に減少させる。
16.6 あらゆるレベルにおいて、有効で説明責任のある透明性の高い公共機関を発展させる。
16.7 あらゆるレベルにおいて対応的、包摂的、参加型及び代表的な意思決定を確保する。
16.8 グローバル・ガバナンス機関への開発途上国の参加を拡大・強化する。
16.9 2030年までに、全ての人々に出生登録を含む法的な身分証明を提供する。
16.10 国内法規及び国際協定に従い、情報への公共アクセスを確保し、基本的自由を保障する。
16.a 特に開発途上国において、暴力の防止とテロリズム・犯罪の撲滅に関するあらゆるレベルでの能力構築のため、国際協力などを通じて関連国家機関を強化する。

ターゲットの16・1と16・2は暴力についてです。深夜女性が一人で歩いていても安全、といわれる日本の暮らしは、暴力的な人が街を徘徊していない。もし前出の通り、暴力沙汰が起きたとしても、私たちは警察が対処してくれると信頼して暮らしています。日本は大変、治安が良いことを再認識しました。

それでも最近は、新幹線や路上で刃物を持ち出して周囲の人を殺傷する事件も増えていますし、子どもへの暴力や虐待死など痛ましい事件が、大きな社会問題になっています。しかし、ターゲットの16・2の書きぶりは子どもたちが通常的に暴力や拷問を受けている現実が決して例外的ではないことを示しています。視察したウガンダでは、村に入る前に、児童虐待をしないという誓約書に署名を求められ、びっくりしたものです。生命、身体、財産が理不尽なことで突然脅かされる状況が、まだ世界の各地で続いている。つまり、基本的人権が守られない環境下に、多くの人たちが取り残されています。アフガニスタンで献身的に医療や井戸掘りなどの活動を続け、アフガニスタン政府から名誉市民とされ、尊敬されていた中村哲医師でさえ、いつも護衛なしでは外出できず、最後には凶弾に倒れました。悲しいことに、そういうことが世界の現実です。

２００８年、ケニアを訪れたことがあります。首都ナイロビは国連環境計画（ＵＮＥＰ）の本部が置かれ、高層ビルが立ち並ぶ大都会でした。トロピカルな樹木に囲まれた公園には多くの人が昼寝をしたり、のどかに楽しんでいました。しかし、現地在住の友人からは、絶対に公園に行かないほうがいい、といわれました。というのも、現地の人たちはのどかに楽しんでいたとしても、外国人がきたら、その場に囲まれてひどい目にあうからと注意されました。

さらに、ホテルから歩いて3分のレストランに行く際も、日本人で隊列を組んで固まっていかないと襲われるといいます。車で出かけると、駐車場には自分の車を見張るアルバイトをその場で頼む（駐車場にはそれを目当てにした若者がたむろしている）というようなセキュリティ状態でした。また、欧州旅行すると、スリに注意するのは当たり前です。

日本では財布を落としても、たいがい無事に戻ってきますが、それは海外では奇跡的だといわれます。だからこそ公正なルールづくりと、一人ひとりの権利を尊重する仕組みが必要です。また、このゴールのターゲットは、目標年度がほとんどありません。常に継続して努力していなければなりません。また、アンダーグラウンドの活動など、数字が把握できていないターゲットがあるからだと思われます。

こうした暴力的で人権が保障されない社会では、被害は弱者（女性、子どもや貧困層、マイノリティ）に集中しがちになります。「ＳＤＧｓ報告２０１９」によると、世界の殺人死亡率は10万人に対して、２０１５年の６・０人から２０１７年の６・１人に若干増えてしまっています。また、さまざまな形の子どもへの暴力は続いています。

83カ国（主に発展途上国）では、１～４歳の子どもの10人中８人は、精神的な暴力や身体的体罰家庭で受けています。把握されている人身売買の被害者の７割は女性や女の子で、その大半の取引目的な性的搾取だとされています。また、２０１８年の１月から10月の間に３９７人の人権擁護者やジャーナリスト、労働組合員などが殺されています。

人権を守る第一歩は出生登録ですが、全世界で出生登録がされている人は73％にすぎません。特にサハラ以南のアフリカでは出生登録されるのは、半分以下の46％にすぎません。登録されていなければ、法的な権利を受けることは困難です。

私たちが当たり前と思っている安全に暮らすこと、教育を受けること、病気やけがをしたら医療サービスを安心して受けること、法的に問題があったら裁判する権利、こうした権利は、まだ世界の人たちには広まっていません。

ポイント

人権を守る第一歩は出生登録。しかし、全世界で出生登録されているのは73％にすぎない。登録されていなければ、医療サービスなどを受ける法的な権利すらない。

Goal 17

［パートナーシップで目標を達成しよう］

持続可能な開発のための実施手段を強化し、グローバル・パートナーシップを活性化する

17.1 課税及び徴税能力の向上のため、開発途上国への国際的な支援なども通じて、国内資源の動員を強化する。

17.2 先進国は、開発途上国に対するＯＤＡをＧＮＩ比０・７％に、後発開発途上国に対するＯＤＡをＧＮＩ比０・15〜０・20％にするという目標を達成するとの多くの国によるコミットメントを含むＯＤＡに係るコミットメントを完全に実施する。ＯＤＡ供与国が、少なくともＧＮＩ比０・20％のＯＤＡを後発開発途上国に供与するという目標の設定を検討することを奨励する。

17.3 複数の財源から、開発途上国のための追加的資金源を動員する。

17.4 必要に応じた負債による資金調達、債務救済及び債務再編の促進を目的とした協調的な政策により、開発途上国の長期的な債務の持続可能性の実現を支援し、重債務貧困国（ＨＩＰＣ）の対外債務への対応により債務リスクを軽減する。

17.5 後発開発途上国のための投資促進枠組みを導入及び実施する。

17.6 科学技術イノベーション（ＳＴＩ）及びこれらへのアクセスに関する南北協力、南南協力及び地域的・国際的な三角協力を向上させる。また、国連レベルをはじめとする既存のメカニズム間の調整改善や、全

世界的な技術促進メカニズムなどを通じて、相互に合意した条件において知識共有を進める。

17.7 開発途上国に対し、譲許的・特恵的条件などの相互に合意した有利な条件の下で、環境に配慮した技術の開発、移転、普及及び拡散を促進する。

17.8 2017年までに、後発開発途上国のための技術バンク及び科学技術イノベーション能力構築メカニズムを完全運用させ、情報通信技術（ICT）をはじめとする実現技術の利用を強化する。

17.9 全ての持続可能な開発目標を実施するための国家計画を支援するべく、南北協力、南南協力及び三角協力などを通じて、開発途上国における効果的かつ的をしぼった能力構築の実施に対する国際的な支援を強化する。

17.10 ドーハ・ラウンド（DDA）交渉の結果を含めた世界貿易機関（WTO）の下での普遍的でルールに基づいた、差別的でない、公平な多角的貿易体制を促進する。

17.11 開発途上国による輸出を大幅に増加させ、特に2020年までに世界の輸出に占める後発開発途上国のシェアを倍増させる。

17.12 後発開発途上国からの輸入に対する特恵的な原産地規則が透明で簡略的かつ市場アクセスの円滑化に寄与するものとなるようにすることを含む世界貿易機関（WTO）の決定に矛盾しない形で、全ての後発開発途上国に対し、永続的な無税・無枠の市場アクセスを適時実施する。

17.13 政策協調や政策の首尾一貫性などを通じて、世界的なマクロ経済の安定を促進する。

17.14 持続可能な開発のための政策の一貫性を強化する。

17.15 貧困撲滅と持続可能な開発のための政策の確立・実施にあたっては、各国の政策空間及びリーダーシップを尊重する。

17.16 すべての国々、特に開発途上国での持続可能な開発目標の達成を支援すべく、知識、専門的知見、技術及び資金源を動員、共有するマルチステークホルダー・パートナーシップによって補完しつつ、持続可能な開発のためのグローバル・パートナーシップを強化する。

17.17 さまざまなパートナーシップの経験や資源戦略を基にした、効果的な公的、官民、市民社会のパートナーシップを奨励・推進する。

17.18 ２０２０年までに、後発開発途上国及び小島嶼開発途上国を含む開発途上国に対する能力構築支援を強化し、所得、性別、年齢、人種、民族、居住資格、障害、地理的位置及びその他各国事情に関連する特性別の質が高く、タイムリーかつ信頼性のある非集計型データの入手可能性を向上させる。

17.19 ２０３０年までに、持続可能な開発の進捗状況を測るＧＤＰ以外の尺度を開発する既存の取組を更に前進させ、開発途上国における統計に関する能力構築を支援する。

通常、このゴール17は、「パートナーシップ」、つまり企業とＮＧＯなどステークホルダー間での連携のこととされがちですが、実はこのゴールは「誰一人取り残さない」ための具体的な枠組みづくりを定めてる、きわめて実務的な内容となっています。もう少し具体的にいうと、「途上国を取り残さない」ために先進国が、金融・財政面、技術面、貿易において途上国へ支援すること、その実態を把握できるための統計を整備することが、このゴールの主なターゲットです。ターゲットの17・2をみましょう。

２０１８年の日本のＯＤＡ総額は、１４９０億ドルで前年比２・７％減でした。減少の理由は、ドナー国が自国に入国する難民対応に、その資金を振り向けたからとされます。そのうち後発開発途上国向け２

国間ＯＤＡは、前年比3％減となりました。特に、対アフリカ援助額は4％減っています。２０１９年は１４９０億ドルと横ばいでしたが、２０２０年は20％減が予測されています。

途上国では、いかに国内資源を開発に活用できるかが発展のためのポイントになります。公共的支出のための税収が十分かどうかは、大事なポイントです。２０１７年時点で、Ｇ20やＯＥＣＤ諸国のＧＤＰに占める税収の割合は平均で23％ですが、低所得国と中所得国では18％にとどまっています。そして政府支出に占める税収の割合は、先進国の64％に対して、低所得国と中所得国は、61％となっています。

税収以外に、国家にはどんな資金源があるのでしょうか。

実は低所得国と中所得国において、出稼ぎ労働者による送金は、大事な収入源です。２０１８年、海外送金の総額は６８９０億ドルで前年比8・8％増です。このうち低所得と中所得国への送金が大半を占めていて、５２９０億ドル前年比9・6％増です。この金額はこれらの国が受け取ったＯＤＡの3倍以上、海外からの直接投資額をも上回ります。この送金額は２０１９年には、５５５０億ドルに増えるものと考えられます。

２０２０年はコロナにより大幅減となり、途上国経済にも大打撃となります。

「誰一人も取り残さない」グローバルな視野を持つ

出稼ぎを前提にすると、主要な資金源である海外出稼ぎ労働者による送金の手数料が高いことが、大きな問題とされています。２０１９年の第1四半期に、２００ドル送金する際の平均手数料は7％です。２０３０年まで、これを3％に下げることが目標に掲げられています。

日本で海外技能実習生や海外からの労働者が増えており、送金需要は拡大しています。その中で、たとえば、セブン銀行はコンビニの端末から9カ国語対応で安価で送金できる仕組みを構築しています。それを聞いてもピンとこないかもしれませんが、海外送金が途上国における主要な収入源ということを前提にすると、こうした地味な取り組みが「誰一人も取り残さない社会」をつくるうえでは、大変、重要だということが明らかになります。

コロナはこの出稼ぎ労働者経済も直撃しています。出稼ぎ労働者が国家経済の柱であるフィリピンでは約34万人以上のフィリピン人海外出稼ぎ労働者が失業しているが、そのうち半数以上は帰国を望んでいないという報道もありました。

またアラブ沿岸諸国に出稼ぎに来ている労働者の多くが失業し、帰国したいが帰国できないという報道もあります。出稼ぎ労働者に依存する経済の仕組みも含めたコロナ後の回復のシナリオが必要になります。

グローバル経済では、自由貿易が世界経済の発展に寄与する前提になっています。そのため各国では、輸入品にかける関税は少ないほうが良いとされます。２０１7年の世界の平均関税率は2・2％でした。しかし、経済レベルによって、関税には大きなバラツキがあります。途上国は先進国から輸入品に高い関税をかけて競争力のない国内産業を守らなければならないからです。貧しいサハラ以南のアフリカは7・1％、ほかの後発開発途上国では、７・８％と高い関税が輸入品にかけられていますが、先進国の平均関税は１・２％です。

インターネットは経済発展に必要なツール

技術面での格差も減らさなければなりません。特にデジタルデバイス。先進国では80％以上の人々がインターネット利用が可能ですが、開発途上国だと45％、後発開発途上国では、わずか20％しかありません。インターネットによる情報へのアクセスは経済発展のための必要なツールです。２０１８年にウガンダを訪問した際、滞在中の10日間ネットがつながらなかったら仕事をどうしようかと怯えましたが、３Ｇ（第3世代携帯電話）だったものの、ホテルではかろうじてネットがつながり、最低限の連絡などのやり取りができて助かりました。

また、途上国の農村では、収穫した作物を仲買人が買いに来るわけですが、ネットがなければ中央の市場価格がわからない。いままでは、不当に安い仲買人の言い値で売らざるを得なかったのが、市場の値段をネットで逐次チェックできるようになったおかげで、適正な値段で販売できるようになり、生活水準が大きく改善した、という話も聞きます。「誰一人取り残さない」ためにもネットにアクセスできる環境は不可欠な条件です。コロナによって、ますますネットの重要性が浮き彫りになりました。コロナ禍で、経済のデジタル化はさらに進み、デジタルデバイドの格差は油断すると、広がってしまうことが懸念されます。

『ファクトフルネス』では、「社会はより豊かに公平になっている」という指標が出てきましたが、こうしてみると、まだ世界の状況は場所により立場により大きく異なるまだら模様ではないでしょうか。極度の貧困率は、農村部17・2％と都市部の5・3％の3倍を超えます。世界的に都市人口が増え続けていて世界の人口の半分以上は都市に暮らすようになっていますが、この数字が示す通り、都会に行けば食べていくチャンスがあります。あるいは、農村部よりはましだから、都市への流入は止まらないということになります。そして極度の貧困に苦しむ人々の半数近く（46％）は14歳未満の子どもです。また、若者が失業する可能性は成人の

3倍となっています。

私たちは弱者でも安全に安心して暮らせるように、さまざまな社会を守る仕組みをつくってきました。たとえば、生活に困る人たちを支援する生活保護や児童手当などの社会保障。しかし、世界全体でみると、社会保障を受ける子どもの割合はわずか35％です。出産手当を受けとる新生児の母親は41％、障がい年金を受け取る重度障がい者の割合は28％、年金を受け取る定年退職者の割合は68％、失業手当を受け取る失業者の割合は22％にすぎません。

つまり、65％の子どもは社会保障を給付されておらず、59％の新生児の母親は出産手当を受け取れず、72％の障碍者には年金がなく（自分で食べていかなければならない）、そして78％の失業者は、失業したとたんに収入のあてがないことになります。

以上、17のゴールと１６９のターゲット、そしてその達成状況を概観しました。地球と私たちの状況と努力の成果が理解できて、ＳＤＧｓのビジョンが身近になったのではないでしょうか。

NOTE

注⑴ https://www.dir.co.jp/report/column/20170420_011911.html
注⑵ http://www.ajyarimochi.com/a_kakaku_kaitei.html
注⑶ http://www.health-net.or.jp/tobacco/product/pd090000.html 2019.9.24参照

注(4) http://www.jama.or.jp/world/world/index.html#world_2 2019.9.30参照

注(5) 斉藤泰雄「識字能力・識字率の歴史的推移―日本の経験」https://home.hiroshima-u.ac.jp/cice/wp-content/uploads/2014/02/15-1-04.pdf 図3 2019.10.3閲覧

注(6) https://data.ipu.org/women-ranking?month=10&year=2019

注(7) 総務省統計局「世界の統計 2019」https://www.stat.go.jp/data/sekai/pdf/2019al.pdf#page=15

注(8) ジョン・ガースマ＋マイケル・ダンタニオ 有賀裕子訳『女神的リーダーシップ』プレジデント社 p7

注(9) 同上、PP10-13

注(10) 国際連合「世界都市人口予測・２０１８年改訂版 [United Nations (2018). 2018 Revision of World Urbanization Prospects.]」より

注(11) https://unstats.un.org/sdgs/report/2019/goal-12/

注(12) 三枝信子　国立環境研究所地球環境研究センター「土地関係特別報告書について」（2019.11.21 ＩＰＣＣシンポジウム レジメ）」

注(13) WMO Press Release 'Greenhouse gas concentrations in atmosphere reach yet another high'

注(14) IPCC 特別報告書「Climate Change andLand 政策決定者むけ要約」2019.8

注(15) ２０１９年11月25日公表「Greenhouse Gas Bulletin」２０１９年版

注(16) 年次報告書「Emissions Gap Report」２０１９年版

注(17)（京都議定書の時期は温暖化と呼ばれていましたが、欧米では、温暖化というほんのりしたイメージではない、もっと危機的な状況が起きると、15年ほど前から気候変動という言い方が一般的となり、昨年からは甚大な被害をもたらす台風や干ばつなどが頻発することから、climate crisis（気候危機、気候非常事態）という表現

が多く使われるようになっています。

注(18) https://www.f-l-p.co.jp/knowledge/41832　図表「火災保険支払金」より

注(19) ２０１９年12月12日時点 https://climateemergencydeclaration.org/climate-emergency-declarations-cover-15-million-citizens/

注(20) New Plastics Economy

注(21) https://www.wwf.or.jp/activities/opinion/4088.html WWFウェブサイト「２０１９年ＷＣＰＦＣ北小委員会会合閉幕 太平洋クロマグロの漁獲量増枠は時期尚早」

注(22) IGES 山ノ下麻木乃「ＩＰＣＣ特別報告書気候変動と土地」2019.12.23 ＣＯＰ２５報告セミナーレジメより https://iges.or.jp/sites/default/files/inline-files/2-3_Yamanoshita.pdf

注(23) 絶滅の危機がない＝１、絶滅＝０として算出した指数。１９９３の０・82から２０１９には０・73、まで悪化

注(24) IPBES 地球規模評価報告書政策決定者向け抄訳（https://www.theguardian.com/environment/2018/may/21/human-race-just-001-of-all-life-but-has-destroyed-over-80-of-wild-mammals-study?fbclid=IwAR0VC9UzWdH9_8ulSHQ4bZOUWa3xu9FgYOEwiWCw1kRHvqRRKzqShYW5mg）

注(25) 2011.3.11記事 https://www.afpbb.com/articles/-/2789972（2019.12.24閲覧）

CHAPTER 3

「経済ファースト」から「地球ファースト」へ

環境・社会が目指す方向性とは？

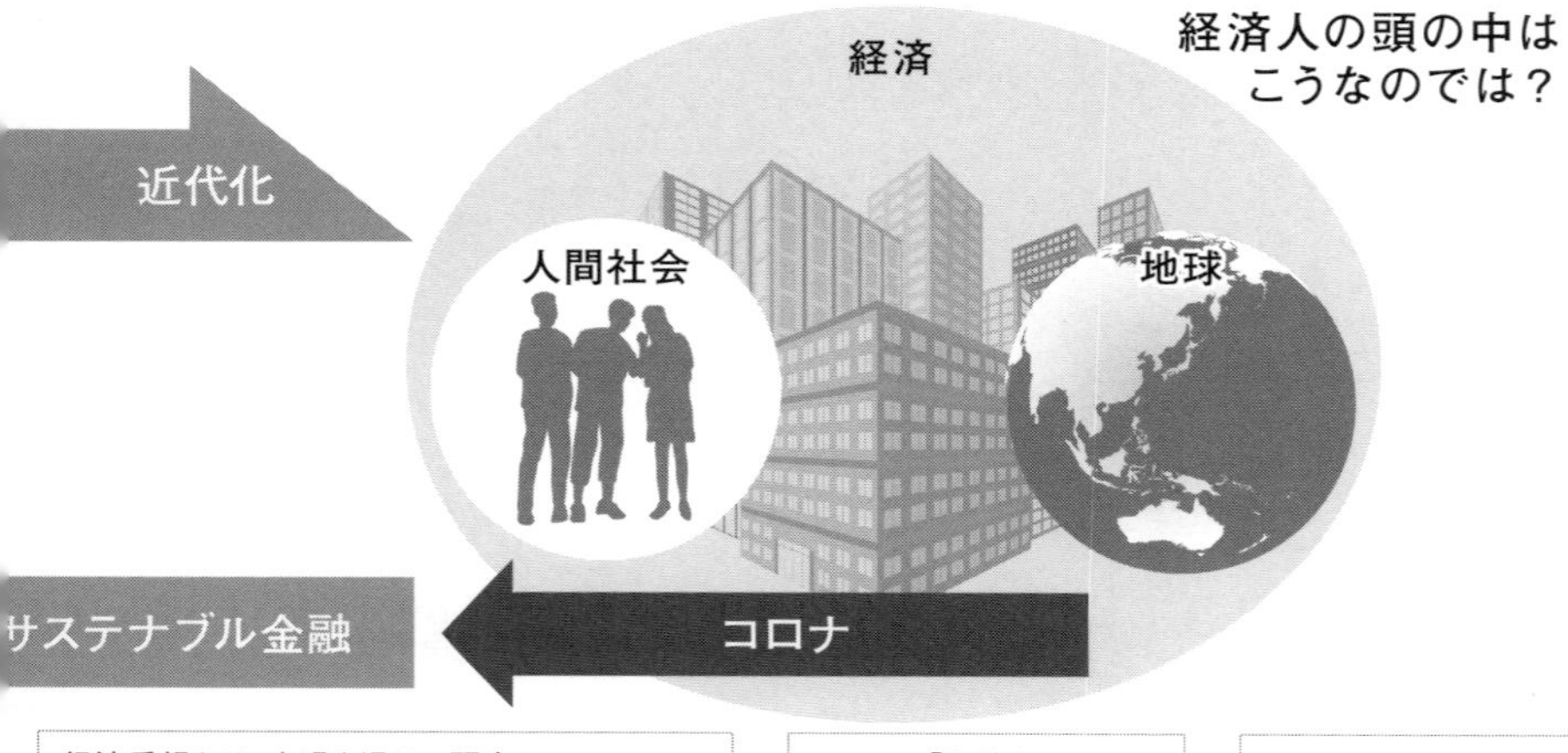

経済重視とは、市場を通じて顧客（一部の人間）の利益（満足度）を最重視する代わりに、他への負荷を軽視・無視すること。その負荷が気候変動問題や難民・テロとなって人間に戻ってきている。

▶ SDGsは「経済」ファースト社会を「地球・社会ファースト」の社会にパラダイムシフトさせる仕組み。

▶ それを実現する手段がCSR・CSV（ビジネス）、ESG投資（金融）、エシカル消費（消費者）である。

（出所）大和総研資料を基に作成より

地球の寿命は46億年といわれます。誕生当初からいまのような地球であったわけではなく、現在のような生存環境が整ったところで、最後に生まれたのが人類です。地球の寿命46億年を1年（365日）に換算すると、地上に生物が上陸した約4億4300万年前は11月28日です。そして二足で歩行する霊長類が現れた4、500万年前とは、大みそかの午後2時半から4時20分ごろになります。私たちの祖先である原人がアフリカからユーラシアに広がったのは180万年前といわれますが、これは夜の8時40分ごろで、農耕生活をはじめた1万2000年は、11時58分38秒です。産業革命からの200年は最後の1.4秒にすぎません[1]。

80年ほどの寿命の人間からすると200年すら長く、1万2000年は悠久のときに思えますが、地球からすると1年の中での最後の2分以内にしかすぎないわけです。もし、12月24日のクリスマスのころに、別の文明が勃興して滅びていた事実があったとしても、私たちにはわかりません。

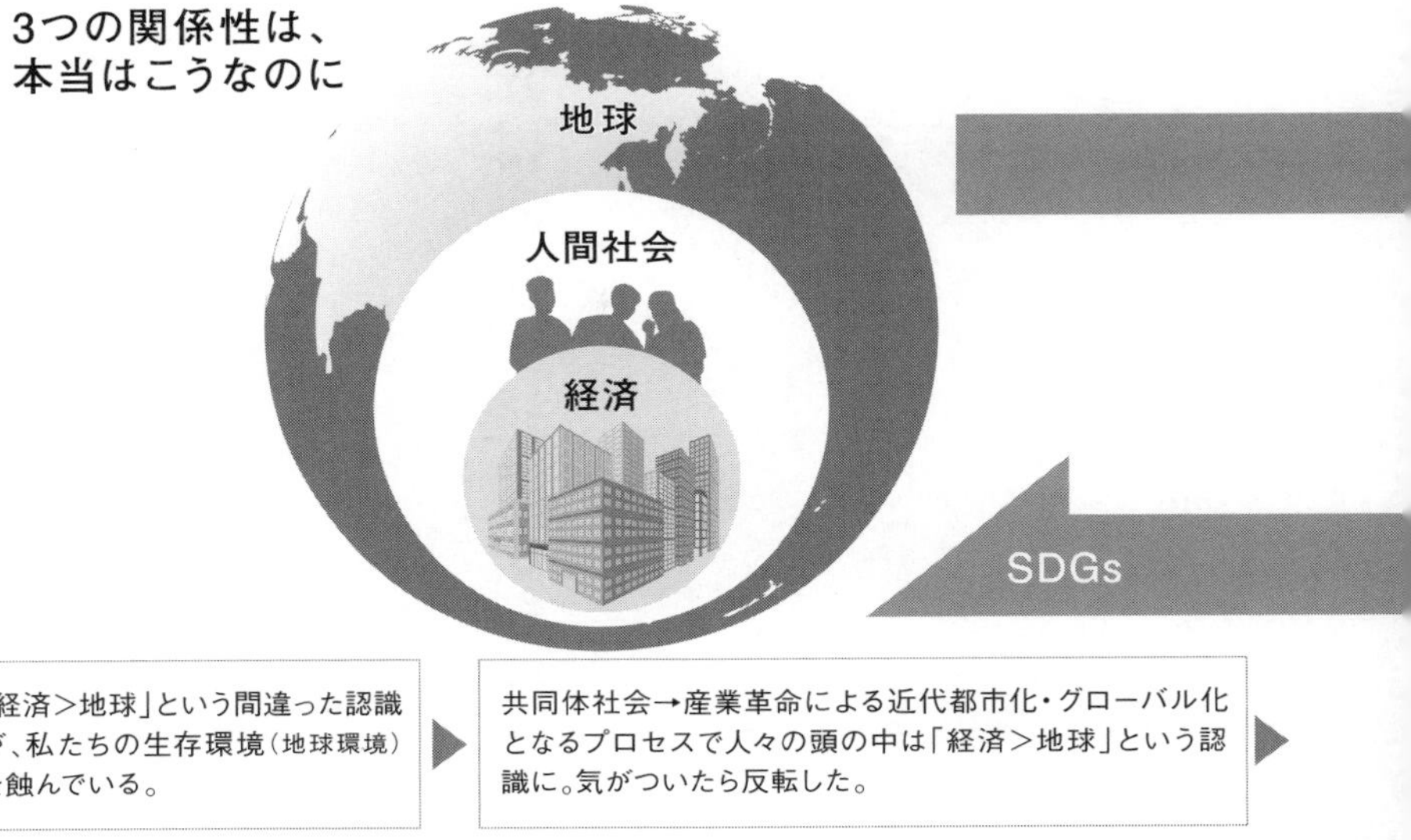
3つの関係性は、
本当はこうなのに
地球
人間社会
経済
SDGs
「経済＞地球」という間違った認識が、私たちの生存環境（地球環境）を蝕んでいる。
共同体社会→産業革命による近代都市化・グローバル化となるプロセスで人々の頭の中は「経済＞地球」という認識に。気がついたら反転した。

図表3-1 経済・地球・人間社会の関係

逆に地球からすれば大みそかの午後に出てきた新参者が自分の上を我が物顔に支配しており、せっかく地球が1年かけてつくり上げてきたバランスのとれた自然の仕組みを瞬時に破壊している、ともみえるわけです。この時間軸にそって考えると、人間と地球の関係は、地球の中に人間がつくった社会があり、その中にグローバルな市場経済の仕組みがある。「地球＞社会＞経済」という構造になります。こういわれると実に当たり前に聞こえるでしょう。これは図表3－1の、左の円になります。しかし、私たち、特にビジネスパーソンの頭の中の優先順位は、右の円のようになっている。つまり、頭の中の大半は経済（ビジネスだと儲かるか、消費者だと何が得なのか？）が占めていて、それをもとに行動している。社会や環境負荷を減らすためという発想はわずかで、これらを優先する行動はなかなかとれない。頭の中の優先順位は「経済＞社会＞環境」の「経済ファースト脳」なのです。

社会の中で、こういう頭の人がわずかならば、それほど大きな問題を引き起こすことはないでしょう。しかし現在のような資本主義社会では、経営者も多くの消費者も右のような頭なので、当然、「経済ファースト」の意思決定にもとづいて行動している。社会課題や環境問題がないがしろにされ、それがまわりまわって溜まって膿となり、いまのような環境の危機的状況と、貧富の差の拡大などの問題を引き起こしているのです。ＳＤＧｓとは、図表３－１の左の円の「地球ファースト」脳にもう一度転換させる壮大な仕掛けともいえます。そしてコロナはその動きを加速させる力があります。

優先は命か、経済かを迫られるリーダーたち

ＳＤＧｓが策定されたとき、２０３０年は随分と先のことでした。しかし、いまはゴールである２０３０年はそう遠いことではありません。まして世界中がコロナ感染の脅威から身動きがとれず経済活動が滞り、大不況が忍び寄りつつある状況に、いま私たちは置かれています。

世界全体がコロナによる人の命と健康と心、社会経済システムへの大きな打撃を受けている中で、そこから回復する経路を考えるときに、ＳＤＧｓが示すゴールは重要な道標になると思います。

一方で、ＥＵや米国など先進国の経済も大打撃を受けるために、途上国支援のゆとりがなくなることも懸念されます。先進国もコロナ患者激増のためマスクや医療器具がひっ迫。また、コロナによる大不況を立て直すためにお金が使われれば、支援すべき途上国への支援ができなくなります。よって、コロナ後の回復は、限

られたお金で効率的・効果的に行わなければならない。そのためには、経済・社会・環境の優先順位を変えなければなりません。

そして、不幸中の幸いでコロナ災害は、人々の頭の中にあるこの優先順位を変えつつあります。経済の動きを止めるロックダウンが、次々に行われていきました。命か、経済かという問題に直面したときに、命の方が大事だという当たり前の事実が裏書きされています。

1に命、2に経済という価値観の共有化へ

私は長年、「経済人の頭の中にある優先順位」を変えようという話をしてきました。しかし、ビジネスの現場に戻ると、なかなか頭を切り替えることはできませんでした。平常時にいわれても、やはり経済が重視されるのでしょう。

しかし、コロナによって、私たちが最も優先すべきものがはっきりしました。命を守るためには人々が衣食住を賄える仕組みづくり――経済活動を継続して動かす必要があります。そのためには、きちんとした生活ができなければいけない。その生活を守るためには経済活動が必要。そして、その命を生み出し育んでくれるのは大自然そのもの。その自然の中から生まれた素性がよくわからないコロナウイルスとも、それぞれの立場で向き合っていく中で、ウイルスと人間の関係性を見直すことになりました。人間がどういう存在であるか、自然の中でどのような立場なのか、コロナを生み出す自然の力も肌で理解するようになったように思えます。

コロナに対応する中で「地球・自然・命ファースト」がじわじわ広がりつつあるのではないでしょうか。こ

の気持ちが維持できれば、人類が残された10年でＳＤＧｓ達成に向けて活動を加速できると期待できます。経済というものは「成長しないとダメなもの」から「みんなが生きていけるように回せばよいもの」へ。そういう発想になってきたのだと思います。

ＳＤＧｓを達成する5つの原則

しかし、一見、矛盾するようなゴールが共存するＳＤＧｓ全体を達成するためには、具体的にどうすればいいのでしょうか？　取り組みにあたってＳＤＧｓでは、下記の５つの原則を定めています。すでにその一部はここまでで伝えていますが、この5側面が揃っていることが大事なので、改めてまとめて説明しましょう。

①普遍性：先進国を含め、すべての国が行動する。
②包摂性：人間の安全保障の理念を反映し「誰一人取り残さない」。
③参画性：すべてのステークホルダーが役割を担う。
④統合性：社会・経済・環境に統合的に取り組む。
⑤透明性：定期的に進捗状況をフォローアップする。

いままでこれらの条件をセットで取り組むことは、難易度が高いと思われてきました。でも、どうでしょうか。自粛から緊急事態宣言、その後のコロナとの闘いとコロナ後の共生への道を手探りで進む中で、みなさんは知らず知らずのうちに、これらの原則に則り活動されているのではないでしょうか。

コロナをきっかけに変わった意識

コロナは人類に共通の脅威です（①の普遍性）。医療関係者には、高齢者も若年者も「誰一人取り残さず命を救うため」に最善の努力をかけていただいています。世界各地で医療関係者に住民がベランダに出て感謝の拍手を贈るとか、さまざまな協力や連帯する動きがみえてきました（②の包摂性）。

③はコロナ対策そのものです。医療を崩壊させないため、自分と自分の大事な人のために、すべての人が可能な限り外へ出ず、他人との距離を保ちつつ、手洗いとうがいをし、清潔に保つように努力するようになりました。世界中で、これだけ同じ方向をみて一斉に努力するということは、いままでなかったのではないでしょうか。かたやいままで何の問題もなく行われてきた社会活動・経済活動の多くが禁止や中止されることになり、グローバル規模で人々の経済活動に大きなダメージを与えています。

また、経済的な被害だけでなく、外出禁止や自粛により家庭内でのＤＶ被害が増え、女性や子どもたちが被害を受ける社会問題も引き起こしています。このＤＶの被害は世界中に広がっており、コロナによって、もたらされた２つめのパンデミックともいわれます。

一方で、コロナによって経済活動が急減速したために、CO_2や大気汚染などの環境問題が急速に改善されていたり、家庭の時間が増えることで家族の絆が深まったり、家庭の価値を再認識するなどのプラスの効果も小さくありません。結局、コロナは経済と社会と環境が不可分であり、大きな打撃とともにプラスももたらすということが明らかになってきました（④統合性）。⑤の透明性ということでは、世界中でコロナの治療法について世界的に協力したり、コロナ感染状況の情報が世界規模で毎日、報告されるなど透明性の確保が図られます。

このように5つの原則は人類がコロナの脅威に対峙する中で、それとは認識していなくても採用した行動原則になっていると思います。逆にいえば、人類共通の課題に真剣に立ち向かう局面では、自然にこの原則にしたがって行動するようになるのかもしれません。

地球環境の脅威も社会的な課題も、コロナと同様に人類を脅かす脅威なのに、コロナ前までの歩みは遅かったわけですが、それはコロナのような待ったなしの脅威と違って、切迫感が足りなかったのかもしれません。

SDGsに求められる2つのアプローチ

そうはいっても、「経済・社会・環境」を統合して「誰一人取り残さない」方法に取り組むことは、そう簡単ではありません。たとえば、産業が育っていない途上国では、安い労働力を売りに先進国企業の下請け事業などを受注してきました。先進国にとっては安いコストの製造ができますし、途上国にとっては安い賃金だとしても経済へのメリットがあるからです。

こういう下請けビジネスは短期的に途上国に外貨をもたらす効果はありますが、現地の労働者の人権はリスクにさらされます。また、工場では使い捨ての単純労働者として扱うので、技術研修などによってスキルやノウハウを向上させないと、ゆくゆくは自立して自分たちで工場運営することも困難でしょう。

また、途上国の場合は工場の環境規制が緩い、あるいは規制を当局が監視できない場合も少なくなく、汚染水を川にそのまま垂れ流すなどの環境破壊が起こることもあります。

つまり、経済的な価値を生むと同時に社会環境のコストが発生するのです。しかし、いままでの価値観では、経営者は利益を上げるのがミッションといわれているので、経済的価値は重視しても、社会環境コストは自分に直接戻ってこないので、自分が払うコストだという認識になりません。また投資家は、そういう余計なコストを積極的に払う経営者を評価してきませんでした。

経済・社会・環境を切り離すのはもう古い！

「経済と社会や環境は別物である」。いままでの認識と価値観、それに基づく行動を大きく見直し、転換させる必要があります。ＳＤＧｓは、このような新たな価値観に基づいて行動しないといけないものであり、かつ社会の価値観をそのように変えるミッションもあります。目的を達成するための手段はその目的の価値観をベースにしているという「走りながら考える」、アクロバティックな話でもあります。

しかし、実際にそのような価値観は広がりつつあります。一つは、経済と環境・社会は対立する概念ではない、という認識です。環境・社会への価値と経済的価値の三つを同時に達成するビジネスモデルのあらたな経営のあり方が見えてきました。それを後押しするのが、社会や環境に負荷を与える経済活動は承認できないという価値観です。特にコロナによって、「命か経済か」ではなく「命も経済も救おう」という機運が盛り上がっていることもこれらを統合しなければならないという意識を広げています。この三つが不可分だという意識が当たり前になれば、結果として「誰一人取り残さない」対応につながっていくと思います。

①将来へのアプローチ　バックキャスト

繰り返しですが、ＳＤＧｓの目標は、どれも簡単にできるものはありません。これまでの進捗状況をみても、このままのペースだと、２０３０年までの達成は、むずかしいといわれています。

そのためには従来のやり方を変えていくしかありません。まず、将来と現在をつなぐ方法を変えるのです。いままでの普通の予測のしかたである「フォアキャスト」ではなく、「バックキャスト」という方法への転換が求められます（図表３－２）。

「フォアキャスト」はfore（前方）、cast（投げかける、投げ入れる）から成り立っていて、「現在の状況から前方（将来）に向けて投げる」＝「将来を予想すること」をいいます。

塀を上るために塀の上の突起に投げ縄を投げる感じでしょうか？　現在の状況とは、いまある資源（人的、物理的、金融的）や技術（技術開発予測）をもとに将来を予想することです。これだとＳＤＧｓの多くの目標、たとえば、脱炭素などはどう考えてもムリという結論になりかねません。

そこで求められる発想が、「バックキャスト」です。「バックキャスト」はback（後ろ）にcast（投げ入れる）です。将来の時点から現在（後方）に向けて投げる方法です。将来時点（ゴール達成の２０３０年）を起点とした「あ

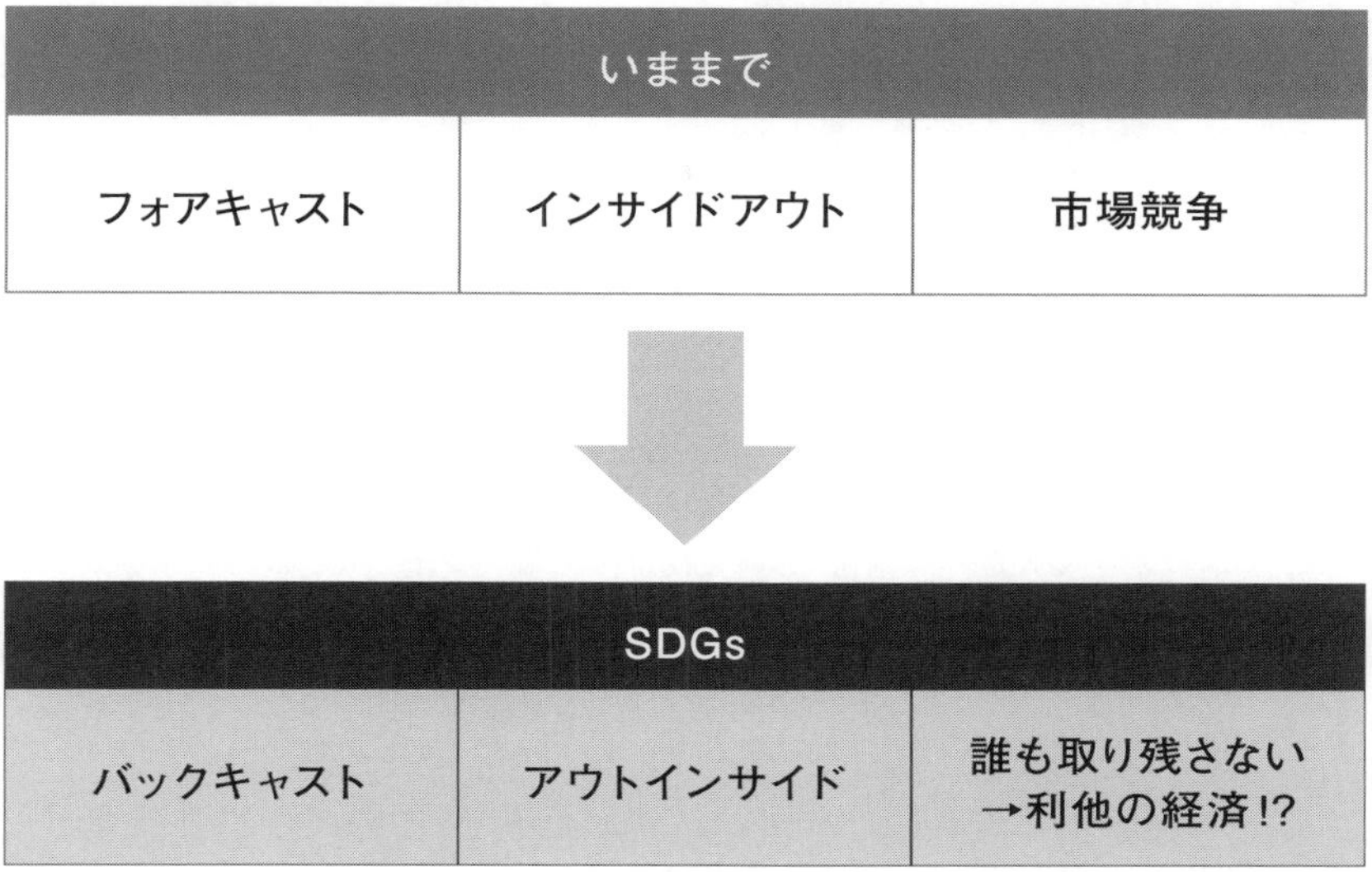

いままで		
フォアキャスト	インサイドアウト	市場競争

SDGs		
バックキャスト	アウトインサイド	誰も取り残さない →利他の経済!?

（引用）大和総研作成より

図表3-2 SDGsに必要な3つの視点

るべき姿」＝「塀の上から現在に向けて梯子を下す」感じでしょうか？　上に投げ縄を投げても、なかなか梯子はかけられません。的《まと》以外の突起に引っかかるかもしれませんし、地面に落ちてしまうかもしれません。これに対して、上から下に梯子を下すだけならすんなり下ります。

「フォアキャスト」で、２０３０年にＳＤＧｓを達成しようとすると技術の壁とか、資金不足とか、できない要素に阻まれて当初の目標達成の経路を描くことはむずかしい。一方、あるべき姿から考えれば、いまやるべきこと、達成するための障害は何か、技術のブレークスルーをどこに求めるかなど、達成のための経路がみえてきます。つまり、下から投げ縄を塀の上になげても、突起にかからなければ塀を上れない。

これに対して塀の上から梯子を下せば梯子は下がる。ただし、梯子の長さが手の届く範囲まで長くないかもしれません。飛んだり、踏み台を使ったり、という工夫で梯子に手をかけることができれば上にのぼることができるかもしれないのがわかります。つまり、「バックキャスト」思考がＳＤＧｓ達成のカギなのです。

②活動主体をどうするか？　アウトサイドイン

「バックキャスト」による行動計画ができたとしても、それを実現するためには、人や技術、お金や生産設備などのリソースが必要です。いままで組織が活動する場合は、組織内のリソースを使い、モノやサービスを外部に提供するインサイドアウト方式がとられていました。外部との提携や外注などはあるにせよ、基本は自社の工場で、自社が開発したものを自社の社員が販売する。そのためのリソースは確保しているのが普通です。しかし、ＳＤＧｓに必要なリソースをすべてカバーしているとは限りません。

地域の課題を解決するには取引先の企業の協力だけでは不十分であり、行政や地域密着型のＮＧＯなどの知見やネットワークが不可欠となる場合があります。特に環境問題や人権問題を解決するには、ＮＧＯなどとの連携が有効な場合も少なくありません。これはグローバルな課題でも同様です。

現地活動を視察しましたが、私がウガンダで視察した活動プログラムは、武田薬品工業がスポンサーとなった南スーダン・シリア難民支援プロジェクトの一部でした。

ウガンダのキャンプで暮らす南スーダン難民に対して、「安全な水の供給」「栄養」「母子保健」を提供するのが目的で、私は小学校にトイレをつくる活動——母子のための巡回医療サービスを視察しました。現地に行ってわかることですが、こうした地域での活動には、現地に精通しており、トイレ建設や母子健康といったスキルもあり、かつ日本企業とのコミュニケーションがとれる組織と組まなければ成果を上げるのは無理なことです。

プラン・インターナショナルの例は企業の社会貢献プログラムなので、本業での取り組みとは違いますが、これから本業を通じたＳＤＧｓ目標を達成するとなると、つまり、アウトサイドインです。こうした社会貢献プログラムと同様に外部の有効なリソースを活用しなければ目標達成はできなくなります。一つの目的のためにさまざまなバックグラウンドを持つプレーヤーをいかにうまく組織化するか、活用できるか、という組織外とのコミュニケーション力が意味を持つようになります。後述するエシカルサプライチェーンの取り組みでは、まさにＮＧＯとの協働が重要な役割を果たしています。すでにコロナ対応という非常事態において、アウトサイドイン的アプローチは生まれています。

シャープがマスクを製造するとか、ＩＴ企業が外食産業を支援するために、ネットを通じた販売の仕組みを構築するなどがそれです。日々、さまざまなネットワーキングが生まれています。これがコロナ収束と同時に消滅することなく、コロナ後の再生やＳＤＧｓ達成のためにも活用され、さらにはこうした取り組みが浸透していくように、みんなで心がけていかなければならないでしょう。

「誰一人取り残さない」仕組みがあるか

「誰一人取り残さない」仕組みづくりとは、ＳＤＧｓが掲げる大変野心的な目標であり、ＳＤＧｓを達成するための重要なアプローチです。ＣＨＡＰＴＥＲ３では、ＳＤＧｓ目標のいままでの達成状況をみました。

グローバルにみて貧困やヘルスケアなどの点で改善はみられ、そこは評価できる点ですが、実は所得格差は悪化しています。絶対的貧困というボトムが多少改善しても、それ以上にトップが先行すれば格差は拡大するためです。

日本国内でみると貧困にあえぐ人、体を壊して失業してしまった人には、生活保護などの社会保障の制度で、救い上げるというシステムもあります。こうしたシステムは重要な仕組みですが、いま取り残されている人たちをすべて社会保障では、もはや救い上げることはできません。

制度があっても不充分だとして、働いていても生活ギリギリのワーキングプアの問題が議論されています。こうした格差を生み出す経済の仕組みそのものから変えていかなければ、課題の本質的な解決にはつながらないのです。そういう発想が、「誰一人取り越さない」からうかがえます。しかし、グローバル経済は、いままでのところ残念ながら格差を拡大する方向に動いてきました。

いまだに存在する極端な所得格差

有力な国際人権NGOのオックスファム(2)は、毎年貧富の格差に関する報告書を公表しています。2020年の報告書によると、世界で最も裕福な2153人の資産は、所得の低い46億人分の富を超えるそうです。もう少しくわしくみていきましょう。

・特に最も裕福な22人だけでも、彼らの資産総額はアフリカの全女性の資産を超えている。

- 世界の女性や女児たちは毎日、125億時間も無料の仕事（アンペイドワーク――支払われるべき対価が支払われない仕事。水汲みや家事など）に時間を費やしており、それは世界経済に10・8兆ドル（1100兆円程度）の貢献に値する。
- この富の格差は拡大する。2011年から2017年の間に、G7の国々の平均賃金は3%しか増大しなかったが、富裕層に支払われた配当は31%も増えている。
- 世界で最も裕福な1%の人たちの資産への税率を今後10年で0・5%ポイントを増やすだけで、1・17億人分の雇用（高齢者介護や、幼児ケア、教育やヘルスケア）を生み出す投資の原資をつくり出せる。

GDPが順調に増えていれば健全な経済と思いがちですが――。しかし、所得格差を極端なまでに拡大してきた経済成長は、果たして健全でしょうか？　その経済成長がグローバル化の進む経済の仕組みの中で途上国の人たちの犠牲によって成り立っている。そして、その結果がオックスファムのレポートにあるような世界的な極端といえる格差。そのような格差は人々の不満を募らせ、最終的に社会秩序を壊し、経済成長どころの話ではなくなってしまいます。

人々の幸福感は絶対的な富の水準でなくて、相対的な富の多さに左右されると考えられるからです。所得が伸びても、心の幸福度は変わらないという調査報告も多くあります。『幸福の政治経済学（World Data base of happiness）』(3)というデータベースには、さまざまな国の幸福度の調査がありますが、日本の場合、1950年代から1990年代にかけて、実質GDPが6倍になったにもかかわらず、生活満足度はまったく横バイという研究結果があります。

有名な映画『ALWAYS（三丁目の夕日）』（1958年の下町が舞台）の中では、テレビがあるだけで町内での有名人になっていました。また、家に洗濯機がなくても不幸ではありませんでした。とはいえ、当時はまだ、一般的には周りは誰もテレビや洗濯機を持っていなかったから成り立ったわけです。

ところが高度成長期の中でも、みんなが豊かになっていたので、日本は平等社会と思われてきました。しかし、バブル崩壊後、成長が止まってしまってから正規社員と非正規社員との格差問題が深刻化してきました。

しかし、本来は誰かの犠牲の上に成り立つ世の中の繁栄は、本当の繁栄ではない。誰も犠牲にしない、取り残さないようにしなければ、本当の繁栄とはいえないのです。

別な観点からSDGsの目標達成のためにはインフラや制度の仕組み、さらにはイノベーションなど経済の力が求められます。「誰一人取り残さない」「誰も犠牲にしない」市場経済を前提としながらも、実際に取り残さないような仕組みを目指さなければなりません。そのためには私たちの価値観を転換させ、自己利益最優先をやめ経済的判断の優先順位を変えなければなりません。そのかけ声は「誰一人取り残さない」経済ということにもなります。それを実行に移していくためには、すべての人がそれぞれの立場でやるべきことがあります。

ここを前提として考えたとき、いま、私たちのまわりでは、何が起きているのでしょうか?

コロナは各国の必至の対策でSARSやMARS、あるいはエイズのように抑え込むことができると思いますが、コロナが収まったとしても、世の中の変化は止まらないと思われます。おそらく50年、100年後になって、2015年から2020年を振り返ると、「歴史が大きく転換した」ことがみえてくるのではないでしょうか。日本でいえば、1868年の明治維新ですが、1945年の敗戦と規模の転換を経験しました。

――それは日本だけではなく、世界全体の転換だったのではないのでしょうか。

NOTE

注(1) 地球の歴史はクリストファー・ロイド　野中香方子訳『137億年の物語』文藝春秋より。換算値は1億年＝7・935日、100万年＝1・904時間、1万年＝0・019時間＝68・56秒　千年＝6・856秒　百年＝0・686秒

注(2) Oxfam 'Time to Care' Jan 2020

注(3) ブルーノ・フライ『幸福の政治経済学』ダイヤモンド社

CHAPTER 4

「ビジネス」と「金融」の新価値観

サステナビリティ活動が企業の傍流から本業へ

「営利目的」と「社会課題解決」は相反するのか

ＳＤＧｓのさまざまな課題を生み出したのは、私たちの経済や社会のあり方でした。貧富の差の拡大も、気候変動をはじめとした環境問題も、その多くは私たちのいまのグローバル経済活動がもたらしたものです。

「コロナで経済活動を急減速させたら、地球環境は改善した」という報告が多数あります。たとえば、中国やインドの大気汚染は工場の操業停止や交通の減少により大幅改善。スモッグで見えなかったヒマラヤ山脈が見えるようになったともいわれます。日本でも毎年問題になっているＰＭ２・５についてもコロナ禍の中では、ほとんど報道されていませんでした。また、オーバーツーリズム問題に悩まされてきたベネチアの運河は透明度を取り戻し、イルカも戻ってきたようです。

その経済活動を動かしているのは営利を目的とした（主に）株式会社形式の企業（corporation）です。その企業に資金を供給している金融も経済活動を支えています。いままで営利目的と社会課題解決は、相容れない対立する活動と思われてきました。ＳＤＧｓのすごいところは、そうした中で、「営利を目的とする企業や金融機関がＳＤＧｓを掲げる社会課題解決を本業を通じて達成しようとしている」ことです。

ＣＳＲは企業活動のおまけではない

営利目的の企業が地球環境問題や人権保護などの社会的課題に取り組む理由は、主に二つあります。一つは、その取り組み自体が、収益を生む事業の場合です。たとえば、水処理や廃棄物処理、再生可能エネルギーや省エネ関係を手がけるプラントメーカー、ゼネコン、機械メーカーなど、環境産業関連の企業は本業に取り組むこと自体が、環境問題に貢献しているといわれています。

コロナにより消毒液やマスクなどの医薬品・医療品の製造企業も、コロナ感染に対峙する社会課題貢献企業となりました。また、介護ビジネスなどは高齢化社会に貢献する事業です。政府が途上国に対して行うODA活動は公的な活動ですが、ODAとして途上国の道路や橋などのインフラ整備、医療や安全衛生サービス、教育システムなどを実際に手がけている主体も多くの場合は営利企業です。

このように本業自体が社会課題解決に資する企業は少なくありません。

2020年4月16日付の日経新聞によると、コロナ感染対策として「首相の医療品増産要請に対して、人口呼吸器メーカーの日本光電は6カ月以内に人工呼吸器の生産規模を5倍に高める」と発表しましたが、異業種のソニーやスズキがこれに生産協力を表明。ホンダやトヨタがフェイスシールドを手がけ、消毒液は酒造会社のサントリーや焼酎メーカーのオエノンホールディングスがアルコール消毒液の生産を行うなど、業種をまたいで協力する取り組みが報告されています。これらはいままで本業ではなかったが、自社のリソースを活用して社会課題に取り組む新たな事業活動です。

そして、これらの企業はそれらを無償や採算度外視で提供するとしています。この緊急事態の中で、社会課題にタイムリーに応えようとする企業が増えるのはすばらしいことだと思います。ただ、SDGｓの時代に、気をつけなければいけないこともあります。自社の製品サービスが社会課題解決に役立つからといって、事業活動自体が社会課題をつくり出してはいけないということです。これが二つ目の理由です。

世の中に役に立つからとか、緊急だからといっても、公害をたれ流したり、劣悪な条件で従業員を働かせたりすることは社会的には許されません。「お客様のため」「社会のため」になっているのだから多少汚染をしても許されるとか、コロナ感染対策はひっ迫しているから多少ブラック職場でもよいというものではないからです。

つまり、事業が社会課題解決を目指すなら別の社会課題を自ら生み出さないというルールが大事。なぜかといえば、本業が社会課題解決に役立つと思っている企業の人ほど、CSRやほかのステークホルダーに対する配慮に無頓着な場合が多いからです。「本業で貢献しているのだから、それ以外で貢献する必要がないと思っているのではないか」、という印象です。

実は「社内がCSRに真剣に取り組んでくれない」というような悩みを医薬品業界や公害防止関連企業など、本業で社会貢献度が高いとされる企業のCSR担当から聞くことがあります。一方で、本業の社会貢献度が明確ではない業界のほうが、CSRやステークホルダーとのコミュニケーションに熱心にも思える状況を目にすることもあります。

企業は本業を通じて社会課題の解決に資する活動をしなければならず、かつ、自らが問題をつくり出してもいけない。それがいま、企業に求められています。「社会課題に応える=企業の社会的責任（CSR／Corporate Social Responsibility）」を果たすという取り組みは、長らく収益には関係ない、本流からはずれた企業活動の周辺である「つけたし」「おまけ的」な取り組みだと思われてきました。しかし、「SDGs」と「脱炭素」の時代になり、社会課題に取り組むこと自体が企業活動の中核であり、それが企業の存続にかかわる最も不可欠な要素と思われるように変化しているのです。

たとえば、自動車業界。現在、トヨタ自動車は脱炭素化企業の旗手、社会課題貢献型企業と広く認識されています。

しかし、１９９０年代まで自動車産業全般は排気ガスを出し、交通事故を起こす社会課題をつくり出す産業だと思われてきました。それがなぜ、社会課題に貢献する企業と思われるようになったのでしょうか。そのきっかけは、トヨタ自動車による世界初のハイブリッドカーの「プリウス」の発売でした。

その話をする前に企業活動におけるＣＳＲ（企業の社会的責任）で、課題解決に立ち向かう企業活動がどのように変遷していったかについて、説明していくことにしましょう。

「社会貢献＝ＣＳＲ活動」の考えは短絡的

ＣＳＲ（企業の社会的責任）という言葉は１９９０年代以降に使われるようになりました。これは欧米から輸入された新しい概念だと思われがちですが、ＣＳＲの精神は昔から日本に存在してきたともいわれます。

近江商人の「三方よし」（売りよし、買い手良し、世間良し）経営の精神は、長らく日本の商業道徳を支えてきました。そして、日本には１００年以上の歴史のある長寿企業が２０１９年時点で3万３００社以上もあり、長寿企業が最も多い国といわれます[(1)]。日本企業の経営には、サステナブルなＤＮＡが入っているということは広く認められています。

しかし、いまやグローバル経済を相手にした経営では、その精神だけでは充分ではありません。また、三方良し精神の企業がいる一方で、国内には１９７０年代の水俣病をはじめとした公害問題や１９８０年代に買い占めやバブルのころの地上げ、2000年以降の食品ラベル偽装や製品性能の偽装、後を絶たない粉飾決算、職場におけるセクハラ・パワハラなど、企業不祥事は後を絶ちません。私たちは常に倫理観を高く維持していかなければいけません。

CSRは儲かっている企業の余技なのか

高度成長のスタート時点である1956年には、経済同友会がすでに「経営者の社会的責任の自覚と実践」という決議を公表しています。この中で「……現代の経営者は倫理的にも、実際的にも自己の企業の利益のみを負うことは許されず、経済、社会との調和において、生産諸要素を最も有効に結合し、安価かつ良質な商品を生産し、サービスを提供するという立場に立たなくてはならない……」[(2)]と述べています。そのときに企業経営がそちらに舵を切っていれば、その後の問題は大したことはなかったはずです。

しかし、高度経済成長を経て1960年代後半から1970年代には、公害問題や欠陥商品の販売が表面化し、地上げや石油ショック時の買い占め値上げなど企業の不祥事が社会から糾弾され、企業の社会的責任を追及する声が高まります。企業は改めて公害対策に熱心に取り組むようになります。また、1980年代後半から1990年代のバブルの時代になると、アートや福祉活動への寄付や助成を行うメセナ活動が企業の社会貢献活動として注目されるようになります。

これらの公害対策やメセナなどのCSR活動は、本業の収益にはプラスの影響はないものでした。たとえば、大気汚染防止のため脱硫装置を稼働させればコストもかかりますし、生産性は下がります。2015年に米国で問題になったフォルクスワーゲンのディーゼル車の環境規制偽装事件は、排気浄化機能を強化すると燃費は悪化するためだったからとされています。

水俣病は水銀入りの汚染水を処理せず流したために起きていますが、排水の水質浄化はコストなので生産性を下げる要因です。こうした公害対策はエンド・オブ・パイプ、つまり、パイプの先に浄化装置を取りつけるコストです。ですから、単純に儲けのことだけ考えると、環境対策は企業にとってコストでしかありません。

また、芸術支援などのメセナは、「利益が出たので、社会にそれをおすそ分けする」的な発想があります。実際にバブルが崩壊したら、メセナ活動は雲散霧消してしまいました。となると、「CSRはコストである」「CSRは儲かっている企業ができる余技」というイメージが生まれてきます。実際、いまだに環境に取り組むことはコストである、と思っている人は少なくないようです。一概にはいえないとはいえ、中高年の企業人には、そういう傾向がみられます。

ISO14000で変わった企業の視点

バブルが弾けた1990年代半ばになると、この認識を変える状況が生まれてきます。日本では1996年に発行した環境マネジメントシステムISO14000シリーズが、このきっかけになります。環境マネジメントシステムとは、企業活動全体を通じて環境負荷を削減するような仕組みを構築することです。

先ほど、公害対策はコストと思われていたといいました。しかし、この環境マネジメントが目指す環境対策は、必ずしもそれだけではないのです。

たとえば、工場からのCO_2排出削減のために生産工程を合理化したり、省エネ設備を導入することは、同時にエネルギーコストの節約になります。廃棄物を削減することはムダな原材料を減らすことにもなり、廃棄物を再製品化することで廃棄物処理コストの代わりに売上になります。

また、家電製品など設計を変更して部品点数を減らせば、材料費も工程数も削減できて生産性向上にもつながります。公害対策だけだとコストですが、企業活動全体をみてトータルで環境負荷削減をすることは、生産性向上など企業収益に直結することも少なくないのです。

そういう認識が企業の中で広がり、それまで「公害対策室」のような名称だった部署を「環境部」と変え、より環境対策を企業価値に結びつけようとする動きにつながります。

それを加速させたのが、先に述べたトヨタ自動車の世界初のハイブリッドカー「プリウス」でした。ちょうど京都議定書の年である1997年に発売されました。これは環境に優しいエコ商品がブランドイメージ向上にも寄与することを示し、わかりやすい成功事例でした。

それ以前は、消費者にとっての「環境に優しい企業」は公害に対峙する水処理プラント企業などでした。公害のもとである排気ガスを出し、交通事故の原因ともなる自動車のイメージは悪かったのです。しかし、プリウスはその評価を一転させました。

『21世紀に間に合いました。』というキャッチフレーズとともに発売された史上初のハイブリッドカーで低燃費を実現したプリウスは、京都議定書開催時で環境意識が高まったこともあり、発売と同時に消費者のイメージ調査において、「環境に優しい企業」としてトヨタ自動車がダントツで支持されるようになりました。

時代が下り、2015年におきたフォルクスワーゲンの燃費偽装の不祥事は、いまや消費者にとって自動車の環境性能がいかに大事かを裏づけているともいえるのではないでしょうか。

自動車だけでなく、家電やパソコンでも省エネ性能は重要な機能ですし、住宅に至っては、省エネ住宅であることは当たり前、太陽光パネルつきの創エネ住宅も増えており、こうした環境性能は多くの産業において重要な競争力となっています。

そして環境マネジメントという視点からの活動は、SDGsの「ゴール7」のクリーンなエネルギー、「ゴール9」のイノベーション、「ゴール12」の「つくる責任・つかう責任」、ゴール13の「気候変動」と、こうしたゴール達成に寄与しているのです。

メーカーだけではありません。小売業でも環境マネジメントという視点からできることは、たくさんあります。店舗の省エネ化はわかりやすい対策ですが、それ以外にも物流を合理化し、各店舗に荷物を届けるトラックの数を減らすことは「運行距離の削減=CO_2削減」につながります。これはコスト削減でもあり、店舗周辺の渋滞を減らす、運搬の手間を減らすという効果も期待できます。さらに店舗を通じてエコ商品の販売を強化することは社会のエコ化を促進する効果も期待でき、ブランドイメージ向上にもなります。

金融機関の場合、最初はほとんど環境マネジメントのメリットは大してないと思われていました。確かに工場を持たないので自社活動でCO_2を削減することには限りがあるものの、この後に紹介する「ESG投資」「ESG融資」という手法で幅広く寄与することができます。このような企業の環境マネジメントやエコ製品戦略を企業戦略として評価に結びつけて、投資や融資判断に組み込んでいくことで企業社会全体のグリーン度をあげることができるのです。

不祥事の発覚で問われる企業の存在意義

このように1990年代の終わりから、日本で環境マネジメントシステムを導入した企業を中心に環境経営の導入は生産性やブランドイメージの向上、製品の競争力強化につながるという可能性に気がつきはじめました。

それに加えて2000年以降、食品会社の食中毒事件や産地偽装問題、自動車メーカーのリコール隠しをはじめとした企業不祥事が相次いで発覚していく中で、企業倫理のあり方、企業の存在意義とは何なのか、などについて再度、問われるようになってきました。

そういう動きの中で2003年には初めて、上場企業でCSR担当部署が設置されます。1990年代後半には環境部が設置され、今度は、CSR部なわけです。のちに2003年は、「日本のCSR元年」と称されることになります。

CSRとは、従来の環境経営だけではありません。ほかの要素も含まれています。たとえば、不祥事をおこした企業は業務に大きなダメージを受けます。最悪なケースをいえば、会社がつぶれることもあります。また、最近は当たり前となっているダイバーシティや女性活躍は、従業員にとってもわかりやすい取り組みですし、投資家も企業価値との関連を注目しています。

少子高齢化で労働力を確保するために女性の労働参画は不可欠という需給上の理由があります。しかし、これは「単純労働でもいいんじゃないか?」となりかねません。より重要なのは、女性や外国人などの多様な視点が価値を生み出すという非常に前向きな経営判断です。企業の中枢にいる日本人の男性とは異なる女性や外国人の視点が、グローバル経済の中で外国とのコミュニケーションや商品開発、経営判断に有効だからと考えられています。

また、子どもを産んでも働きたい女性や育児をしたいイクメンが増えており、少子高齢化の流れの中で、「ワーク・ライフ・バランス」のとれた職場でないと優秀な人材が得られないという現実問題もあります。

CSRでは、このようにステークホルダーのニーズに応えることが求められます。

女性活躍の意味については、私がダイバーシティについて講演した際に評判が良かった話をコラム風にまとめました。ここで紹介したいと思います。

Focus 3 ［女性活躍］

女性活躍とは、男女が活躍できるようにする過程

女性が大事なのはビジネス界だけでなく、コミュニティや政治の世界でも国際社会においても、同様です。SDGsの「ゴール5」はジェンダーの平等を目標にかかげています。ジェンダー平等がなぜ、一つのゴールになるのでしょうか。

私がまわりの人に説明する話の中で最も説得力があるのが、身体を例にとった説明です。それは私の体験から生まれたのですが、以前、腕や腰がだるく痛くなって整形外科に通っていたときのことです。先生に質問されたのは、「カバンをいつも片方で持ち歩いていないか？」「右手ばかりで荷物を持つ癖がついていないか」、ということでした。そうであれば、体の左右のバランスが崩れます。そのバランスの

崩れたひずみが骨格に影響する。それを直すにはどうするのかといえば、左手で意識して持つようにするのです。

そうすると体の左右のバランスがとれてくる。左右のバランスがとれれば骨格のひずみも治ります。

女性活躍というのはそういうことではないかと感じます。いままで社会で働くのは男性中心（右手ばかり使ってるので）、その社会的なひずみが大きくなった（長時間労働とかブラック職場とか、家庭をおろそかにした人生とか）それを直すには左でモノを持って（女性活躍）骨格のひずみを直すことなのです。

どうしてかといえば、体は左右ほぼ対称なように、この社会もほぼ男女が同数でバランスがとれています。男性的な価値観、女性的な価値観どちらも半分ずつが世に出ることで、社会のバランスがとれる。女性活躍とは、男性を差し置いて女性だけを活躍させるのではなく、バランスのよい社会に矯正するためにいまは女性にフォーカスを与えているだけなのです。

その目的は、結果的に平等な社会をつくるためなのです。


そして21世紀の最初の10年が終わるころにはＣＳＲ、企業の社会的責任活動のメニューには、環境に加えて、女性活躍、労働者の権利、さらに取引先サプライチェーンの人権、コンプライアンス、コミュニティとの共生、企業倫理、消費者対応などが加わります。つまり企業には、企業を取り巻くさまざまなステークホルダーへバランスの良い配慮が求められるようになるのです。

以上は日本におけるＣＳＲの歴史ですが、世界の動きもざっとみていきましょう。

ＣＳＲ元年「グローバル・コンパクト」が提唱

ＣＳＲの動きは、世界的に見てもほぼ同時多発に広がっています。21世紀になってからＣＳＲの動きは、加速化しています。国際社会では２０００年がＣＳＲ元年といわれます。当時のアナン国連事務総長の提唱で立ち上がった世界的なＣＳＲのプラットフォームである「国連グローバル・コンパクト（ＵＮＧＣ）」が立ち上がったからです。

ＵＮＧＣでは、「企業が遵守すべき人権労働環境腐敗の4分野にわたる10の原則」を定めました。「人権」は世界人権宣言から、「労働」は労働における基本的原則および権利に関するＩＬＯ宣言から、「環境」は「環境と開発に関するリオ宣言」から、「腐敗防止」は腐敗防止に関する国連条約をもとにしています。これらは、国際社会で普遍的に容認されている規範です。

企業に対しては、影響のおよぶ範囲内の「人権」「労働」「環境」「腐敗防止」の分野における一連の本質的な価値観を容認し、支持し、実行することを求めていますが、それに共感してコミットするとした経営者は、このコンパクト（盟約）に署名をして国連本部に送付します。

〈人権〉
原則１　人権擁護の支持と尊重

原則2　人権侵害への非加担労働
原則3　結社の自由と団体交渉権の承認
原則4　強制労働の排除
原則5　児童労働の実効的な廃止
原則6　雇用と職業の差別撤廃

〈環境〉
原則7　環境問題の予防的アプローチ
原則8　環境に対する責任のイニシアティブ
原則9　環境にやさしい技術の開発と普及

〈腐敗防止〉
原則10　強要や贈収賄を含むあらゆる形態の腐敗防止の取組み

（出所）グローバル・コンパクト・ネットワーク・ジャパン http://www.ungcjn.org/gc/principles/index.html

ちなみにＵＮＧＣの開始から20年後の２０２０年4月段階で、1万４０００以上の企業や大学ＮＧＯや行政機関（うち1万強が企業）が署名しており、ＣＳＲの広がりを実感させます。

国連と企業のコラボレーションという意味でも、ＵＮＧＣという取り組みは画期的でした。それまで国連機関は各国政府とのつながりはありましたが、民間企業との連携には消極的でした。公益な活動を主導しているので、営利のビジネス界とは一線を画していました。では、なぜ当時のアナン事務総長が企業に協力を求めたのでしょうか？　その背景には、ここでも示してきた人類が直面する課題が深刻さを増してきたという危機感です。

人権も労働も環境も、いままで見てきたように、国連や国際機関、各国政府などが頑張って取り組んできましたが、事態はなかなか改善しない。逆に気候変動などは悪化している。そして、環境問題も人権問題も経済のグローバル化が進み、サプライチェーンが長くなっていくことでより複雑化、深刻化する。こうした活動は、民間企業が担っており、お金も人材も技術も持っているのは企業である。だから課題解決は、もはや公的機関だけではできない。民間の企業の力を借りて解決するしかない。そういう国連側の状況判断がありました。

すでにＳＤＧｓからさかのぼること15年前に、こうしたパートナーシップで地球課題に応えるという枠組みはできていたのです。

これを軌を一にして、当時から世界各地で同時多発的にＣＳＲの動きが強まります。日本では、先述した通り２０００年には雪印の食中毒事件という不祥事があり、これがＣＳＲを広めるきっかけとなりました。同様にアメリカでは、２０００年の大手エネルギー企業エンロン社による不正会計・不正取引による粉飾決算が明るみに出て、企業の社会的責任が広く問われるようになりました。いわゆるエンロン事件です。これが企業倫理への関心を広げるきっかけとなりました。米国の経営は株主中心主義で、ＣＳＲは軽視されがちであるといわれますが、米国社会では影響力の大きいＮＧＯや一部の投資家などが、企業にＣＳＲを働きかけていきます。

一方、欧州では政府主導でCSRがすすめられます。2001年7月に、EUはCSRをEU企業の戦略的課題として取り組むとしたグリーンペーパー(3)が発表しています。EUの経済政策の一環としてEU企業に対するCSRを推進し、CSRでEU企業の競争力を強化し、世界をサステナブルにしていくという戦略です。ちなみにEUは一貫してCSR、脱酸素、サーキュラーエコノミー、そしてコロナ後のニューディールとサステナビリティを経済戦略として推進していきます。

国際的規格づくりで誕生した「行動の7原則」

こうして世界の各地域でCSRは、企業活動の一部として浸透していきます。世界の工場といわれるようになった中国でも外資を呼び込む手段、また、中国企業の競争力強化のためにも、CSRを国家的に推進するようになります。

このように世界各地でCSRが推進されはじめますが、地域によって重要視するテーマは異なります。日本でCSRというと、「環境経営」と「コンプライアンス」が中心だったのですが、欧米、特に欧州では、「労働」と「人権」が重要視されてきたことがあります。

欧州では1990年代以降の高い失業率や移民の社会的排除が地域の荒廃をもたらしたことから、労働者の人権を守ることが、大事な企業の社会責任とされてきました。また、社会的に人権意識の高い欧米では、途上国の児童労働などの人権問題をNGOが問題提起し、企業に働きかけをしてきたという歴史もあります。

2010年には、これら世界各地のCSR活動を集大成したともいえるCSRの国際的ガイダンスである

ＩＳＯ２６０００が２０１０年に発行されました。ＣＳＲ行動の原則として、以下の７つを定めています。

①説明責任
②透明性
③倫理的な行動
④ステークホルダーの利害の尊重
⑤法の支配の尊重
⑥国際行動規範の尊重
⑦人権の尊重

ＣＳＲ活動をする際には、これら７つの原則に沿った目標設定、体制構築と実際の活動が求められます。企業は一部の経営者が暴走しないように、経営の構造、ガバナンス構造を明確にし、意思決定プロセスがわかりやすく、透明性が高く、倫理的に行動することが必要なのです。

ステークホルダーの利害を尊重し、法を守り、透明性の高い形で人権の保護や公正な雇用の確保、環境保全などの課題に取り組み、その取り組みに対して説明責任を果たさなければなりません。そして株主だけではなく、企業を取り巻くさまざまなステークホルダーの利害を尊重することも必要です。株主のために労働者・環境を犠牲にする企業は、ＣＳＲの観点からは望ましくないのです。法規制、国際的行動規範を尊重し（グローバルなルールを尊重し）、企業活動においてかかわる人たちの人権を尊重しつつ企業活動を行う。そして企業が取り組むべき社会課題として、以下の７つをあげています。

①組織統治（ガバナンス）
②人権
③労働慣行
④環境
⑤公正な事業慣行
⑥消費者に関する課題
⑦コミュニティ参画および発展

これらをみていると、ＳＤＧｓの先行バージョンのようにもみえます。逆にいえば、こうしたＣＳＲの知見などがＳＤＧｓの基盤となったともいえるでしょう。つまり、ＳＤＧｓができる前から企業社会においては、ＳＤＧｓに取り組む準備ができていたともいえるかもしれません。

ただし、当時の経済界全体をみると、多くの経営者が本気でＣＳＲを経営課題の中核にしていたという訳ではありませんでした。「人権問題」「環境問題」「社会」には、そういうニーズがあるのはわかっていますが、事業としてどこまで本気でやるのか、利益を犠牲にすることはしたくない、利益を減少させないレベルでちょっとだけ、という腰が引けていた企業が多い状況でした。当時はステークホルダーの声もあまり大きくなかったのです。

しかし、そこにＳＤＧｓが出てきたことで、経営者や従業員の本気度が各段にあがりました。ステークホルダーの声もＳＤＧｓによって企業に届くようになりました。どのくらい本気度が上がっているのか、日本企業の動向を見ていくことにしましょう。

SDGs導入ガイド「SDGsコンパス」

東京財団が２０１３年から東証一部上場企業対象とした企業のＣＳＲアンケートをとっています(4)。それの直近（２０１８年10～12月中旬、実施（２９５社の回答）をみると、企業が重点的に取り組んでいる社会課題について、「製品サービスを通じて取り組む」企業が41％、「事業プロセスを通じて取り組む」企業は40％で、「社会貢献活動として取り組んでいる」というのは19％となっています。つまり、企業活動そのもので社会課題に貢献するという経営姿勢が、より明確になってきています。

その取り組み方ですが、全体としては72％が目標設定をして取り組んでいる。つまり、漫然とやっているわけではないことがわかります。特に、気候変動の場合は79％、ジェンダーは77％が目標設定をしています。

しかし、企業内部でこっそり目標設定していても外部からはよくわかりません。目標設定している企業の77％が、それらを公表しています。また、68％は取り組みの成果を評価しています。ＩＳＯ２６０００でも示したＣＳＲの原則には透明性の確保と情報開示があり、こうした透明性を保つ姿勢は評価できます。

ところが、開示したとしても、企業活動にプラスの影響がなければ、企業として活動を続けるのはむずかしいことなのです。一番気になるのは、果たして企業に何らかの効果があったのか、ということですが、実に86％について効果があったとしています。具体的な効果としては、イメージアップ、製品・サービスや技術力向上、人材育成や人材確保などが主要な効果としてあげられています。

こうしたＣＳＲ活動に、ＳＤＧｓは活用されているのでしょうか？　全体の64％が活用していると答えています。特に、目標を設定している企業にかぎると、８割以上が活用しています。そこで最も多い活用方法は社外への情報発信ツールとしてです。ということは、社外のステークホルダーがＳＤＧｓを知らないと、やっても大して効果がないということになります。逆にいえば、ステークホルダーがＳＤＧｓを理解することが企業の取り組みをさらに推進することにもつながります。

このことは、別な調査でも明らかです。環境省の研究所である公益財団法人地球環境戦略研究機関（ＩＧＥＳ）と国連グローバル・コンパクト（ＵＮＧＣ）は共同で、２０１６年より毎年企業のＳＤＧｓの取り組みを調査しています。２０２０年3月に公表された報告書(5)によると、回答企業のＳＤＧｓの取り組みが進展した要因として「世間の認知度の高まり」は、２０１７年の37％から、２０１９年65％に大幅に上昇しています。また、「トップの意識の変化」も21％から51％へ上がっています。

トップの意識が上がった背景には、トップがＳＤＧｓを良く知るようになったということがあります。トップのＳＤＧｓの認知度は、２０１５年の20％から２０１９年は77％へと急上昇。一方で、中間管理職の認知度は33％で、従業員は21％です。こういう新しい風を察知して経営判断に生かすことは、重要な経営者の役割です。

管理職や従業員の認知度が低いのは、現場で毎日数字を追っかけていたり、作業にいそしんでいると毎日の業務とはちょっと離れたことまで考えている暇がない、ということがあります。また、業務と関連ないことをやる意味がわからない、というのもあるでしょう。これは日本だけでなく世界共通の課題になっています。

では、いまの企業の取り組みはどういう段階にあるのでしょうか？　ＳＤＧｓを経営に導入する際のガイドである「ＳＤＧｓコンパス」では、取り組みを「5つのステップ」に分解しています。第1が「ＳＤＧｓを理解する」。第2が「自社にとっての優先課題を決定する」。ステップ3が「目標を設定する」。ステップ4が「経営へ統合する」。ステップ5が「報告とコミュニケーション」です。

この進捗をみると２０１６年は、「ステップ１」が54％、「ステップ２」が22％、「ステップ３」が11％　、「ステップ４」が９％、「ステップ５」が４％でした。２０１９年には「ステップ１」は19％へ、「ステップ２」が26％、「ステップ３」が26％、「ステップ４」が15％、「ステップ５」が14％となりました。

つまり、最初の若葉マーク「ステップ１」は、半分以上から２割まで減り、次のステップの優先課題を決めたり、目標を設定する次の段階が26％と増えています。また、「経営へ統合し、報告する」企業が14〜15％まで増えているという状況です。特に「ステップ５」のコミュニケーションが４％から14％まで増えているのは、心強いです。というのも、企業がどのような取り組みをしているのかという情報発信が増えることになるためです。

特にコロナ禍の中では社会から企業の社会的意義がより強く問われるようになりますし、企業の経営者自身も自社が取り組める社会的課題とは何か？　を強く意識するようになっていくと思われます。なぜなら、それがまさにビジネスチャンスだからです。先に述べた不足していた医療用資材（マスクや防護服、消毒液など）の生産に、自動車メーカーや家電メーカー、酒造メーカーなどが相次いで参入しているのも、その表れでしょう。「自分たちは自動車や家電をつくっていればいい」ではなくて、自分たちのリソースを課題解決のためにいかに活用するか、という柔軟な経営の発想が広がりつつあります。

コロナ禍当初、医療用品が喫緊の社会課題でしたが、これからコロナが長期化してウィズコロナの生活が定着するにつれ、想像しなかったようなさまざまな問題が生じていくと思われます。そうした課題に対して異業種であったとしても、自社のノウハウで提供できるのであれば参入していく、というすばやい経営の発想がますます重要になっていくでしょう。

産業界「経団連」の取り組み姿勢とは？

産業界の代表といえば一般社団法人日本経済団体連合会（経団連）がありますが、ＳＤＧｓに関してはどのような姿勢なのでしょうか。経団連は１９９１年にＣＳＲ活動について規定する企業行動憲章を策定し、その後、状況に合わせて改訂していますが、２０１７年には第５回の改定を行い、ＳＤＧｓ達成を活動の柱にすえました。その改定の前文には、以下の記載があります。

〈企業行動憲章の改定にあたって(6)〉

経団連では、「Society 5.0 の実現、そしてＳＤＧｓ（持続可能な開発目標）の達成へ」を掲げました。しかし、かねてより「公正かつ自由な市場経済の下、民主導による豊かで活力ある社会を実現するためには、企業が高い倫理観と責任感をもって行動し、社会から信頼と共感を得る必要がある」と提唱した歴史があります。

そのため１９９１年に企業行動憲章を制定し、企業の責任ある行動原則を定めています。その経緯を今回の改訂で以下のようにまとめています。

……一方、国際社会では、「ビジネスと人権に関する指導原則」（２０１１年）や「パリ協定」（２０１５年）が採択され、企業にも社会の一員として社会的課題の解決に向けて積極的に取り組むように促している。また、２０１５年に国連で、持続可能な社会の実現に向けた国際統一目標である「ＳＤＧｓ（持続可能な開発目標）」が採択され、その達成に向けて、民間セクターの創造性とイノベーションの発揮が求められている。

そうした中、経団連では、ＩｏＴ、ＡＩ、ロボットなどの革新技術を最大限活用して人々の暮らしや社会全体を最適化した未来社会「Society 5.0」の実現を目指している。この未来社会では、経済成長と健康・医療、農業・食料、環境・気候変動、エネルギー、安全・防災、人やジェンダーの平等などの社会的課題の解決が両立し、一人ひとりが快適で活力に満ちた生活ができる社会が実現する。こうした未来の創造は、国連で掲げられたＳＤＧｓの理念とも軌を一にするものである。

そこで、今般、経団連では、「Society 5.0」の実現を通じたＳＤＧｓの達成を柱として企業行動憲章を改定する。会員企業は、**持続可能な社会の実現が企業の発展の基盤であることを認識し、広く社会に有用で新たな付加価値および雇用の創造、ＥＳＧ（環境・社会・ガバナンス）に配慮した経営の推進により、社会的責任への取り組みを進める。**

また、自社のみならず、グループ企業、サプライチェーンに対しても行動変革を促すとともに、多様な組織との協働を通じて、Society 5.0 の実現、ＳＤＧｓの達成に向けて行動する（太字は筆者）。

全会員企業がそのまま１００％実施できるかどうかはむずかしいとは思いますが、日本の経済界をリードする経営団体が、こうした宣言をすることは元気づけられる記載です。逆にいえば、経済界自らがＳＤＧｓを経営に取り込んで、未来を創っていくと宣言していること自体を、私たちが知って、もっと活用すべきことだと思います。市民団体からの働きかけではなく、経済団体自らが発言している、ということの重みを知ってステークホルダーとして活用すべきでしょう。

また、２０１８年3月には、一般社団法人全国銀行協会が行動憲章を改定し、第一条の「銀行の公的使命」の中に、ＳＤＧｓ達成に向けた取り組みの重要性についての説明とすべきことを新たに加えています。また、日本証券業協会も、同じく3月にＳＤＧ宣言を公表しています。宣言文を見てみましょう。

「ＳＤＧｓ宣言」をした日本証券業協会

日本証券業協会は、国際連合が提唱する国際社会全体の目標であるＳＤＧｓの達成に貢献するとともに、証券業自らも持続的な成長を目指し、次の通り「ＳＤＧｓ宣言」をしています。

①貧困、飢餓をなくし地球環境を守る取組み

証券市場が有する資金調達・供給機能等を通じて、社会課題の解決を目指します。

②働き方改革そして女性活躍支援を図る取組み

ワーク・ライフ・バランスの推進等を通じて、働きがいのある職場づくりを目指します。

③社会的弱者への教育支援に関する取組み

様々な環境に置かれている子ども達への支援等を通じて、あらゆる機会を平等に与えられる社会の実現を目指します。

④ＳＤＧｓの認知度及び理解度の向上に関する取組み

本協会及び会員証券会社の役職員のＳＤＧｓに関する当事者意識を高めるとともに、国内外における

SDGsに対する認知度及び理解度の向上を目指します。

ここで日本証券業協会の「SDGs宣言」を掲載したのには理由があります。私は証券業界に長年、お世話になったのでわかるのですが、世間から証券業界は「株屋」といわれ、えげつなく金儲けをする業界と思われがちです。また、お客さまの資金運用や資金調達をサポートする「金儲け」が仕事であり、その足を引っ張りそうな「社会貢献活動や環境対応」は、仕事の邪魔くらいの認識が大きかったのです。

そういう証券業界で最も縁が遠いような「貧困」「働き方改革」「弱者支援」などに正面から取り組むと宣言させるほどSDGsという仕組みはパワフルなんだと感動しました。実際に、日本証券協会のSDGsの委員会活動を通じて、ほかの証券会社の方たちとご一緒する機会が増えましたが、誰もが人として良いことをしたい、という思いがあると、強く感じたのです。

しかし、福祉団体ならともかく、証券会社の場合は表だって良いことを仕事にしているとは、いままで公言しづらかった。でも、SDGsで胸を張って仕事ができるということに、業界ではとても新鮮な喜びを感じている雰囲気が広がっています。これがSDGsという枠組みの魅力だと思います。

さらに、SDGsのゴール17のサステナブルな資金の流れをつくる際に、証券業界の果たす役割は小さくありません。具体的にはSDGsを達成する事業のみに資金が使われることを投資家に約束する、SDGs債などが注目されています。

このようにSDGsは産業界、金融界を変えつつあります。それは業界としての表の発言だけでなく、そこで働く人たち個人個人の良心を突き動かす力もあるのでしょう。

情報開示がCSR活動には不可欠

企業の情報開示も、CSR活動の深化には不可欠です。CSRの情報開示は2000年ごろから、CSR活動の推進とセットではじまっています。初期の情報開示は、CSR情報を必要とする社会全体多くのステークホルダー向けの全方位情報開示からはじまりました。この場合のステークホルダーとは、企業が直接ビジネス上の取引をしない人たちも含むので当時としては、画期的なことでした。

たとえば、工場の周辺のコミュニティとか、その企業が使う原材料の採掘現場や、農場で働く人や、その家族などもです。環境問題の深刻化からすると、地球環境自体が最大のステークホルダーともいえます。こうした異なるステークホルダー向けにわかりやすい情報を発信しなければなりません。

グローバル企業が「サステナビリティ情報」公開

さまざまなニーズの異なるステークホルダー向けに、どのような情報発信をすべきなのか。

企業の積極的な取り組みを求める市民社会からの要請を受け、1997年にマルチステークホルダーによるサステナビリティ情報開示のフレームワークの策定が、国際NGO GRI（Global Reporting Initiative）によってはじまりました。

報告書を作成する企業に加え、ステークホルダーであるNGOや消費者、研究者、機関投資家、労働組合、コンサルタントや監査法人などの合議によってCSR、企業のサステナビリティに対する取り組みを開示する枠組みの策定が行われ、2000年にGRIガイドラインができ、広く活用されるようになりました。しかし、全方位で焦点が定まらない、良く理解できないという批判もあって、その後、マルチステークホルダー向けとはいえ、主に株主に焦点をあてるように改定を重ねて、2016年には新版の「GRIスタンダード」が発表されています。

GRIのフレームワーク、ISO26000やSDGsとも連携をとっており、ISO26000の活動報告やSDGsの達成度合いの評価などにも活用できるように工夫されています。

現在、世界の大手企業の上位250社のうち93%は、何らかのサステナビリティ情報を開示していますが[(7)]、ほとんどの企業はこの「GRIスタンダード」を活用しており、金融情報提供機関は投資家向けにこれらを利用するに至っています。なお、日本でも2003年に環境省が「環境報告書ガイドライン」を策定し、その後、環境だけでない社会性への開示も含める、中小企業にも利用できるようにするなどの改定を行なっています。

マルチステークホルダーによる合意形成

私はGRIが結成された1997年以降、2000年の初版作成過程に関与しました。アメリカでの会議にも参加しましたが、グリーンピースなどのNGOやGMなどの大手企業、それに研究者やコンサルタントなど、マルチステークホルダーが一堂に会して議論するという、稀有な場でした。

多くの議論はすれ違っていて、こんなことでガイドラインが策定できるのか？　ハラハラしましたが無事にまとまったものを見て、国際社会の多様な参加者の合意形成のあり方に感銘を受けました。また、ステークホルダーごとの明らかなスタンスの違いも印象深いものでした。

彼らの活動目的がまったく真逆だったりするのですが、それでも合意に達せることはすごいことです。それ以降、ＧＲＩはサステナビリティ情報という新たな分野の成長をけん引してきています。

ＧＲＩは市民社会の要請ではじまり、広がっていきました。企業も当初はＣＳＲ報告書やサステナビリティ報告書を作成するのは市民社会のニーズに応えるとして、広報的な目的で報告書を策定してきました。しかし、２０１０年代になると、ＥＳＧ投融資を行う金融機関や投資家からの情報開示ニーズが高まります。

投資家はサステナビリティ情報だけでなく、知財情報などを含めた非財務情報開示の枠組みを求めるようになります。２０１３年には国際統合報告評議会（ＩＩＲＣ）が「国際統合報告フレームワーク」を公表しました。

統合報告とは、ＣＳＲやサステナビリティ報告書がＮＧＯなどのステークホルダーのニーズに応えて、環境保全や人権保護などの「良い取り組み」の報告するものと、財務数字も駆使しながら、それらの「良い取り組み」が経営戦略上の企業価値に関してどのような意味があるのかを説明する報告内容になっています。

また、米国の「サステナビリティ・アカウンティング・スタンダード・ボード（ＳＡＳＢ／Sustainability Accounting Standards Board)」は、79の業界ごとに定めた「ＳＡＳＢスタンダード」を２０１７年10月に公開しました。多くの企業の情報開示に利用されるようになっています。いずれのフレームワークもまだ、はじまった段階です。ＥＳＧ投資家が増えていることから、彼らのニーズに応えるべく進化していくと期待されます。

「気候変動は経済リスク」という新たな局面

実際、金融のメインストリームからも企業の開示を強力に進める動きが出てきました。ＴＣＦＤ（気候関連財務情報開示タスクフォース／Task Force on Climate-related Financial Disclosures）です。世界の主要な中央銀行や金融監督当局などが参加し、世界の金融の安定化に取り組む「ＦＳＢ（金融安定理事会／Financial Stability Board）」が２０１５年に「気候変動情報は、もはや財務情報として重要だから、財務情報となる気候変動情報開示の枠組みを策定する」として、２０１７年末に気候変動情報開示の枠組み「ＴＣＦＤガイドライン」を策定しました。

これは、気候変動がさまざまな経済リスクを生むのに金融判断や取引にその情報が反映されていないという問題意識に基づきます。たとえば、台風や防雨風で川沿いや海沿いの施設が水没などで大きな被害を受けることが増えています。

洪水にあいやすい低い土地かどうかは、資産評価において重要になっていますが、それが公開企業の財務情報では開示する仕組みがないのです。

また、脱炭素社会を進めていくためには、化石燃料を減らします。となると石炭会社などは収益機会が減るし、石炭発電を行なっている電力会社の収益も厳しくなるでしょう。

ＴＣＦＤでは、こうした気候変動のリスクを企業がどのように認識し、戦略を立てているのか、具体的にどのようなリスクやビジネスチャンスがあるのかの情報も開示することを求めています。このＴＣＦＤには、２０１９年末で９３０以上の機関が賛同を示しています。これは10年ほど前には、「まったく違う」とされてきた財務情報と非財務情報の垣根がなくなることを意味します。

なお、TCFDは気候変動情報に関する開示の枠組みですが、コロナ禍の中で従業員の扱いや働き方や低賃金とされてきた食品産業や清掃業の人たちの重要性にも、注目が集まっています。これからは労働者や人権についても同様の開示の要求が増えてくると思われます。それはSDGsの達成を伴奏することになります。

これは企業側からすると、SDGsに取り組む意義とやりがいが増えることになります。また英国は、TCFDのフレームワークを生物多様性にも広げることを主張しはじめました。

実際に非財務情報を開示する企業は増えてきています。環境省の調査(8)によると、2017年度に環境報告書を作成・公表している企業は8割以上にのぼりました。企業が環境経営に熱心だということを示しています。

一方で、KPMGジャパンの統合報告に関する調査(9)では、東証一部上場企業477社が2019年に統合報告を発行しています。その時価総額に占める発行企業の割合は、66%になりました。これはSDGsが示すサステナビリティ活動が企業の傍流ではなく本業として大事だと考える経営者が増えていることを示しています。

先に大手企業の8割近い経営者がSDGsを理解しているというアンケート結果を紹介しましたが、経営者の理解が進むことで企業の取り組み事例と開示が増えていきますから、私たちステークホルダーがしっかり受け止めて、こうした企業の取り組みを評価する努力をすることが肝要です。

「株主と経営者」は「オーナーと雇われシェフ」

ここまで企業経営が変わり、企業の情報開示も変わりつつあるということを述べました。その変化をうながしているのは、企業経営者だけではありません。金融、とりわけ投資家、株主の働きがとても大きいのです。企業と株主の間には、切っても切れない縁があります。株式会社の場合、株主が会社を所有していることになります。

経営者はその株主の委託を受けて、会社の業務を執行する人です。この関係がなかなか日本では理解されることがなく、会社は社長や従業員のもの、というイメージがまだまだ強いようなのです。しかし、本当は違うのです。

私はよく株主と経営者の関係を「レストランのオーナー」と「雇われシェフ」にたとえます。ある場所にイタリアンレストランを開いたら流行ると思った資産家のオーナーは、資金を拠出し、物件を用意することはできます。でも、料理はできない。であればプロのシェフを雇い、運営を任せます。（雇われ）シェフは具体的なメニューを決め、ウェイターやソムリエを雇い、レストランを運営します。

オーナー（＝株主）は細かいメニューや営業時間、食器や店内のインテリアなどはシェフに任せますが、年に1度の決算では、シェフ（＝社長）からの業務報告決算報告を受けて、最終的な利益から自分の取り分をとります。業績が悪ければ、オーナーはシェフをやめさせて別なシェフを雇うこともできます。これが、「株主」と「経営者」の基本的な関係です。株主総会は、会社の最高意思決定機関です。株主は1年間の経営者の業績を評価して、誰に次年度の経営を任せるかを決める権利があります。

会社は株主が所有していますが、業務執行の決定権は株主が指名した経営者に委託されています。そして会社には多くの関係者、ステークホルダーがいます。レストランであれば、お客様、ウェイターなどの従業員、食材やカトラリーの仕入れ先。水道光熱費の支払先の自治体や電力会社やガス会社、ゴミ処理業者。また、商店街のつきあい先などです。ですからシェフは、客あしらいがうまい従業員を雇い、お客様が満足する料理をつくるため、労働条件を整え良い仕入れ先を選び、地域の商店街との関係も保つように努力します。

このレストランが儲かるかどうかは、シェフの料理の腕もポイントですが、ステークホルダーの働きも多大に影響しています。株主の関心事は、レストランがちゃんと儲かるのかですが、おいしさやお店の感じの良さなど、お店の評判なども気になるからです。

株主が変わりつつある

20世紀型の資本主義を前提にすれば、オーナーは自分の利益を得るためにレストランをやっているので、シェフにはなるべく利益が出るような運営を要求するでしょう。売上を手っ取り早く上げるために、インテリアや料理は名産を銘打ったインスタ映えする工夫をしたとしても、食材は安全性や新鮮さを犠牲にしてコスト優先。ウェイターへの支払いもなるべく抑え、長時間働かせる。短期的には、おしゃれな料理を出せばお客様は来店するかもしれませんが、おいしさより儲けを優先すれば中長期的にお客様は離れていきます。観光地の一見さん相手の店には、この手の店があるように思います。2度と来ないお客様からは多少ぼってもよい、みたいな発想の店ですが、手っ取り早く利益が出て利益率は高いわけです。

いままで世界の株主は、そういうお店の方を評価してきたとされてきました。しかし、長年地元に愛されているお店にこういうことはないでしょう。採算度外視してもよい食材を丁寧に調理して、ウェイターが高給だとしても、みんなに愛される客あしらいの上手な人を使うでしょう。地元のお客様が、そういうお店を愛用して盛り立ててくれますが、利益率は低い。

私がこのCHAPTER4の前半で説明してきた企業の変化とは、一見さん相手の店から、地元に愛される店に変容しようとしている変化です。そしてそれを株主も後押ししています。つまり、一見さん相手に派手な見栄えにしていれば、観光客が黙っていても来るので、短期的に利益を上げるから株主に短期的には利益をもたらす。でも、料理の満足度が低いから評判は落ちる。待遇が悪いから従業員が定着しない。仕入れ先も値段を値切れば良質な食材が来ない。

また、毎日出るごみの処理もいい加減で、ごみ処理業者に嫌がられる。商店街のイベントにも参加しないので、商店街からも嫌われる。そういうケチケチ路線で利益をひねり出していたとしたら……。つまり、お客様に従業員にも、仕入れ先にも、株主以外のステークホルダーの満足度が低い。いままでの株主は、それでも儲かるからそれでもOKだったのです。また、従業員の待遇とかゴミの出し方などは気にしませんでした。儲かれば何でもよい、と思っていました。

しかし、最近はそんな店のオーナーになって儲けたとしても誰も喜んでくれないのでは？　逆に短期的にあまり利益が出なくても地域に愛され、従業員も仕入れ先も喜ぶような店のオーナーになったほうが自分も満足だ。なぜならそのほうが周りにも感謝されて、自分も鼻が高いし、そういう営業のほうがお店は地域の名店として長続き、長期的には利益もそこそこ出るだろう。経営者も株主もそのように考えを変え、そういう長期的な店舗運営をするようにシェフに要請するようになっているのです。

ＳＤＧｓがトリガーとなった日本のＥＳＧ投資

これを上場企業投資に置きかえると、株主が企業評価をする際には従来の金銭的な収益性や成長性、安定性などの判断軸に加えてＥＳＧの要素、つまり、環境面での対応（Ｅ）や人権など社会的な配慮（Ｓ）、そして透明性の高いガバナンスの仕組み（Ｇ）も評価して投資をすることになります。

こうした投資の考え方をＥＳＧ投資と呼びます[10]。世界的には、今世紀初頭から新たな投資として注目されてきました。日本では、ＳＤＧｓが契機となり、急速に注目度が高まり、市場が急拡大しています。「Global Sustainable Investment Alliance」の調査によると世界全体では２０１８年段階で、３３００兆円規模になっています[11]。

これはどのレベルかというと、すでに欧州では機関投資家が運用する資産の5割弱、アメリカでも4分の1、日本でも2割を占めています。カナダやオセアニアでは、半分以上です。すでに「デファクト」標準になりつつあります。ＥＳＧ投資家には、先ほどのＴＣＦＤのような非財務データの開示が必要になります。

このＥＳＧ投資拡大の原動力が、２００６年に発足したＥＳＧ投資の世界的なプラットフォーム「責任投資原則（ＰＲＩ／Principles for Responsible Investment 社会投資原則）」です。主に長期的な運用を手がける欧米の公的年金が中心になって策定したものです。企業のＣＳＲを進めるなら、そういう側面に注目した投資も増やさなければいけない。また、公的年金のような長期投資家は、短期的利益よりもずっと持続的に成長する企業を投資対象とします。

私たち働き手が引退したときまでの長期の資金の運用するのですから、20年後、30年後にも持続的に収益

世界のサステナブル投資市場は投資の主流に

（10億ドル）

	2016年	2018年	
	残高	残高	2016-2018の増加率
欧州	12,040	14,075	17%
米国	8,723	11,995	38%
日本	474	2,180	360%
カナダ	1,086	1,699	56%
オセアニア	516	734	42%
合計	22,890	30,683	34%

・2018年の世界のサステナブル投資市場残高は30兆ドル（3,300兆円）。
・地域シェアでは欧州46%、米国39%についで日本7%は3位に浮上。
・総運用資産に占める比率はおおむね増加傾向で、2割弱〜6割。
・2014-2018年の市場の年平均伸び率は日本が308%と突出している。

（注）2016年の値は2016年末の為替レートで換算。2018年の値は2017年レートで換算。日本は2018年3月末のレートで換算。
（出所）Global Susainable Investment Alliance“2018 GLOBAL SUSTAINABLE INVESTMENT REVIEW”より大和総研作成

（10億ドル）

	市場残高							地域ごとのシェア	
	2014年		2016年		2018年		伸び率 2014-2018年平均	2018年残高※	地域別シェア
	残高	総運用残高に占めるシェア	残高	総運用残高に占めるシェア	残高	総運用残高に占めるシェア			
欧州	£9,885	58.8%	£11,045	52.6%	£12,306	48.8%	6%	$14,075	46%
米国	$6,572	17.9%	$8,723	21.6%	$11,995	25.7%	16%	$11,995	39%
日本	¥840	―	¥57,056	3.4%	¥231,952	18.3%	308%	$2,180	7%
カナダ	$1,011	31.3%	$1,505	37.8%	$2,132	50.6%	21%	$1,699	6%
オセアニア	$203	16.6%	$707	50.6%	$1,033	63.2%	50%	$734	2%
合計								$30,683	100%

（注）※2017/12/31時点の為替で米ドル換算。ただし日本は2018/3/31の値を使用
（出所）Global Susainable Investment Alliance“2018 GLOBAL SUSTAINABLE INVESTMENT REVIEW”より大和総研総研作成
（出所）大和総研 河口真理子レジメより作成

図表4-1 世界のサステナブル投資市場は30兆ドル（3300兆円）の規模へ

PRIが加速するEGS投資市場の成長

■世界のESG投資市場を束ねるプラットフォームとして、2006年にPRI（Principles　for Responsible Inverstment.／責任投資原則）が発足。

■署名機関は、リーマン・ショック後も順調に拡大。最近は新興国でも署名が増加。署名機関は3159（資産所有者は536、運用会社2283、サービス会社348機関に、日本は82機関）（23、49、10）（2020年6月21日現在）。

■PRI署名機関が運用において、ESGを考慮する割合は、55%（2017）→59%（2018）→62%（2019）へ。
（出所）PRI Annual Report2018、2019

■資産所有者の96%は、ESGに関するミッションや方針を持っている。（出所）PRI “Annual Report2019”

■ESGとパフォーマンスに関する1970年からの2000以上の論文のうち、63%がプラスの関連性、10%がマイナスの関連性を報告。（出所）PRI“ A Blue Print Responsible Investment”

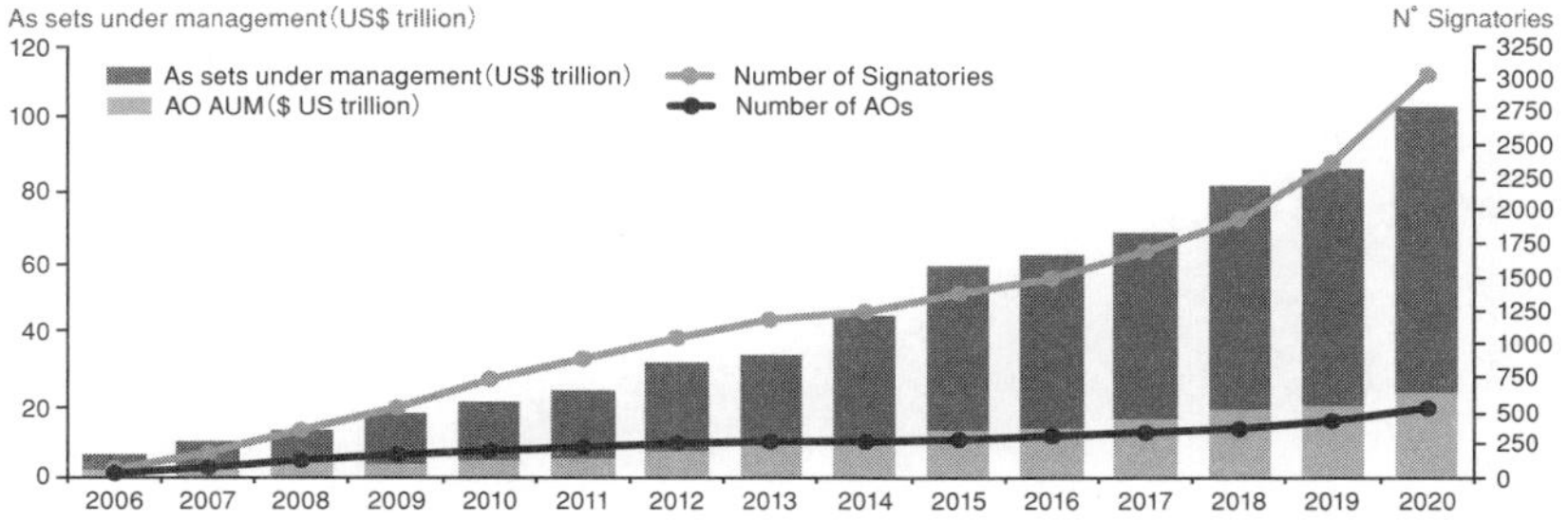

（出所）PRIウェブサイトより

図表4-2 PRIが加速するESG投資市場の成長

を生み出さなければいけない。１、２年高い利益を上げても20年後に消滅している企業でなく、利益はそこまで高くなくても持続的に利益を生み出し、じわじわと成長する企業が投資対象です。

つまり、ステークホルダーに愛され、支持され、社会から必要とされる企業です。そういう企業を選ぶ手段としては財務データではなく、ＥＳＧの要素が重要です。こうした哲学にもとづいて生まれたＰＲＩは、ＥＳＧ投資が投資家の利益にも社会の利益にもなるとして、ＥＳＧ投資を積極的に行うという６原則(12)を定めており、賛同する投資家に署名を求めますが、この署名投資家は発足後順調に増えています。

最近では毎月新たにに50程度の機関が署名し、すでに世界で３０００以上の機関（年金基金などの資産所有者、運用会社、金融情報提供会社）が署名しています。もうすでに当たり前の投資手法なのです。

環境や社会配慮は経営コストではなく企業価値

最近の経済金融報道ではＥＳＧ投資という言葉を見ない日はないくらい、金融業界では一般的になりましたが、まだ一般にはあまり知名度は高くないようです。

日本市場に関しては、私が共同代表理事を務める日本サステナブル投資フォーラム（ＪＳＩＦ）ではＰＲＩ署名金融機関を中心に、ＥＳＧ投資家にアンケートを行なっています。それによると２０１９年の日本のＥＳＧ投資市場は３３６兆円で、２０１５年から４年で12倍に急拡大しました。

世界ではＰＲＩの発足と同時に２００６年から拡大しはじめたＥＳＧ投資市場ですが、日本で火がついたのは、ＳＤＧｓの年である２０１５年です。ほぼ10年遅れで火がついたので、過去４年で12倍という急成長で世界に追いつきつつあります。なぜ、日本は10年も遅れてしまったのか。

それは、世界最大といわれる私たちの年金、ＧＰＩＦがずっとＥＳＧ投資に否定的だったからです。環境や社会的配慮は、企業経営にとってのコストであるという発想が根強く、ＥＳＧ投資は社会的に良いことかもしれないが、年金受給者のための運用益を犠牲にする可能性があるという考えが根強かったためです。

それが変わるのは、２０１５年です。述べてきたように、企業が環境や社会配慮を経営のコストではなく、競争力に値する企業価値の源泉と位置づけるようになったことが大きい。そのためＥＳＧを考慮する投資のほうが運用パフォーマンスが高い可能性があるということが常識となってきました。ＰＲＩもＥＳＧ投資を考慮するほうがパフォーマンスを上げる可能性があるとしています。しかし、日本の金融業界は、古い常識が支配していたのです。

なぜ、日本はそんなに遅れたのかと聞かれますが、「日本が引き続き鎖国してるのではないか」、と思うことがあります。

特にＥＳＧに関しては、世界と日本の発想の違いが大きすぎました。その要因の一つは、日本人は日本語しか読まないので、英語で世界の最先端の情報をとるという発想がないのではないかという仮説を持っています。脱炭素再生可能エネルギー導入に際しても同様な状況でした。

そう考えないと説明がつきません。しかし、黒船がやってきて２０１５年大きな変化が現れます。ＧＰＩＦがＰＲＩに署名したのです。この経緯については、私が２０１５年10月2日大和総研時代に書いたコラムを紹介します。

ここで、地殻変動を起こす予言をしましたが、まさに4年で市場規模が12倍という地殻変動が起きました。ここでＥＳＧ投資の歴史についても述べているので参考にしてください。

ＧＰＩＦの国連責任投資原則（ＰＲＩ）署名のインパクト

9月28日、日本の資産運用業界に大きな影響を与えるニュースが飛び込んできた。年金積立金管理運用独立行政法人（ＧＰＩＦ）による国連責任投資原則（ＰＲＩ）への署名である（※１）。あいにく29日の日経平均１万７０００円割れを含め世界的な株安のニュースで運用現場ではまだそれほど注目されていないが、日本の運用業界の地殻変動をもたらすものと考える。

ＰＲＩとは２００６年に国連の主導で発足したＥＳＧ投資の世界的なプラットフォームで、２０１５年９月30日現在で１３９４機関が署名している。署名するのは、ＧＰＩＦをはじめとした年金基金などの資産所有者（２８９機関）、その運用を手がける運用機関（９１６機関）とサービス提供機関（１８９機関）で、署名機関は、投資プロセスにおいて財務情報に加えて、環境（Ｅ）、社会（Ｓ）、コーポレート・ガバナンス（Ｇ）を考慮することなどが求められる。

実は以前から、環境や人権に配慮する投資は社会的責任投資（ＳＲＩ）と称されてきた。このＳＲＩは、１９２０年代に米国のキリスト教会の資産運用の際、アルコールなど教義にはずれる事業を投資対象から排除したことからはじまる。その後、反戦や公民権運動など社会運動の一環として、株主行動として企業に、社会的な対応を求めるようになった。

つまり、ＳＲＩとは投資リターンではなく、投資家の宗教的・社会的な価値観を反映させた投資と理解されてきた。これに対しＥＳＧ投資は、投資パフォーマンスを上げる手段として、ＥＳＧ要因を考慮するものである（※2）。GPIFでも署名の理由を「投資先企業におけるESG（環境・社会・ガバナンス）を適切に考慮することは……『被保険者のために中長期的な投資リターンの拡大を図る』ための基礎となる『企業価値の向上や持続的成長』に資するものと考える」（※3）としている。

ESGを考慮することが、なぜリターン向上につながるのか？　短期的な運用においては毎日の相場動向や短期的な業績動向が株価の重大な変動要因とされるが、長期的な運用の場合は短期的な業績動向では十分ではなく、10年先、20年先を見据えた人材戦略や研究開発戦略、環境戦略など数字に表れない定性的な要素も不可欠となる。

実際に、ESG要因と株価リターンの相関性を示す調査分析は増えている。参考までに当社でも企業のCO_2排出量、独立取締役数、女性活躍などと株式リターンとの正の相関関係を示す分析レポートを出している（※4）。そして投資家がESG情報を重視すれば、企業もESGの取り組みを促進するインセンティブになる。

それは、まわりにまわって、社会全体の環境保全や人権配慮などを向上させると期待され、それは国民の大事な資金を預かって運用する公的年金の果たすべき社会的責任とも理解されている。

なおこの署名は、GPIFの運用を変えるだけではない。GPIFは運用受託機関に対して、PRI署名とその活動について報告を求め、署名していない場合はその理由を求めるとしている。つまり、GPIFの運用受託機関は、正当な理由がない限りPRIに署名し、ESG投資を手がけざるを得ない。

さらに、GPIFは、他の公的年金や企業年金のベンチマークでもある。同様の動きは他の年金基金にも早晩広がると予想され、ESG調査がどの運用機関でも標準装備になる日も近いはずだ。

ESG投資の世界シェアが1%にも満たない日本では実感できないが、GPIFによるPRI署名

日本にEGS投資市場：2015年→2019年で12倍に増加

19年調査のサステナブル投資残高は、前年比45％増の336兆円に。
2015年の27兆円から12倍強に急拡大。
運用資産総額に占める割合は56％に拡大。→運用資産の半分以上がESG投資を行なっている。

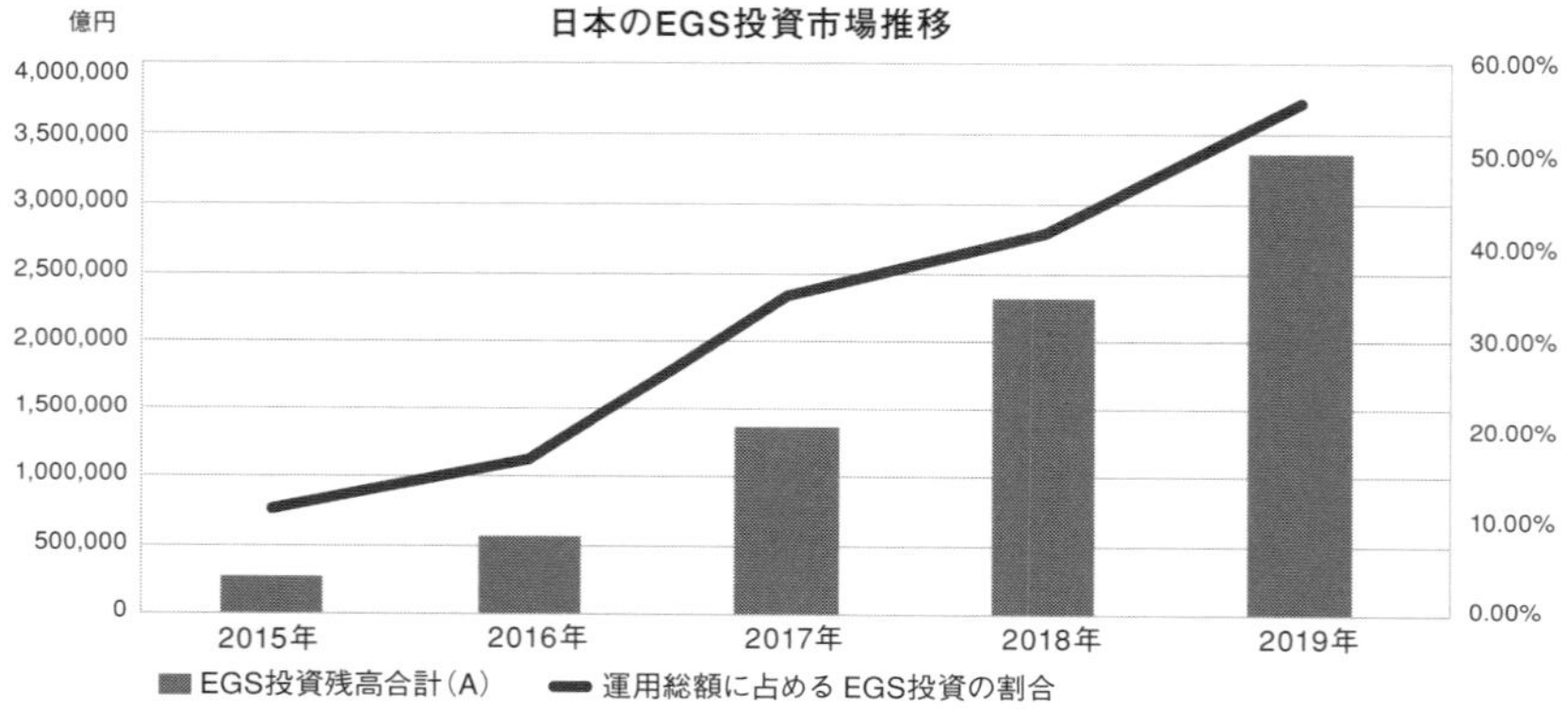

（出所）大和総研 河口真理子レジメより作成

図表4-3 日本のESG投資市場

が世界にもたらす波及効果は計り知れない。

安倍首相は9月27日、ニューヨークの国連サミットのスピーチの中で、貧困撲滅や気候変動問題への積極的関与とともに、GPIFがPRIに署名し、そしてそれが持続可能な開発の実現に貢献する、と表明した（※5）。世界が日本の貢献に注目しているのである。

（※1）年金積立金管理運用独立行政法人 プレスリリース「国連責任投資原則への署名について」平成27年9月28日

（※2）ESG投資の概要については、以下にくわしく論じている。「ESG投資」（2014年6月4日、河口真理子）

（※3）脚注の1に同じ。

（※4）「CO_2排出量の動向と企業パフォーマンス（2015年7月17日、伊藤正晴）「ESGポートフォリオのリターン分析②」（2015年3月11日、伊藤正晴）「ESGポートフォリオのリターン分析

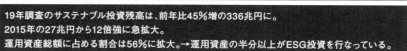

①」（2015年2月6日、伊藤正晴）

（※5）首相官邸「持続可能な開発のための 2030アジェンダを採択する国連サミット 安倍総理大臣ステートメント」 2015年9月27日「大和総研グループ／レポート・コラム」より

ESG投資と相性の良いSDGs

繰り返しになりますが、ESG投資とは、短期的な財務的利益の最大化で投資判断するのではなく、従業員、地球環境、サプライチェーンの満足も考えた事業活動をしているかどうかも判断して投資します。短期的にそういう企業は、環境保全や従業員にかけるコストが高くなるので、株主への利益はその分、少なくなるかもしれません。

しかし、そういう企業のほうが従業員、地域社会、取引先、お客様などステークホルダーに支持され、長期的に収益を生むことが期待されます。それは理解されたとしても、ESGは、抽象的な概念でもあります。環境問題といっても気候変動からプラスチックごみ、生物多様性など多様です。社会課題も人権問題、女性活躍、地域共生など、こちらも多様です。このように投資家は独自に重要と考えるESGの課題を選び、それを評価する仕組みをつくってきました。環境なら気候変動と水資源、社会性は女性活躍を評価するなどです。

ここにＳＤＧｓが出てきたのです。

これは、世界全体が着目する環境と社会課題のリストともいえます。日本の高齢化のようにカバーされていない問題もあるとされますが、ほぼ世界が直面する社会課題のフルリストであり、世界の共通言語です。企業ともＮＧＯとも対話ができるのです。さらに２０３０年までに達成すべき１６９のターゲットもあり、企業評価にも使えます。

というわけで、ＥＳＧ評価にＳＤＧｓの視点を取り入れることが広がっています。また、ＳＤＧｓのゴール17はパートナーシップですが、ＳＤＧｓを達成するための資金をどのように調達するかという点に重点が置かれているのも重要なポイントです。

そして金融界では、ＳＤＧｓ達成に資する事業のために資金調達をするＳＤＧｓ債やコロナ対策に資金使途を限定するコロナ債などへの投資を積極化させています。まさに、社会課題解決のために投資をするということが、一般的になってきたのです。なぜ、これが受け入れられるのか。

図表４-４の企業の損益計算書の概念図を使って説明します。企業は利益を最大化したい。そのためには売上を増やすのか、コストを減らすしかない。売上を増やすということは、顧客というステークホルダーからもっとお金をもらうこと。コストを減らすのは、従業員や取引先、あるいは地域社会や地球環境というステークホルダーへの支払いを減らすことになります。

以前の株主は、それを合理的にやる企業を評価していました。たとえば、国内での生産を海外に移転し、それも児童労働をさせることにすれば、人件費は一気に節約できます。しかしそれは、途上国の子どもに労働させるという、しわ寄せを生みます。

また木材も国産が高いので、東南アジアの違法木材を安く調達するとコストは下がりますが、森

企業にとっての価値≠自己利益

・企業の損益計算書とステークホルダーへのリターンの関係は一見相反。
・目先のリターンを高くするために、ステークホルダーへのリターンを引き下げると、中長期的にどうなるのか？「すき家」「マクドナルド」の事例から何が見えるか？
・ESGとは、ステークホルダーとの関係をいかにマネジメントするか？ を示した指標。

		ステークホルダー
売上		顧客・消費者
	売上	取引先／環境／労働者
	部品材料	取引先／労働者
	設備・施設費	取引先／地域社会
	エネルギーコスト	環境
	物流コスト	環境
	人件費	従業員
	金利	金融機関
	その他	地域社会他
経常利益		
	租税	行政
純利益		
	配当	株主

社会インパクト
社会コスト

自己利益
株主利益

（出所）大和総研 河口真理子レジメより作成

図表4-4 企業にとっての価値とは何か

林破壊という社会コストを生み出すかもしれません。でも、それは金銭評価できないし、企業の損益計算書に出てくるコストではない社会的コストなのです。

いままでは自分の利益拡大のために社会的コストを大きくすることが認められていましたし、社会的コストに着目する投資家はあまりいませんでした。

しかし、この社会的コストがＳＤＧｓでクローズアップされていますし、ＥＳＧ投資家は企業がこの社会コストを小さくして、社会的インパクトを出しているかどうかを評価するのです。これは株式でＥＳＧ投資を行う根拠です。また、先述したようにＳＤＧｓに貢献する事業にのみ資金を投入するＳＤＧｓボンドも投資家の注目を集めています。

このことは、金融庁も後押ししています。投資家というと遠い世界の人たちのようですが、実は彼らのお金の原資は私たち生活者のお金です。良く考えると生命保険会社やＧＰＩＦをはじめとした年金基金の主なお金の出どころは、私たちの家計です。

そのお金が銀行への預金あるいは株や債券を通じ

金融庁のSDGsに関する認識——直接投資

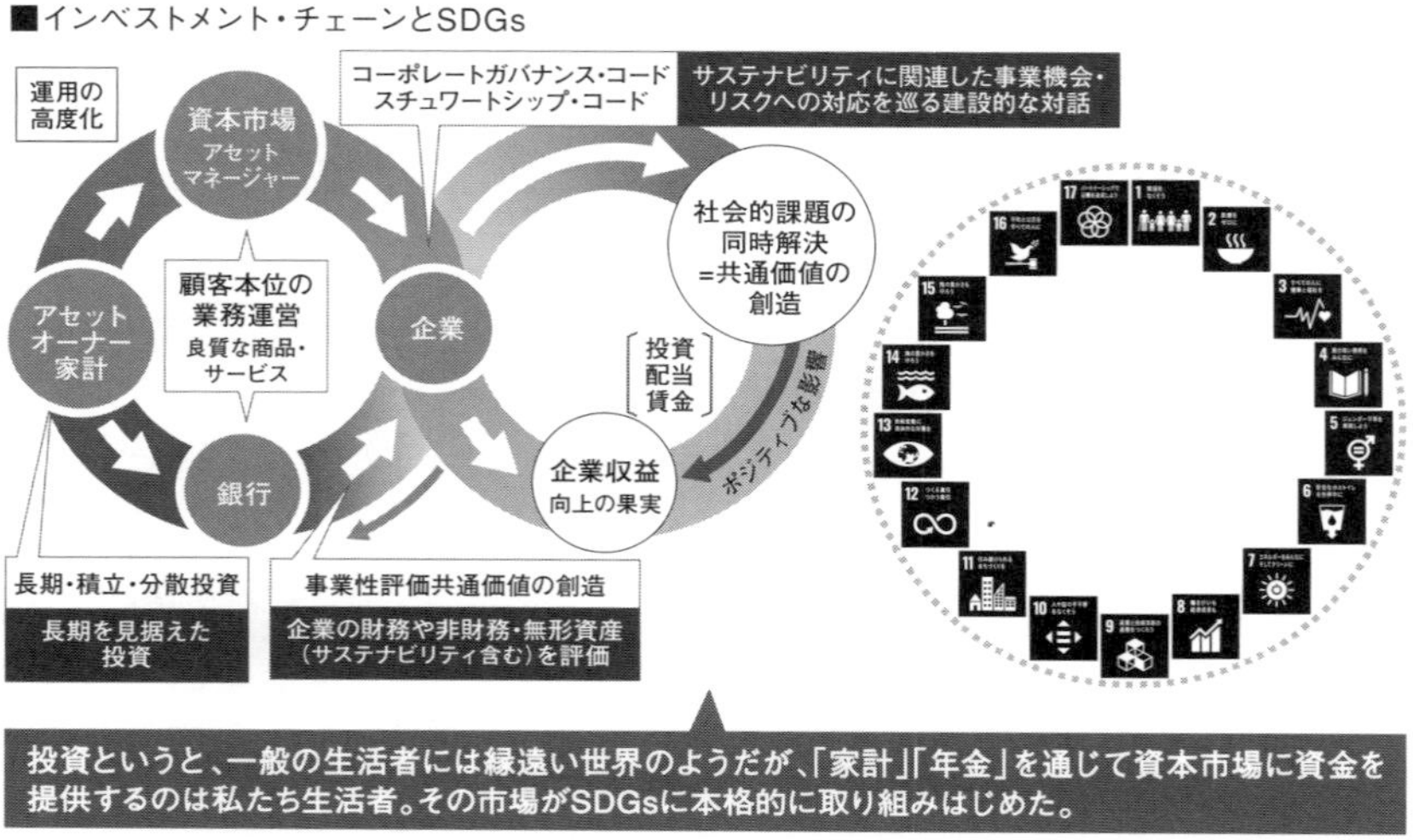

（出所）金融庁「金融行政とSDGs」（平成30年6月）、大和総研 河口真理子レジメより作成

図表4-5 金融庁のSDGsに関する認識

て企業活動の資金となります。図表4-5は金融庁のチーフ・サステナブルファイナンス・オフィサーの池田賢志氏の資料でサステナブルなお金の流れを示しています。

企業は、その資金を使って企業活動するわけですが、そこで本業を通じて社会課題解決を図ることが求められます。

つまり、私たちが出しているお金がまわりまわって、企業の活動を支え、ESG投資を通じてさらにSDGsに貢献することにもなるわけです。

私たちが年金基金や保険会社の運用により注意を払うことで、彼らはESG投資を積極化させ、それがSDGs達成を後押しする、という構造になっています。投資の世界は複雑でむずかしいから縁がないと思っているみなさんが自分で投資しなくてもいいから、それでも投資の起点は私たち消費者の家計だということを覚えておいてください。

コロナ禍の中で生まれ変わる資本主義

ここまで企業の動きと、ＥＳＧ投資について述べてきました。これらを総括する動きを三つ紹介します。

一つは、米国の経団連に相当するビジネス・ラウンドテーブルの「株式会社の定義」の見直しです。米国は株主資本主義の本家ですが、米国経済界の団体であるビジネスラウンドテーブルは１９９７年に「企業は、一義的に株主のために存在する」と、定義しました。しかし、２０１９年に、以下のように改めました。

- **企業は、以下の基本的なステークホルダーへのコミットメントを共有する。**
- **顧客に期待以上の価値を提供すること。**

具体的には従業員に投資をする。公平な対価を払い、福利厚生を提供し、変化の速い時代にあわせて、新技術に適応できるよう、研修やスキル向上を図る。ダイバーシティとインクルージョンを尊重し、従業員に対し敬意をはらう。事業の目的を達成するためのパートナーとして大小かかわらず、公平に倫理的にもとづいて、サプライヤーと取引する。

事業を行う地域社会をサポートする。地域の人々と環境を尊重し、サステナブルなビジネスを行う。企業に投資、成長、イノベーションのための資本を提供してくれる株主に対して長期的な企業価値を提供する。透明性を高めて株主と積極的にエンゲージするなどがあげられています(13)。

こうした変化はほかにもみられます。コロナ問題が顕在化する直前の２０２０年1月に、世界経済フォーラムが打ち出した、新たな資本主義（ステークホルダー主義）です。そこでは以下のように企業の目的を定義しました（太字は著者の要約）。

- **企業の目的は、すべてのステークホルダーが共有できる持続的な価値創造に関与することである。この価値を創造するにあたり、企業は株主だけでなく、従業員、顧客、サプライヤー、地域社会、社会などすべてのステークホルダーに貢献する。すべてのステークホルダーの多様な利益を理解し、調和させる最善の方法は、企業の長期的な繁栄を確実にもたらす方針と決定に対するコミットメントを通じて行われる。**
- **企業は富を生む経済的な主体というだけではない。より広範な社会システムの一部として、人間と社会の希望を充足する。企業の成績とは、株主への還元に加え、環境、社会、および優れたガバナンスの目標の達成状況についても評価しなければならない。役員報酬はステークホルダーに対する責任を反映すべきである。**

そして、最後に世界最大の運用会社「ブラックロック」のＣＥＯのメッセージです(14)。

- **気候変動は、企業の長期的見通しに決定的な意味を持つようになった。気候変動への認識は急速に変わりつつあり、金融の再定義を迫られている。**
- **私たちは顧客の投資家に対して、サステナビリティを投資ポートフォリオの策定とリスクマネジメントに組み込むこと、環境リスクの高い産業（石炭産業など）からの退出など、化石燃料を分ける金融商品の開発、スチュワードシップコードにサステナビリティの透明性を反映させる。**

・過去のレターでも述べたように、長期的に収益を得るには企業はその目的達成を尊重し、広いステークホルダーのニーズを考慮する。最終的に、長期的な利益のエンジンは目的である。

これが投資家のリップサービスではない証拠として、今年の5月、ICGN（国際コーポレート・ガバナンス・ネットワーク）という54兆円の運用資産を保有する世界的な投資家のネットワークは、「企業経営者の皆様へCOVID-19蔓延下でのガバナンスの優先課題」というレター(15)を発表しています。彼らは、企業に対して、以下を期待しているとしています。

・従業員の健康と安全を優先し、短期的な流動性確保に努め財務の健全性を保つこと。
・社会的責任、公正性、持続可能な企業価値創造を長期的には追及し、公に自社の社会的目的を示すこと。

ここでは資本の配分については、従業員やその他のステークホルダーと資本の提供者の関係をホリスティックにみて公平なアプローチをとる。コロナがもたらした公衆衛生と経済危機の状況下にあり、すべてのステークホルダーとの包括的なコミュニケーションを図り、自信を回復できるようにすることを求めています。

12年前のリーマンショックの後に公的資金を援助された企業は、投資家への還元を第一に行い、社会の批判を受けました。不況だろうが、投資家は企業に対して投資家ファーストを要求したのです。しかし、今回コロナ禍の中で投資家は、投資家への配当を出す前に、従業員や社会課題解決を優先するように求めたのです。これは画期的なことではないでしょうか。企業も投資家も、資本主義そのものが今世紀に入ってから持続可能な形に変容をはじめ、それがSDGsにより明らかになり、コロナがその動きを後押ししているのです。

NOTE

注(1) https://www.tdb.co.jp/report/watching/press/pdf/p190101.pdf

注(2) 経済同友会「日本企業のCSR自己評価レポート2014」

注(3) Promoting a European Framework for Corporate Social Responsibility

注(4) 東京財団政策研究所「CSR白書2019」

注(5) IGES・GCNJ「ESG時代におけるSDGsビジネス」SDGs調査レポートVol・4

注(6) 日本経済団体連合会2017年11月8日「企業行動圏層の改定にあたって」https://www.keidanren.or.jp/policy/cgcb/charter2017.html

注(7) KPMG Survey of Corporate Responsibility Reporting 2017

注(8) 環境省「環境にやさしい企業行動調査平成30年度版」

注(9) KPMGジャパン「日本企業の統合報告に関する調査」2019 https://assets.kpmg/content/dam/kpmg/jp/pdf/2020/jp-integrated-reporting.pdf

注(10) 非財務の環境、倫理、社会性などの観点にも着目する投資の考え方は、1920年代からあり、社会的責任投資（SRI）と称してきました。21世紀になってからは、責任投資とかサステナブル投資とも呼ばれることが増えていますがここはESG投資で統一します。

注(11) Global Sustainable Investment Alliance '2018 Global Sustainable Investment Review

注(12) 6つの原則とは、

①私たちは投資分析と意思決定のプロセスに、ESG課題を組み込みます。

②私たちは活動的な所有者となり、所有方針と所有習慣にＥＳＧ問題を組み入れます。

③私たちは、投資対象の企業に対してＥＳＧ課題についての適切な開示を求めます。

④私たちは、資産運用業界において本原則が受け入れられ、実行に移されるよう働きかけを行います。

⑤私たちは、本原則を実行する際の効果を高めるために、協働します。

⑥私たちは、本原則の実行に関する活動状況や進捗状況に関して報告します。

注(13) Business Roundtable “Statement on the Purpose of a Corporation” 2019.8.19 より大和総研要約

注(14) BlackRock Larry Fink’s Annual Letter to CEOs ２０２０年 “A Fundamental Reshaping of Finance” より大和総研要約

注(15) https://www.icgn.org/sites/default/files/6a.ICGN%20Letter%20to%20Corporate%20Leaders_23%20April%202020_Japanese%20version.pdf

CHAPTER 5

私たちの暮らしから変えよう

「ゴール12 持続可能な生産と消費」を
実現させるために

企業は消費者が買わないモノはつくれない

CHAPTER4では、産業界、企業の取り組みについてみてきました。

ご理解いただけたように、企業活動が地球環境や雇用労働環境に多大な影響力を持っていることは明らかです。SDGsが解決しなければならない社会課題の多くをつくり出してきたのも、企業による活動に原因の一つがあります。

しかし、こうした環境問題を引き起こしているのは、企業だけではありません。私たち生活者の行動も社会課題を引き起こす一因なのです。それは、企業のつくったモノやサービスを購入消費する消費行動によるものと、私たちのライフスタイルによるものです。特に、ゴール12は「持続可能な生産と消費」に関してで、生産と消費の二つがセットになっています。そこを変えないと、企業や投資家頼みでは、SDGsは達成できません。

企業がいくら画期的な持続可能な製品をつくったとしても、それを購入する消費者がいなければ、事業者は持続可能な生産を持続することはできません。

3・11のときもコロナの最中でも、困っている企業の商品や取り組みに「お金を払い応援」することが注目されています。それ以外の平時においても、日々の生活でどのようなモノやサービスを選ぶかが、企業に対する強力なメッセージとなり、サポートにもなります。

では、どのくらい生活者の消費は、影響力を持っているのでしょうか。

経済活動の中で多くを占める消費行動

経済活動の中で、消費活動は大きなウエイトを占めています。

平成30年の消費者白書によると家計が支出する消費額の総額は、２０１７年に約２９５・４兆円で、経済全体（名目国内総生産〈ＧＤＰ〉＝約５４６・５兆円）の半分以％を占めています。主だった欧米の先進国は、概して消費支出が経済全体の5割を超えています。

特に消費大国といわれる米国は、66・5％と経済の3分の2を消費が占めているのです。経済というと、自分からはかけ離れた大企業や政府のリーダー、金融業界やエコノミストという世界の人たちのものと思うかもしれませんが、それを動かす原動力は私たちの消費行動なのです。

企業は消費者が買わないモノ（商品）はつくりません。ですから企業の持続可能な取り組みのカギを握るのは消費なのです。世界の消費市場が温室効果ガスの6割を排出し、水資源の8割を消費しており、児童労働・強制労働の75％が消費材のサプライチェーンで起きているとされます。

そして、家庭からの生活ごみは毎年22億トン排出され、水質汚濁の2割が繊維の染色による汚染であり、熱帯林破壊の3分の2は農地転用のためであるとされます[(1)]。私たち消費者は自らが手を下さなくても、企業活動を通じて間接的に社会環境にダメージをもたらしているのです。

ちなみに日本の場合、消費の内訳をみると娯楽や外食などのサービスへの支出が4割強、食品や衣料品、光熱費などのモノへの支出が6割弱となっています。１９７０年には、サービスへの支出が3割に満たなかったことからすると、支出の中身がモノからサービスへシフトしてきているのです。そして、旅行や外食へのウエイトが高くなっています。豊かになれば旅行にも行きますし、旅行や外食へのウェイトも高くなっています。

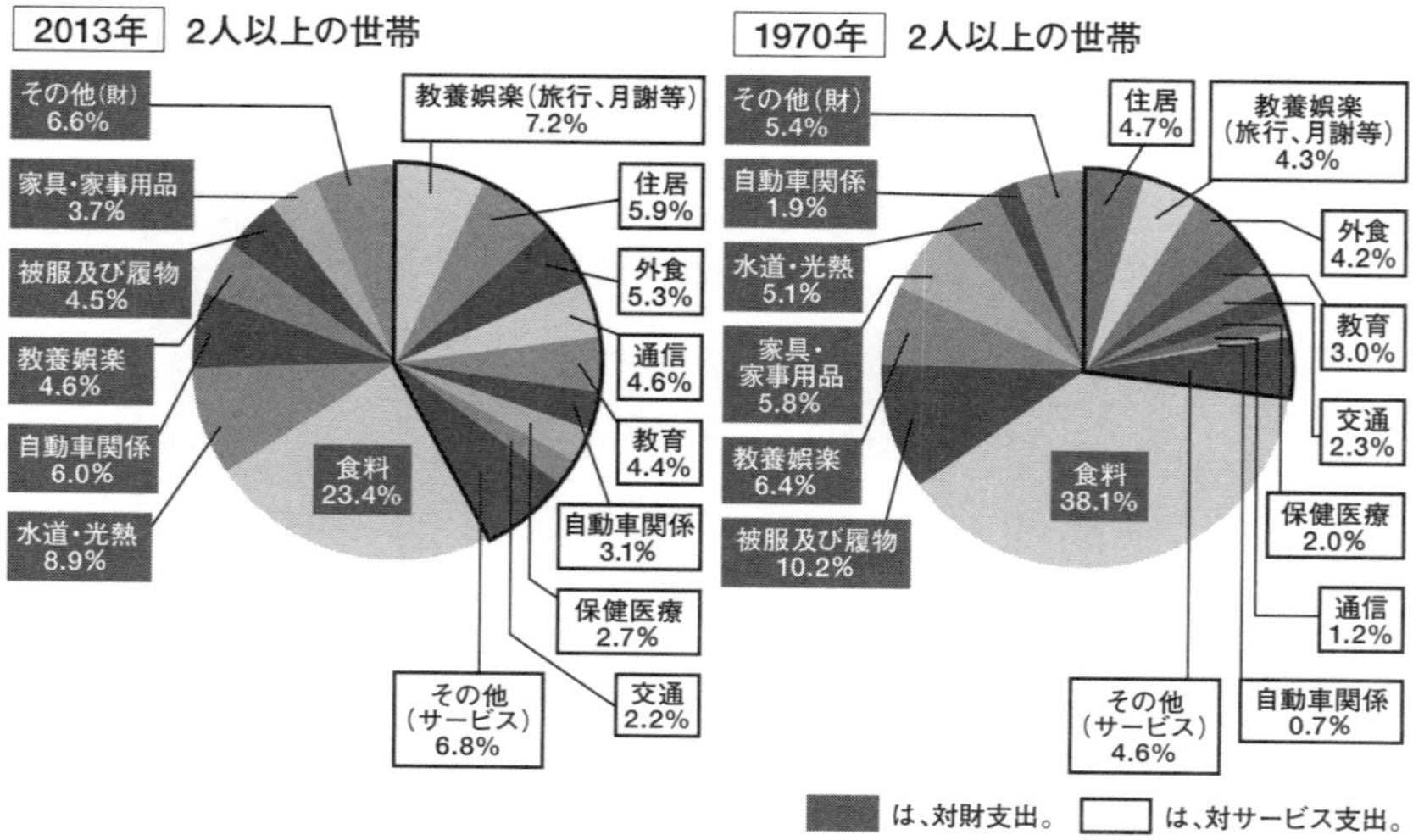

(備考)1.総務省「家計精査」により作成。2人以上の世帯(農林漁家世帯を除く。)の一世帯当たり支出の構成比。2.「その他(サービス)」とは、家具・家事用品、被服及び履物、諸雑費の合計。3.「その他(財)」とは、住居、保健医療、通信、教育、諸雑費の合計。

(出所)平成26年 消費者白書より

図表5-1 家計消費支出はモノからサービスへシフト

図表5－1に示したように、豊かになればちょっと贅沢な外食もするし、旅行にもいく。日本では、すでに家電や衣服などは十分にあるので、消費は「モノ」からこうした「コト」へシフトしていました。コロナは、このコト消費を直撃しました。観劇やスポーツ観戦、ライブハウスなど、人がそこに行って何かを経験するということが、ほぼできなくなりました。

こうした業界の方たちのご苦労は、本当に心が痛みます。そこに、6月から九州や日本各地に豪雨災害が起きています。だからこそ、消費の社会的インパクトを考える機会でもあります。コロナ禍で多くの人は、自分の生活に何が本当に必要なのかを再考する機会になったのではないでしょうか。コロナ応援のショッピングサイトも生まれてますし、3・11以降に広がった豪雨被害を受けた地域の特産品などを「買って応援」する消費も定着してきました。

被災支援の発想を少し延長して、気候変動や森林破壊、児童労働廃絶など、さまざまな社会的課題までも考える消費行動、エシカル消費を定着させるチヤンスです。「消費者がＳＤＧｓの達成に寄与するような製品を」と企業に求めれば、企業は頑張って応える努力をします。

「おかげさま」の心がともなう消費の扉を開く

エシカルとは「倫理的」という意味です。原料の採取、製造、物流の過程から社会や環境に配慮した製品やサービスです。化粧品や毛皮などの場合は、動物実験を行わない、という要素も含まれます。エシカル消費とは商品を「買って応援」する消費でもあり、生き方を示すものでもあると思います。

エシカル消費の基準を、日本エシカルファッション協会がつくっています。次に示しますが、身近にあるモノも少なくないのではないでしょうか。

〈エシカルファッション基準〉

- Fair Trade：フェアトレード

対等なパートナーシップに基づく取引で、不当な労働と搾取をなくす。

・**Organic：オーガニック**

有機栽培された素材（原則、認証機関の認証などの基準をクリアしたもの）

・**Upcycle & Reclaim：アップサイクル**

捨てられるはずだったものを活用する。

・**Sustainable material：サステナブルな素材**

環境負荷のより少ない素材。生地の場合は天然素材、エコな化学繊維、リサイクル繊維、エコ加工品など。

・**Craftsmanship：伝統工芸**

国内海外の伝統的な技術を取り入れ、文化を含めて未来へ伝える取り組み。

・**Local made：地産型**

「MADE IN ○○」のこと。地域に根差したモノづくりで地域産業／産地を活性化させ、雇用の創出、技術の伝承と向上を目指す。

・**Animal-friendly：動物配慮**

ヴィーガン、または何らかのかたちで「Animal Rights（動物の権利）」「Animal Welfare（動物の福祉）」に配慮した製造を指す。

・**Waste-less：ゴミが少ない**

ライフサイクル各段階のムダを削減する。

・**Social projects：寄付つきプログラム**

NPO／NGOへの寄付（物資・金銭、ビジネスモデルを生かしての支援・雇用創出など、自社のリソースを生かした取り組みのこと）。

共感者が増えはじめたエシカル商品

このエシカル消費、世界でも日本でも、だいたい3分の2の消費者が共感して購入に意欲的です。内閣府の「消費者行政の推進に関する世論調査」（２０１５年９月調査）によると、64・3％の消費者は「日頃、環境、食品ロス削減、地産地消、被災地の復興、開発途上国の労働者の生活改善など社会的課題につながることを意識して、商品・サービスを選択しようと思っている」という調査結果が出ています(2)。

私は、エシカル消費を「商品」と「行動」に整理しています。省エネ家電、オーガニック食品、エコハウス、フェアトレードコーヒーやチョコ、エシカルジュエリーやエシカル雑貨、伝統工芸品（織物、木工、漆、陶磁器など）、地産地消の農産物などがエシカル商品です。エシカル行動としては、食品ロスの削減（世界の食料の25～30％は廃棄されている）や過剰な肉食の見直し（牛肉1キログラムをつくるのに穀物11キログラム必要、豚肉は7キログラム、鶏肉4キログラムといわれる(3)）です。

そして、脱プラスチック、リユース、リサイクルを積極的にする。使い捨てをなるべくしない、余計なものはなるべく買わない、シェアするなどです。

コロナで衛生上、エコバッグは良くないという話もありますが、ムダなものをもらわない、もったいない精神を見直す大事な機会になります。それは、ほかのムダな容器の削減にもつながるはずです。たとえば、量

12 つくる責任 つかう責任

持続可能な生産消費形態を確保する

■12.2	2030年までに天然資源の持続可能な管理及び効率的な利用を達成する。	持続可能な漁業や林業
■12.3	2030年までに小売・消費レベルにおける世界全体の一人当たりの食料の廃棄を半減させ、収穫後損失などの生産・サプライチェーンにおける食料の損失を減少させる。	フードロス
■12.4	2020年までに、合意された国際的な枠組みに従い、製品ライフサイクルを通じ、環境上適正な化学物資やすべての廃棄物の管理を実現し、人の健康や環境への悪影響を最小化するため、化学物質や廃棄物の大気、水、土壌への放出を大幅に削減する。	有害化学物質の管理強化
■12.5	2030年までに、廃棄物の発生防止、削減、再生利用及び再利用により、廃棄物の発生を大幅に削減する。	プラスチックゴミ問題
■12.8	2030年までに、人々があらゆる場所において、持続可能な開発及び自然と調和したライフスタイルに関する情報と意識を持つようにする。	エシカル消費が当たり前に
■12.b	雇用創出、地方の文化振興・産品販促につながる持続可能な観光業に対して持続可能な開発がもたらす影響を測定する手法を開発・導入する。	「旅の恥はかき捨て」から「立つ鳥跡を濁さず」へ

（出所）外務省「我々の世界を変革する：持続可能な開発のための2030アジェンダ」仮訳

図表5-2 SDGs 目標12はエシカル消費を推進する

り売りの利用、マイ箸やマイボトルの活用、プラスチック容器ではない容器製品を選ぶことなど。また、古い冷蔵庫・TV・洗濯機・エアコンなどの家電も適正に処理することも含まれます。なぜなら、年間9万台以上の大型家電が不法投棄されているのです（経産省調べ）。

エシカルなモノの使い方も大事です。買っても、エコな使い方をしないとエコではありません。たとえば、冷蔵庫の脇に炊飯器を置いてはダメです。冷蔵庫は放熱するので、放熱する場所を熱くすれば、さらに電気を使うことになります。

省エネカーもエコドライブしないと、燃費は悪くなります。そして、最近、増えてきているのが必要に応じて買わずにシェアしたり、サブスクリプションを活用するという「モノではなくサービスだけを購入する」エシカル消費でしょう。エシカル消費はまさに図表5-2でもわかるように、ゴール12の「持続可能な消費と生産」の中心的な課題なのです。

エシカル消費を広めるための試み

私は2014年にCSR担当者を相手にどのようにしたらエコやフェアトレードなどのエシカル商品を広げることができるか、メーカーや小売の立場の人たちが本音検討する会合「5%じゃだめですか？　プロジェクト」[4]を主催しました。消費者の立場の人を入れると企業はどうしても本音がいえなくなるので、企業の立場としてだけで話をしてもらいました。

参加企業名は公開しましたが、企業の誰が参加したのか、誰がどの意見をいったかは明らかにしないチャタムハウスルール（会議の参加者に遵守が求められるルール）を採用したので、本音の意見がたくさん出ました。興味深かったのは、企業内部でも、CSRと営業や調達はまったく立場や利害関係が違うことでした。

CSRやサステナビリティの立場からすると、最初の壁は営業や調達など社内の人たちです。彼らの最大の応援団は消費者なのですが、なかなか消費者の意見は手厳しい、という状況でした。5年以上前のことで、いまではSDGsもあり、消費者の理解は進んでいるとは思いますが、モノを買う場面になると、みんながシビアなのです。ここに関する行動は変わっていないのかもしれません。

以下には現場の本音が集約されています。どんな意見が出てきたのかといえば、

【意見】

- 食品は「健康（カロリー含む）、味、安全」の要素が最も重要で、環境はあまり重要視されていない。
- 消費者は、決して買い支えはしてくれない（自分にメリットがなければ買わない）。

- エシカル商品だとしても、オーガニックや省エネに関しては、消費者自身に安全や電気代が節約できるなどのメリットがある。
- フェアトレードは生産者にはメリットでも消費者自身にメリットはない。また、エコでもFSC（森林管理協議会）やMSC（海洋管理協議会）認証は、資源保全に資するが消費者にメリットがない。「エシカル」でも中身のレベルは異なる。
- 若い世代は感性が豊かなので、エシカルには共感してくれるが、お金を持っている世代を動かさないと、ビジネスには結びつかない。どのようにして購買力の高い世代にアプローチすべきかが課題である。
- エシカルは「エコ&フェアトレード」といわれるが、実はエコとフェアトレードは異なる。また、エシカルに関するとらえ方は受け取る人によって異なる。
- いまの子どもは学校でフェアトレードやエコについて学んでいる。やはり教育が大事。
- 途上国の子どもにメリットがあるということ自体に価値を感じる人もいる（利他の精神）。若い世代にはそういった発想が増えているようだ。
- 若者層の消費行動は「エシカル」は自分たちで見つけた価値あるものという考えに基づいている。

以上、「あるある」ではないでしょうか。これに対する解決策は以下の通りです。

［**解決策**］

- 消費者は、我がごと「安くて、おいしい」だけで商品を購入する。決して社会性だけでは購入しない、という前提に立つ。

- 一方で中国の食肉会社の期限切れ鶏肉を入れた国内の小売チェーンが、商品の販売中止を余儀なくされた。商品の価格が安すぎるのも問題という認識が増えている。モノには適性な価格があり、その理由もあるということを知っている賢い消費者を育てる努力が必要である。
- 児童労働など社会課題に関心が高く、社会貢献に関心が高い層も多く存在する。この層に商品をアピールする方法を考えていく必要がある。
- エシカルとひとまとめにしたが、エコと比べるとフェアトレードの認知度は低い。ただし、大学生など若者の間では広まっている印象はある。若い人たちはエコやフェアトレードについて学校で教育されている。
- 消費者を育てるには、学校教育が大事である。

エシカルを大事にする若者たちが登場する兆し

これを見て明らかなように、若い世代はエシカルが価値になりつつあります。一方、消費者は自分の生活のために消費しているので、自分の健康安全、コスト削減にかかわるエコには反応しても、フェアトレードのような直接メリットないものは、そこまで反応しないので、これらは別に考えるべきです。以上のような現状を踏まえたうえで、賢い消費者を育てる努力が必要だという意見が出ました。育てるというのは上から目線と思われるかもしれませんが、いまやスーパーで買う食品のほとんどはグローバルなサプライチェーンから生み出されています。そのサプライチェーンで何が起きているか、なかなか消費者には伝わらない。また、企業の人も業務に携わっていなければ、まったく知らないことが多いのです。

ですから、サプライチェーンの労働や環境の取り組みというエシカルな情報を広くシェアして、一緒に考え行動できるように消費者に理解してもらうことが、消費者を変える第一歩となります。この報告書では、サプライチェーンの情報を消費者とうまくシェアしてコラボして成功した森永製菓の『ダース』というチョコレートの取り組み（1チョコ for 1スマイル）についても記載があります。これはチョコレートの売上の一部が寄付される取り組みです。

「チョコレートを購入したら一部がガーナの村で学校をつくる資金になった。この話に共感した学生たちが『ダース』の話を広め、販売活動を間接的にサポートしたおかげで、『ダース』は、その村からチョコの原料のカカオを調達するまでに成長した」というストーリーです。こうした良い話に反応する消費者は、先ほどのアンケートをベースに考えると、6割以上にのぼるはずです。

消費者の声には従順であるべきか

2020年の1月に電通が行なった調査(5)があります（図表5－3）。データを見ると、学生、専業主婦（夫）、有職者とも、この1年間でSDGsへの認知度を高めています。

その中でも特に10代の男子に限れば、56％と過半数の認知度にあがっています。エシカル全般についての認知度や共感も若い世代のほうが高い傾向があります。やはりミレニアル世代、豊かさが当たり前の時代に生ま

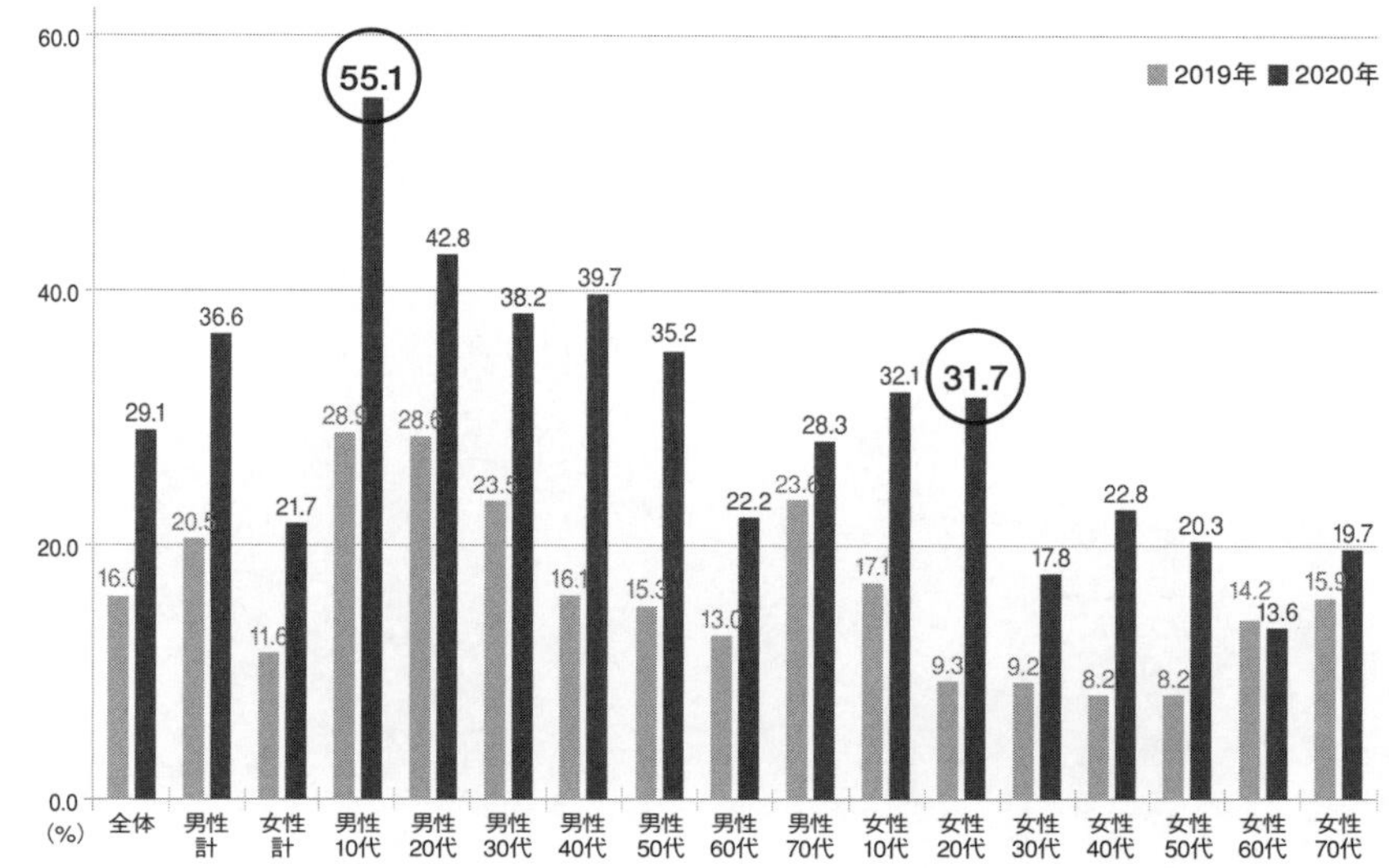

（出所）電通第3回「SDGsに関する生活アンケート調査」より

図表5-3 SDGsの認知度

れた世代には、経済成長より持続可能性のほうに現実感があるということなのでしょう。

「企業の社会的責任」のガイドライン

一方で、ISO26000というCSRのガイドラインでは、企業の社会的責任として消費者課題の対応を含めています。そこでＩＳＯが列挙した取り組むべき具体的な消費者課題は、以下のとおりです[6]。

①公正なマーケティング、事実に即した偏りのない情報及び公正な契約慣行
②消費者の安全衛生の保護
③持続可能な消費
④消費者に対するサービス、支援ならびに苦情及び紛争の解決
⑤消費者データ保護及びプライバシー
⑥必要不可欠なサービスへのアクセス

⑦消費者教育

消費者の権利とは、消費者が安全で、安心できて、かつ文化的な生活を継続する権利です。CSRとして求められているのは、それを保護、あるいは阻害しないことと解釈できます。つまり、消費者課題に応えるとは、決して消費者からの持続不可能な要求に応え続けることではなく、場合によっては消費者からの要求が持続可能ではないことを知らしめ、別の選択肢を提示することを意味します。

大切なのは消費者教育です。いままで消費者教育とは、悪徳商法にだまされないための教育が中心でしたが、エシカルな消費者教育もSDGsで広がります。

Focus 5 [世界の資源消費]

人間が地球上の生き物を支配している?!

人類が最近、どれだけ激しくモノを使うようになったのでしょうか。最近、イナゴの大量発生で畑があっという間に丸裸になるような映像を見るようになりましたが、地球目線でみると人類の活動はまるでイナゴの大群と同じです。

どのくらいの勢いで食べつくしているのでしょう。国連環境計画の調査(7)では、1970年から2010年のわずか40年の間に、人口は37億人から69億人の1・9倍(年率だと平均で1・6%)増えま

	1970年	2010年		増加率(平均年率)	
			変化(倍)	1970→2010	2000→2010
人口(億人)	37	69	1.86	1.6	1.2
GDP(億米ドル)	15.4	51.7	3.35	3.1	2.6
資源使用量(億トン)	237	701	2.96	2.7	3.7
うち非金属鉱物(億トン)	64	308	4.81	4	5.3
うち金属鉱物(億トン)	24	71	2.95	2.8	3.5
うち化石燃料(億トン)	61	133	2.18	1.9	2.9
うちバイオマス(億トン)	88	189	2.14	2	2
資源の国際貿易量(億トン)	27	109	4.03	3.5	3.6
一人当たり資源使用量(トン)	6.4	10.1	1.57	-	-

(出所)UNEP'Glbal Material Flows and Resource Productivity' より大和総研作成より

図表5-4 世界の資源消費動向

した。その人口増のスピード以上に経済は発展して、世界のＧＤＰは、15・4兆ドルから51・7兆ドルへと、なんと3・35倍に膨れたのです。

51・7兆ドルとはどのくらいなのでしょうか？　1兆ドルが約110兆円、これはほぼ日本の国家予算と同じ規模ですが、その52倍にあたります。当然、資源消費量も増えます。

木材や食料などの生物性資源、金属資源、化石燃料、セメントなどの非金属資源。これらの合計は、1970年の220億トンから700億トンへと3・2倍に増えています。

ほぼＧＤＰの伸びと同列に伸びています。これを一人当たりに換算すると、6・4トンから10・1トンへと、こちらは1・6倍の伸びとなります。

ちなみに直近のデータでは、2019年

の人口が77億人[8]とされます。2010年から9年で人類は12%も増えているわけです。それ以上に経済は大きくなっています。GDPは84・9兆ドル[9]と、こちらも2010年から6割も増えています。

資源の消費量は、すでに国連の「SDGs報告2020」によると、2017年に859億トンに膨れ上がり、2010年から2割も増えてしまいました。

同時に一人当たりの資源消費量は、11・7トンへと16%も増えています。さすがに増加のペースは落ちているというものの、拡大をやめていないことがわかります。それだけ資源を食いつぶしているのです。その結果、どうなったでしょう?

2018年のガーディアンの記事[10]によると、地球上の哺乳類の総重量のうち36%を人間が、60%を家畜が占めていて、カバやキリンといった野生生物の重量はわずかに4%に過ぎないといわれます。また、鳥類では、7割が家禽類で、野生の鳥は3割と推計されるそうです。

人間が地球上の生き物を支配している。そのように人間中心の地球になったところで、コロナが起きたわけです。地球は目に見えないウイルスを放って、この人類の増殖に警鐘を鳴らしているのではないでしょうか。

そもそも消費とは何か？

私たちは「消費」や「消費者」という言葉を、まるで昔から普通に存在していた自然現象のように、ごく当たり前のように使っています。ところが消費の歴史を調べてみると消費のあり方は人間の歴史の中でも、とても新しいライフスタイルなのです。実は消費大国アメリカでも150年ぐらいの歴史しかないのです。

アメリカで制作されたテレビドラマで、NHKが70年代に放送した「大草原の小さな家」シリーズを知っていますか。

私が子どものころは、日本でも大人気の番組でした。内容は、1870年代から1880年代のアメリカ西部開拓の家族の暮らしを描いたドラマです。原作者ローラ・インガルス・ワイルダー自身の子ども時代の西部開拓地の暮らしを描いたものです。

大草原の真ん中にポツンとある丸太小屋は父さんの手づくり。食べるものも自分たちがつくった農作物が中心。牛乳は乳牛から毎日絞った新鮮なもの。自分たちでつくれないコーヒーや砂糖は町の雑貨商で買う必要がありますが、それは母さんがつくったバターと、ほぼ物々交換になります。雑貨商のオルソンさんがバターを値踏みして、コーヒーや砂糖と交換してくれるのです。

このオルソンさんですが、ローラの家族に対して偉そうにしていて、「たかが田舎のお店をやってるだけなのに、なぜ、そんなに偉そうなんだろう」と、当時の私は思っていました。

それは理由があって、実は町の雑貨商は、町の経済の中心なのです。そのころ農家の人たちは、必要なものは自分でつくっていましたが、つくれないものは雑貨商に何かを売った代金で払うか、ツケで買っていました。

また、雑貨商はお金がない人には貸付しますし、人が集まるので郵便局も兼ねていました。つまり、町の小売、金融、情報の担い手が雑貨商だったのです。雑貨商は地域の人たちの生活を把握していて、ツケで売っても大丈夫な相手かどうか、いつ頃収穫の支払いが得られるかとか、それぞれの家の事情も把握したうえで、モノを売ったり、買ったり、お金を貸したりしながら、地域の経済を回していたのです。

雑貨商は商品を仕入れるための品物の評価もしましたし、相手の状況をみて売買の値段をコントロールしていました。いまの店員のように誰でも務まる仕事ではなく、知識と専門性が要求されました。そうした店ではローカルなプライベートブランドや地域の生産者の手によるものを扱っていたのです。

たとえば、地元で料理上手で有名な「サリーおばちゃんのクッキー」などは、ビンに詰められてバラで売られていました。いまから考えると「衛生面でどうなの?」と思いますが、当時は逆に、顔の見えない聞いたことのない企業がどこか遠くでつくった箱入りクッキーのほうが、得体が知れないと敬遠されていたのです。

そのころの暮らしについて、アメリカの大量消費社会成立の歴史の専門家、スーザン・ストラッサーは以下のように述べています。

「1880年までには、かなりの家庭が鋳鉄製ストーブを備えていた。しかし、ほとんどの人は、依然として植物の一部を栽培するか、農家から直接購入してすませており、衣料はほとんどすべて自家製であった。その後の30年間に住む地域や階級を問わず、アメリカ人であれば、誰もが工場で生産された食品、衣類、洗剤、家具を購入し、使用するようになった。

家庭や小規模な職人の仕事場ではつくられたことがなかった練り歯磨き、コーン・フレーク、チューイング・ガム、安全カミソリ、カメラが、新しい習慣の物質的基礎となり、古い時代からの隔絶を表した」(11)

大量消費時代の歴史は浅い

つまり、つい150年ほどまえに、工場でつくられたモノを買い、使い捨てるという、いまの消費社会がはじまったのです。それまでは、繰り返しになりますが、地域のパパママストアといわれる家族経営の雑貨商が、地域の住人たちとの人間関係と信頼のネットワークを通じて、地域の経済を回していたのでした。

それがどうやって、大量消費社会に舵を切ったのでしょうか。

最初に必要なことは、売り場の改革です。それまでの雑貨商は、顧客の生活状態や信頼性にもとづいて商売をしていたので、値段は相手を見て決めていました。誰にでもできる商売ではありません。そこに初めて、定価制度を導入した百貨店が生まれます。定価であれば相手の情報も必要ないので、誰でも店員が務まるようになります。そしてほぼ同時に、生産の場でも変化が生まれてきます。

消費社会には当然、大量生産技術は不可欠です。でも、それだけでは大量消費社会は生まれてきません。実はカギを握るのは、包装技術と輸送力です。生産地から離れた都会で売るためには、品質を保ちながら製品をタイムリーに消費者の手元に届けるために、きちんと包装されていなければいけませんし、大量輸送技術が必要です。

3・11のときにヨーグルトが品薄になったことがありました。パッケージの蓋をつくる会社が被災して生産できなくなったために、出荷できなくなったというのです。ヨーグルトの生産はできても、パッケージがなければ出荷はできません。

当時、それまでは顔の見える範囲で、モノを買っていた人たちに、なじみのない企業名で売り出された工業製品を売るためには、宣伝して商品を知ってもらわなければなりません。新聞などのメディアや広告の重要性

1858年	メーシー百貨店 定価制度導入
1872年	初の通信販売（モンゴメリー・ウォード社）、大陸横断鉄道開通（ユニオンパシフィック鉄道） 大量輸送
1879年	P&G アイボリー石鹸発売（工場の生産物）
1892年	コルゲート 練り歯磨き発売（新ジャンルの製品）
1901年	ジレット 安全カミソリの特許取得（使い捨て製品の発売）
1907年	初の使い捨て紙コップ発売（ディキシーカップ）、ベークライト（腐らないプラスチックの開発）
1908年	ナビスコが製造販売する包装クッキーの品目を40へ
1916年	初のセルフサービス店開設（テネシー州 メンフィス）
1950年	ダイナーズクラブ設立
1956年	ショッピングモール第1号
大量生産消費時代に突入	
1995年	アマゾン、ヤフー、e-コマースの開始
2000年代	シェアリングエコノミー（Airbnb 2008年設立、ウーバー 2009年設立）、 新たなIT技術が消費を変えている（購入スピードアップ、購入だけでない共有、借りる、という発想）
2010年以降	米国の百貨店、ショッピングモール、小売チェーンの崩壊がはじまり、2017年以降加速

（出所）スーザン・ストラッサー著 川邊信雄訳2011年『欲望を生み出す社会』（東洋経済新報社 刊）をもとに大和総研作成より

図表5-5 アメリカで広がった大量消費社会

が高まりますし、遠隔地で販売されるので商標などの法的整備も求められます。

そして、消費を娯楽にするショッピングモールなどの場も必要となります。現金を手元に持っていなくても購入できるクレジットカードは、消費拡大をさらに加速させます。米国で育ってきた大量消費社会は、世界中に広がり、誰もがこの大量消費社会クラブに参加するようになってきました。並行して生活のためのニーズを供給してきた消費社会が消費のための消費、欲望を満たすための消費に変貌していくのです。

図表5－5には、アメリカの消費社会を広げてきた消費のイノベーションやしくみが時系列で、どのように生まれてきたかを示しました。そして21世紀に突入します。そこに現れた次の消費の波をつくったのが、e－コマースです。

楽天やアマゾンが生まれたのは、1990年代なんですね。わずか20数年の歴史です。そして2008年のスマートフォンの登場により、e－コマースは加速化して消費のシンボルだった米国のショッピングモールを衰退させていきます。

今回のコロナによってｅ－コマースの重要性はますます高まり、買い物に行く場としてのデパートやショッピングモールの存在意義が揺らいでいます。

私たちが知るべきこと、できること

次にサプライチェーン現場で、何が起きているのかを見ていきましょう。

現在、企業のサプライチェーンは、グローバルに広がり、長くなっています。スーパーで買物をしていても、モーリタニア産のタコとか、タイ産のツナ缶詰とか、ガーナ産のチョコレートなどを手に取ることができます。そして身近なスマートフォンの中身の電子部品には、アフリカ産のレアメタルが不可欠だったりします。私たちが消費するモノのサプライチェーンは、気がついたら長く複雑になっています。そういう製品を買うという行動を通して、私たちは知らない間に世界の人たちの人権を抑圧している可能性があるのです。加えて、環境破壊にも加担しているかもしれません。

これは先ほど書いたように、私たちの消費する量がけた違いに大きくなって、地球環境も圧迫しているからです。大規模な森林破壊や気候変動による環境破壊は、地域の生態系循環を成り立たなくさせ、途上国で自給的な経済を営んでいた地域コミュニティを崩壊させています。ＦＡＯ(12)では、気候変動が干ばつや洪水の頻度を増して、農作物の収量の減少と質の悪化をもたらすと警告しています。そして、海水温の上昇は生活汚水による海洋汚染や酸性化、洪水の増加は水産業に悪影響をもたらします。

こうしたことで小規模な農家や漁業者の生活基盤が脅かされ、難民や移民を生み出す元凶の1つとされます。最近の異常気象により、すでに述べたように、ゴール2の「飢餓」については、異常気象による不作などで飢餓人口が増加に転じ、コロナで異なる種類の悪化が懸念されています。

世界で2100万人が強制労働下にある現実

人権の問題も深刻です。ILOの報告書(13)によると、世界では2100万人が強制労働の状況にあり、そのうち1140万人が女性、960万人が男性といわれます。このうちの9割は**民間企業や個人に搾取されており、それによって失われた経済利益は1500億ドルにのぼると推測されています。**

ESG課題のコンサルタントRep Risk の調査(14)によると、強制労働の対象になりやすいのは、移民労働者、先住民、違法漁業やパーム油産業に従事する労働者で、業界としては食品・飲料、アパレル・生活雑貨、建設、電機、小売、国別にはタイ、ブラジル、米国、カタール、中国に多いとされます。

強制労働に関わるリスクが高い企業として、ウォルマートという世界的な小売チェーンを筆頭に、穀物生産最大手のカーギル、食品メーカーのネスレやハーシー、アーチャー・ダニエルズ・ミッドランド、ファストファッションのギャップ、ザラ、H&Mなどのグローバル企業の名前も挙げられているのです。

つまり、私たちが気楽に購入しているモノをつくっているブランド企業が、こうした強制労働にかかわっている可能性が大きいのです。もちろん、大企業が直接強制労働をさせているということは、いまやコンプライアンスなどの面から考えづらいですが、下請けの下請けの工場とか、農作物を栽培している零細農家のような末端では、そういうことが行われているリスクが十分にあるのです。

「1・5度の暮らし方」と「コロナ後の世界」

気温上昇幅を産業革命以前の水準から1・5℃の上昇に抑えること、そのための脱炭素化はいまや世界の共通目標となっています。コロナ渦の中、6月に経団連は130を超える企業・団体が、脱炭素社会に向けたイノベーションに果敢に挑戦する「チャレンジ・ゼロ宣言」に賛同したと発表しました。多くの企業が脱炭素、化石燃料に頼らない事業活動にシフトしていくと宣言したのです。翻って私たち個人はどうすればよいのでしょうか。

1・5℃の上昇幅に抑える生活をイメージできますか？　地球環境戦略研究機関（IGES）とフィンランドの大学との協働研究結果「1・5℃ライフスタイル——脱炭素型の暮らしを実現する選択肢」という興味深い報告書が手元にあります。現在、温室効果ガスの排出量は国によって異なりますので、削減の努力は国によって異なります。

私たち日本人は、1年間に一人当たり7・6tのCO_2を出しています。これに対してフィンランドは、

10・4tのCO_2、中国は4・2tのCO_2、ブラジルは2・8tのCO_2、インドは2・0tのCO_2です。脱炭素社会を目指すなら、2030年に2・5tのCO_2、2040年1・4tのCO_2、2050年には、0・7tのCO_2にしなければなりません。日本の場合は、91％削減しなければいけないことになります。フィンランドは93％、中国、ブラジルはそれぞれ84％、75％、インドでも64％です。再生可能エネルギーにシフトするとはいえ、いまの暮らし方では、大幅削減は不可能です。2020年7月からのレジ袋有料化が話題になっていますが、この程度の負荷削減はまだ序の口です。

私たちはどのようにしてCO_2を出しているのか。日本人は一人当たり7・6tのCO_2を出しているわけですが、その内訳は、食が1・4tのCO_2（18％）、住居が2・4tのCO_2（32％）、移動が1・6tのCO_2（20％）、その他の消費財が1・0tのCO_2（14％）、レジャー・サービスが1・2tのCO_2（16％）です。最もCO_2を出している住居からの排出削減を、どのようなライフスタイルの変更でやればいいのでしょう。

①家から出しているCO_2は、再生可能エネルギーに変えれば大幅削減！

住宅の建設には材料も大量に使うし、エネルギーがかかるのはそうだろうなぁと思うでしょう。でも、建築と維持管理から出されるCO_2はわずか2割で、残りは生活のためのネルギー消費です。これらのエネルギーは半分が電力で半分が都市ガス、プロパンガス、灯油で、主に暖房や温水と炊事に使われます。

当然、9割削減のためには、大がかりな省エネ、省資源が大事です。思い切ってソーラー発電住宅に建て替えるとか、断熱性能を高めるという大規模な投資ができればそれに越したことはありません。そこまでできなくても、省エネ家電に買い替えるとか、こまめに不要な明かりを消すなどという地味な努力の積み上げも大事です。しかし、省エネをそんなに頑張らなくても、大幅にCO_2を減らすことができるのです。

②契約している電力会社を選ぶ

電力は発電の燃料によってCO_2の排出量が大きく異なります。CO_2の排出量が一番多い石炭火力発電がなんと日本の電力供給の約3分の1を占めています。それがCO_2を出す元凶となっているのです。石炭火力発電は、家庭のエネルギー需要の16％しか賄っていないのに、CO_2排出量の4割弱37％も占めています。一方で都市ガスは、エネルギー需要の2割を賄っていますが、CO_2排出量は1割強です。また、再生可能エネルギーと水力発電による電気は家庭のエネルギー需要の10％を賄っていて、CO_2排出量は6％です。

「電力は東電などの電力会社からしか契約できないからその燃料の中身は選択できない」、と思っている方も多いと思います。まあ最近は、携帯電話の契約に行くと「電気も一緒にしませんか」とか、ガス会社も「ガスと電気を一括してまとめませんか」などという勧誘があるので、電力会社以外の企業と電力契約を結ぶ人も増えています。いまや発電方法含めて個人で好きな電力を選べるようになってきました。電力を供給する電力小売事業者は、意外とたくさんあるのです。

CO_2フリーの生活ができる時代へ

私は再生可能エネルギーの扱い比率が7割弱でトップシェアの「みんな電力」から電気を購入しています。サイトには、「みんな電力は、日本各地の大小さまざまな自然エネルギーの発電所と契約しています。畑の農作物と一緒に太陽をシェアする発電所、津波の被害にあった土地を活かした発電所、最先端の技術を駆使した海の上の発電所……みなさんにお支払いいただく電気料金は、そんな顔の見える電力の〝生産者〟に届けられ、地域や産業の発展につながっています」というメッセージと、全国の自然エネルギー発電所や経営者の笑顔の写真をすべてみることができます。電気を買うことが、普通のショッピングと同様に楽しいことなんだ、ということが実感できます。

都会にいても、マンションに住んでいても、ソーラー発電などができなくても、こうした選択肢の広がりで、CO_2フリーの生活をすることができるのです。

では、みなさんがCO_2ゼロの電気に切り替えるとどうなるでしょうか。非常にざっくりした計算ですが、個人が排出するCO_2の32％は住居からで、住居から出るCO_2の7割が化石燃料による発電です。これが一気にゼロになると、私たちが出すCO_2の約2割を削減することができるのです。なお電力会社の切り替えは、ネットを使えば5分でできます。多少、電力料金が高くなる場合もあるかもしれませんが、省エネ住宅に切り替えるというような大規模な投資を考えれば、いますぐできる脱炭素型ライフスタイルでしょう。

日常の食を見直してみよう

改めてエシカル消費の意味をCO_2排出から考えてみましょう。住居や車などの移動から排出されるCO_2の削減の場合は、再生可能エネルギーへのシフトと、省エネ、創エネが削減対策の柱となります。これに対して、話が複雑なのが食です。基本食品は、家電のようにエネルギーがないと動かないわけではありませんし、保管（冷蔵冷凍）や調理以外には、エネルギーはあまり使わないので、食での削減はあまり有効だと思われないかもしれません。

しかし、世界的にみると、食品産業は世界の温室効果ガス排出の3割に責任があるといわれます[(15)]。森林を農地に転用することと、家畜の飼育によってです。食卓では排出は少なくても、食卓に来るまでに農業は直接、間接に、大量の温室効果ガスを排出してますし、同時に生態系も大きく棄損しているのです。なので、毎日の食生活を見直すだけで、大きく削減することができます。

気温の上昇幅を1・5℃に押さえることができるライフスタイルを予測した「1・5℃ライフスタイル」のレポートによれば、日本人は年間一人当たり平均で800キログラムの食品を食べています。そのうち一番、CO_2を出すのが肉類（23％）です。しかし、食べているのは35キログラム、重量比では5％にも満たないレベルです。それにもかかわらずCO_2がこれだけ多いのは、飼料の生産と輸送にかかわるCO_2、家畜の排泄物や牛のゲップから出るメタンガスによるものです。

実はメタンは、CO_2より強力な温室効果ガスなのです。一方、重量で19％を占める穀類の排出は20％です。意外と多い感じですが、これも水田から出るメタンの影響が大きいのです。3番目に多いのは、重量では6％でしかない乳製品で、13％を占めています。水産物は重量ベースで4％と、肉類とほぼ同じくらい食べていることになりますが、排出の割合は7％です。植物よりは動物のほうが、CO_2排出量は多くなりがちです。なお、肉というと欧米のほうが圧倒的に食べている印象がありますが、実は欧米では宗教や健康の理由だけでなく、気候変動問題から肉食を見直す動きがでてきています。そしてベジタリアンやビーガンの話題は最近、増えていますよね。

なぜ、食料や日用品購入が森林破壊になるのか

そして先に示した「1・5℃ライフスタイル」のレポートでは、私たちは食からのCO_2排出量を2030年までに47%、2050年までに75%削減する必要があるともしています。ライフスタイル全体で、2050年までに9割の削減ですから食は相対的に甘くなっています。食は命の基本なので単純に削ることができません。栄養はキープしつつ、なるべくCO_2を出さない食材と調理法に変え、かつフードロスを出さない仕組みが必要です。

ちなみに、2020年6月、国際NGO70団体以上が合同で、食品・消費財大手や小売大手が加盟する国際的な業界団体ザ・コンシューマー・グッズ・フォーラム(CGF)に対して、サプライチェーン上の森林破壊ゼロにコミットすることを要求する共同声明を発表しています。

私たちの食料や日用品が、森林破壊にかかわることは知っていましたか。森林破壊の主原因は、大豆、パーム油、牛肉、紙パルプ・木材の4品目といわれます。大豆やパーム油の農地、牧畜のために森林を伐採して転用するからです。また、木材や紙パルプの原料として大量に森林を伐採します。そのことにより業界団体としてCGFは2010年に、「2020年までにサプライチェーンでの森林破壊ゼロ実現を目指す」と宣言していたのです。

それ以降も活動を続け、徐々に森林破壊ゼロへのコミットメントは増えてきているものの、CGF加盟企業全体で、2020年にゼロにするという目標の実現可能性は限りなく遠いのが現状です。この活動をスピードアップするには、消費者の協力が不可欠です。

油の中で最も消費量が多いパーム油

ここで質問です。あなたの周りに、「パーム油を自宅で使っています」という人はいますか？　おそらくゴマ油やオリーブ油、キャノーラ油はあるけれど、自宅にパーム油なんて置いていないという人が、圧倒的なのではないかと思います。しかし、食用油の消費において、パーム油は圧倒的に多いのです。

日本植物油協会によると、2018年の植物油の生産量は2億169万トンで、一番多いパーム油が7150万トンと全体の3分の1を占めており、ついで大豆油が5615万トン（28％）で、世界の食用油の半分6割を占めています。

大豆油は料理でも使うので比較的、耳にすることがあると思いますが、そんなに多いのにパーム油はあまり耳にしませんよね。どのような油なのでしょうか？　スーパーに並ぶ商品の約半分に含まれているといわれ、パンやポテトチップスなどの加工食品に多く含まれています。

食品への利用が全体の8割を占めますが、他にも、食器・洗濯・掃除用の洗剤やシャンプーにも使用され、石けんには主成分として含まれています。また近年、国内ではバイオマス燃料としてパーム油を利用する事例も増えています。つまり、知らないうちに私たちは朝から夜までパーム油のお世話になって暮らしているわけです。

パーム油は、アブラヤシの果実と種が原料です。アブラヤシは、アフリカ原産の熱帯性の永年性樹木（常緑樹）で、生育できるのは日差しが強く雨量が多い熱帯に限られ、おおむね40年間は、高い生産力を保持するとされています。現在ではインドネシア、マレーシアの2カ国で世界の生産量の85％を占めています（2018年）。

（出所）WWFジャパンより

図表5-6 パーム油が使われている現状

パーム油が多いのは年間を通じて収穫が可能なので、生産面積当たりの油の生産性が極めて高いことがあります。収穫面積1ヘクタールあたりの生産量は、菜種油は800キログラム弱に対し、パーム油の倍以上の3・7トンといわれています。

図表5－6の絵は、私が理事を務める国際NGO、WWFのサイト[16]から拝借してきました。

「パーム油」依存が招く無計画な伐採と強制労働

なぜ、気がつかないうちに私たちの生活はパーム油に依存するようになったのでしょうか。パーム油は先述した通り、安価で単位当たりの収量が多く、常温では固形で酸化しにくくて加工しやすいというメリットがあります。そのため世界の生産量は2002年から増え続け、2017年から2018年には倍以上になりました。また、世界の人口増加と、新興国の経済発展によって2010年から2030年の間には、3倍になるといわれています(17)。

これだけの需要量増に、どうやって私たちは応えていくのでしょうか？

品種改良によって生産性を改善することも考えられますが、パーム油は植えると20年以上収穫できるので、そう簡単に品種改良の増産効果は期待できません。そのためマレーシアやインドネシアの熱帯林を伐採、あるいは泥炭地の水を抜いて乾燥地にして、アブラヤシを植えているのです。

そのため森林破壊が、ものすごい勢いで進んでいます。日本の1・25倍の大きさのあるスマトラ島の森林比率は、1985年の58%から2016年には24%へと6割以上減ってしまいました。また、インドネシアのボルネオ島は2005年の森林比率70%から10年で54%へと大幅に減らしています。

そして森林をパーム農園に転換するために、火入れという違法な放火が行われるといわれます。特に6月から10月の乾季の間に火入れがインドネシアなどで行われ、シンガポールなどでも深刻な煙害が生じています。二酸化炭素を固定する森林がなくなること自体が、CO_2排出増につながります。また、炭素を多量に含む泥炭地を乾燥させ、火入れすることで、さらにCO_2を大気中に放出してしまう。気候変動にも大きなダメージがあるのです。

また、熱帯林が消失するために、生息していたオラウータンや象などさまざまな生物の生存が脅かされ、生物多様性の損失につながっています。しかし、パーム農園はこれらの環境問題だけでなく、社会問題も引き起こしています。パームの数キロある果房を木から切り取り収穫するのは、かなりの重労働です。そこに、児童労働や移民などに強制労働が行われており、大きな社会問題となっています。ＥＳＧ投資家も、このパーム油問題を重要なＥＳＧ課題としています。

私たちは何をすればいいのか？

さて、私たちはこうした問題にどのように対処すべきでしょうか？　パーム油を使わない？　それは簡単そうで簡単ではないです。述べてきたように、パーム油は植物油やショートニングなどの原材料として使われるほか、さまざまな加工食品に使われています。

たとえば、身近なカップ麺や即席めんをフライにしたり、ファストフードのフライドポテトや魚の揚げ物を揚げる油としても使われます。化粧品や歯磨き、洗剤などにも使われています。単純に拒否するのは、現実的ではないのです。ほかの油に変えればよいと思われるかもしれませんが、先述したようにパーム油が最も収穫面積当たりの収量が高い、もっとも効率的な植物油です。

ですから、農園経営において、森林破壊をこれ以上しない。農薬を使わない。また、児童労働や強制労働をともなわないで生産できるパーム油を使うことが、最も現実的な選択肢なのです。では、一般の消費者がどうやってそういう生産の油を選ぶのか？　メーカーが使う油を消費者が選ぶなどできないことです。そこで、最も手軽で確実な方法が、認証マーク付きの製品を選ぶことです。

２００４年に、パーム油農園、油メーカー、食品や日用品メーカー、ＮＧＯなどが協働して、持続可能なパーム油産を認証する仕組みのＲＳＰＯ（Roundtable of Sustainable Palm Oil）を立ち上げました(18)。そして、その認証を受けたパーム油を使った製品を消費者に届ける活動をはじめました。その動きがいま、急拡大しています。ＲＳＰＯ認証油はいまやパーム油の19％となっています。ＲＳＰＯの認証をとるということは、農園から加工工場まで森林破壊、泥炭地破壊、強制労働が行われていないことを、認証機関が現地で審査して合格

サプライチェーンモデル	IP アイデンティティー・プリザーブド	SG セグリゲーション	MB マスバランス	B&C ブック・アンド・クレーム
使用可能なロゴマーク	CERTIFIED SUSTAINABLE PALM OIL RSPO 認証	CERTIFIED SUSTAINABLE PALM OIL RSPO 認証	CERTIFIED SUSTAINABLE PALM OIL RSPO ミックス	CERTIFIED SUSTAINABLE PALM OIL RSPO クレジット
表記（例）	認証された持続可能なパーム油が含まれています。	認証された持続可能なパーム油が含まれています。	認証された持続可能なパーム油の生産に貢献しています。	認証された持続可能なパーム油の生産を支持しています。
トレーサビリティ	◎	○	△	×
認証油購入費用	¥¥¥¥	¥¥¥	¥¥	¥
会員用件	RSPO 正会員および準会員			

（出所）WWFジャパン ウェブサイトより

図表5-7 RPSOの取り組み

していることを意味します。

日本でもＲＳＰＯに加盟する企業が増えています。２０１２年はわずか23社だったのが、２０１９年は１５７社になりました。署名リストには、ライオン、花王、味の素、資生堂、日清オイリオ、日清食品、エスビー食品、日本生活協同組合、ハウス食品、森永乳業、キユーピー、ニチレイ、イオン、亀田製菓、ロッテ、マルハニチロ、カルビーなどの生活に密着した企業が並びます。

結果、身近にＲＳＰＯマークを見る機会も増えています。たとえば、日清食品も加盟しているので、最近ではカップヌードルにも「ＲＳＰＯマーク」がついています（図表５−７）。

日本国内で持続可能なパーム油利用を増やすため、日本のメーカーや小売が２０１９年４月に「持続可能なパーム油ネットワーク（ジャスポン／ＪａＳＰＯＮ）」[19]を設立。

みなさんがスナック菓子やカップめんを選ぶときに、こうしたＲＳＰＯのマークがあるのかをチェックして購入するだけで、世の中は変わります。現在、2割のRSPO油の割合を、たとえば5割以上に増やすことができるのは、企業の努力だけでなく、消費者の日々の消費行動なのです。

不二製油の積極的なトレーサビリティの取り組み

なお、認証を取得していなくても、自社のサプライチェーンで独自の取り組みを行う企業も少なくありません。私が2020年4月からお世話になっている不二製油グループは、まさに、このパーム油をインドネシアとマレーシアから調達して加工販売をしており、RSPOには2004年に参加して、長年持続可能なパーム油生産の取り組みを行なってきました。

その結果、認証油の調達は2017年の17％から2019年には24％に上昇しています。しかし、認証油は顧客のリクエストにしたがって調達するものなので、自社の都合だけでは増やせません。そこで、独自の取り組みを行なっています。

実は不二製油グループは2020年6月に、2030年を目標としたパーム油とカカオの調達についての「サステナブル調達コミットメント」を公表したところです。今回はパーム油の取り組みについて紹介します。

パーム油のサプライチェーンについては、図表5-8に示しました。不二製油グループは、図表にあるようにグループ会社の一次精製工場とグループ外のサプライヤーから直接調達しています。

一次精製工場では、農園の現場がどのような状況なのか把握するのは困難です。まず手がけることは、直接取引のある一次精製工場がどのような労働環境状況なのか、そしてどの搾油工場から調達しているのか、また、

■パーム油のサプライチェーン改善活動(トレーサビリティ)

旧目標：2020年に**搾油工場までのトレーサビリティ**100%(2019年末に達成)
新目標：2030年に**農園までのトレーサビリティ**100%

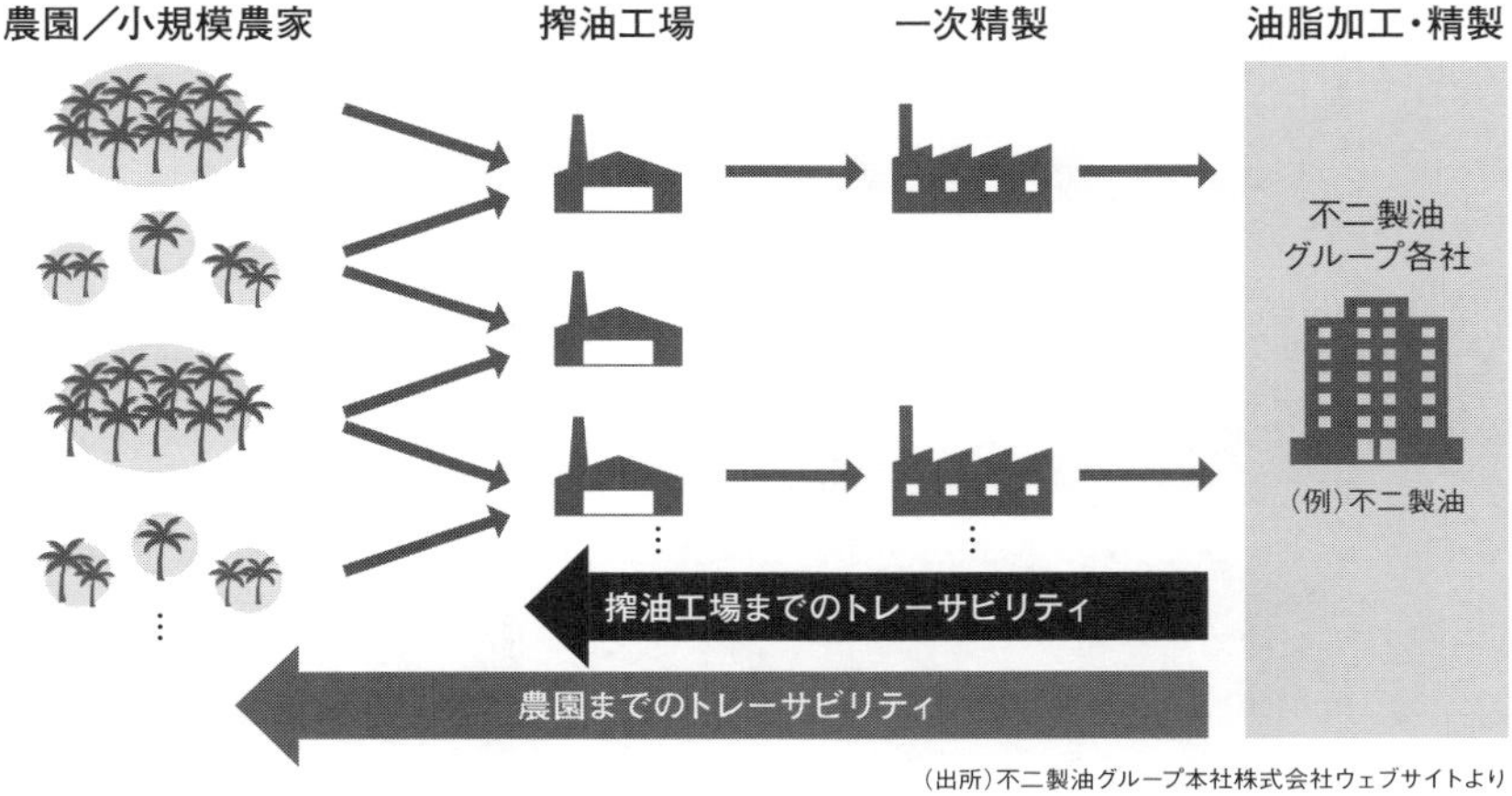

(出所)不二製油グループ本社株式会社ウェブサイトより

■パーム油のサプライチェーン改善活動(サプライチェーン別)

〈2系統のサプライチェーン別に推進〉

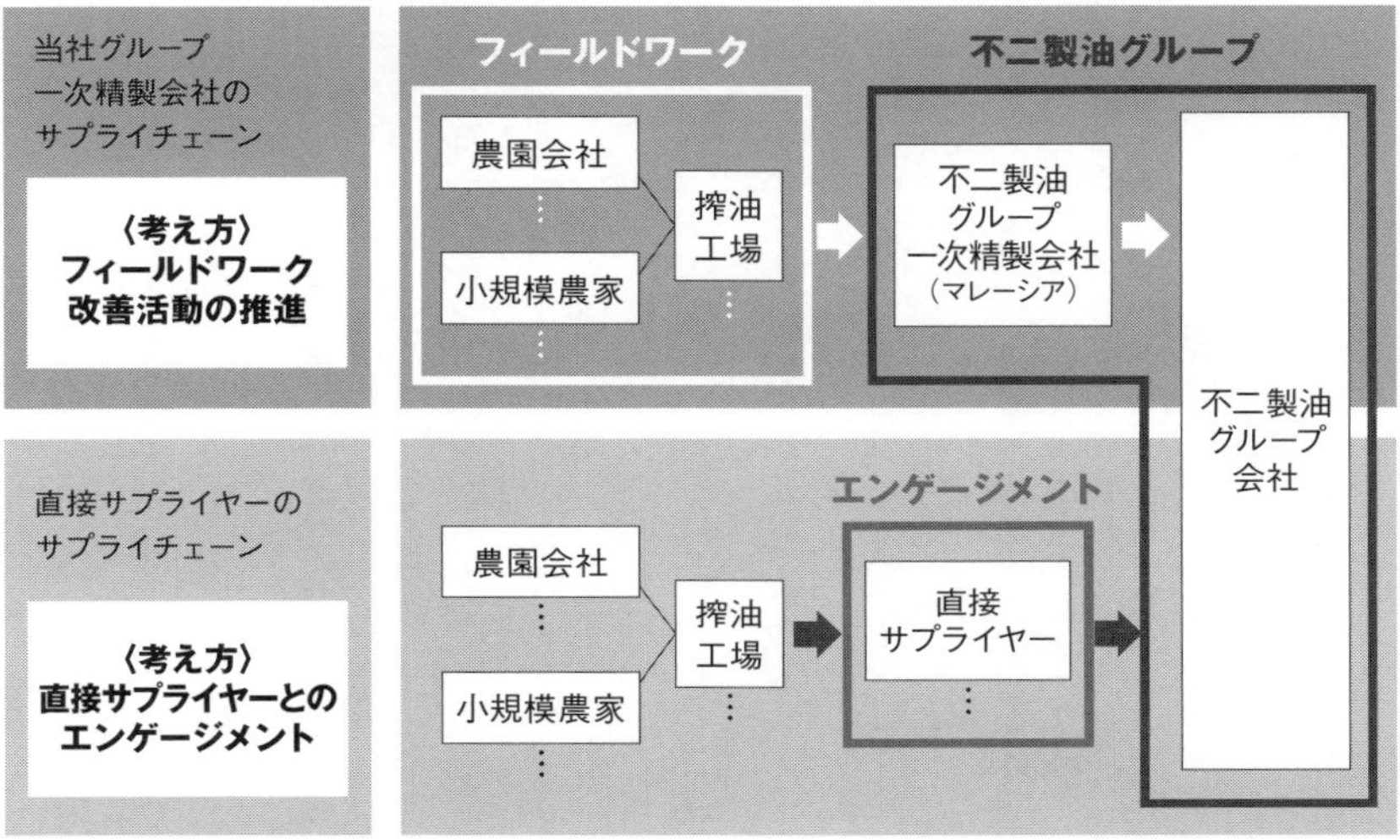

(出所)不二製油グループ本社株式会社ウェブサイトより

図表5-8 不二製油のトレーサビリティへの取り組み

搾油工場の現状を調べます。

問題は数十万数百万といわれる小規模農園です。この農園までリーチして、そこで児童労働や森林破壊がないかどうか、そういうことがあれば是正する。そこまでやって持続可能なサプライチェーンといえます。認証油を買えばサステナビリティは担保されますが、認証油は市場のまだ2割。残りの油をサステナブルにするためには、このように下流からトレーサビリティをたどっていくしかありません。不二製油グループでは、搾油工場までは100％把握できました。

ちなみに登録した搾油工場は、1300超にのぼります。それだけでもかなりの作業ですが、最終目標はその先の数百万あるといわれる小規模農家までトレースして、問題があれば、それを是正するように働きかけることです。

なお、不二製油グループの場合、トレーサビリティを確保するために二つのルートがあります。図表5－8に示したように、グループ内の搾油工場の場合は、パームを生産している農園会社や小規模農家へのトレーサビリティは、比較的容易にできます。そして、問題があればNGOなどと一緒に農家に改善活動を働きかけることができます。農家の啓発活動や教育支援などを行うことで児童労働を廃絶することができます。

もう一つのルートは、グループとは資本関係のないパーム油のサプライヤー企業から調達する場合です。この場合はサプライヤー企業に、森林破壊や強制労働などを廃絶するように、彼らが行動するまで働きかけなければなりません。同意しない場合は取引を停止することによって企業の行動を変える、自分たちの調達からサステナブルではない油を排除する、という手段をとることもあります。

サプライチェーンの意識を変える

児童労働や森林破壊は、現場でチェックしなければわかりません。そこでグリーバンスメカニズム、つまり苦情受付（苦情処理メカニズム）のしくみもつくっています。パーム農園での問題があれば誰でも苦情を申し立てることができ、その申し立てについて、会社としてきちんとチェックし、問題を認めれば改善策をとることになります。不二製油の場合は、2018年にグリーバンスメカニズムを公開し、すでに147件（2020年6月末現在）の苦情を受付ました。

その取り組み状況についてもHPで公開しています。内訳は改善を働きかけて、改善が確認されたものが37%、改善のモニタリング中が29%、取引の一時停止が7%、取引なしが27%です。具体的な方法は以下の通りです。

①農園での労働条件の改善

パーム栽培は、自作の小規模農家や中小規模の農園で行われています。特にマレーシアの農園では、移民労働者への依存率が高いのです。そして移民労働者は農園主にパスポートを奪われたり、彼らの知らない言語による契約書にサインさせられるなど、横暴な環境におかれています。

マレーシアでの対策は、サプライヤー経由で搾油工場と農園関係者に対して過酷な労働状況を改善するだけでなく、移民へのパスポートの返却や理解できる言語での契約書締結などがあります。

■パーム油のグリーバンスメカニズム（苦情処理メカニズム）

・当社のパーム油**サプライチェーン上の人権・環境問題を受け付け、改善するための仕組み**。18年5月より運用。

・当社は農園・搾油所を保有していないため、**直接サプライヤーへの働きかけ（エンゲージメント）が基本的対応**。

・対応の進捗状況は当社WEB上で公表。

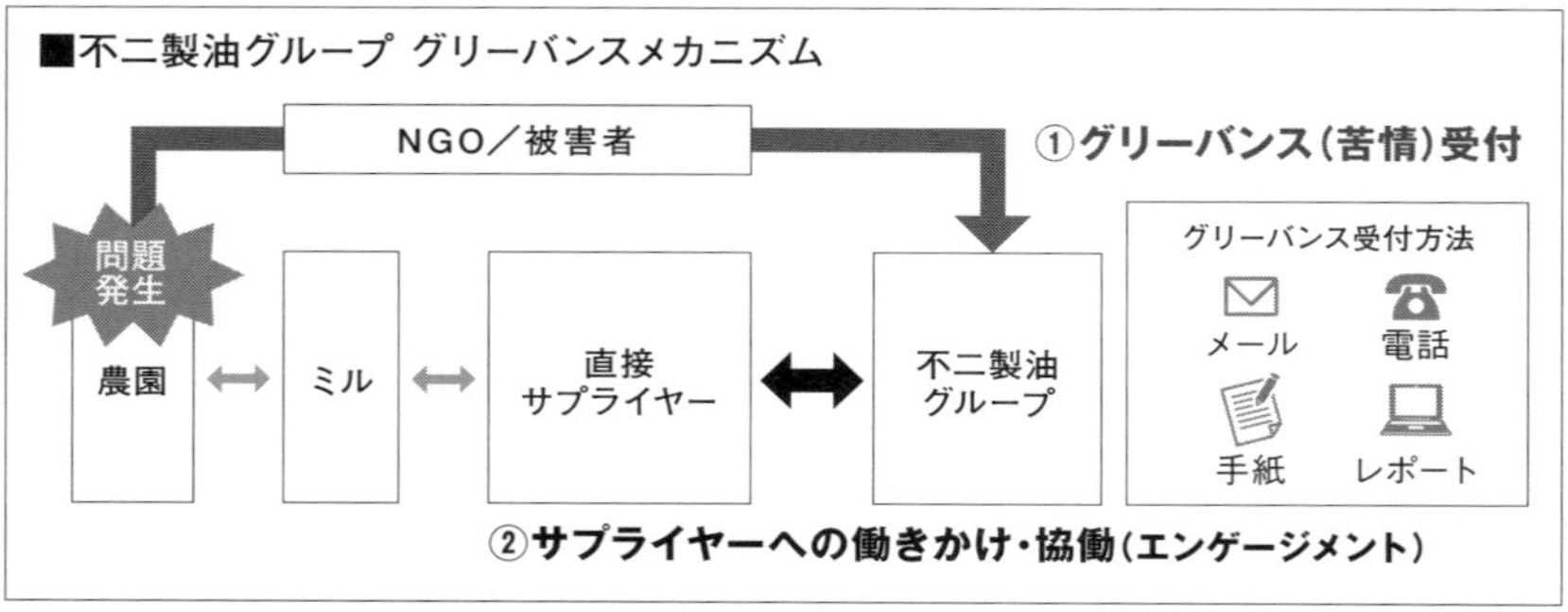

（出所）不二製油グループ本社株式会社より

図表5-9 不二製油の苦情処理メカニズム

②小規模農家の直接支援

一方で、環境・人権問題が生じる背景には、小規模農家の低生産性もあるといわれます。有効な支援策としては小規模農家に持続可能な農園経営ができるように支援することです。不二製油グループの場合は、マレーシアのサバ州で地元のNGOと協働して小規模農家がRSPO認証を支援しており、農薬使用量削減や生産性向上などの効果を得ることができています。

所得水準が上がれば、子どもの教育や健康状況が改善されることが期待されます。ただし、まだ認証取得農家は191件、RSPO油は5万800トンにすぎません。これだけでも大変な進歩ですが、全体に占める割合はわずかです。不二製油グループでは、80万トン弱調達しているからです。

③地域の森林保全政策への参画

森林破壊の元凶は、農民がパーム油で生計を立てるために森林を焼き払っていることがあります。そのためインドネシアのアチェ州では、地元政府やマルチステークホルダーが協働して小規模農家のコミュニティに対して代替の生活手段を提供し、森林破壊をやめさせ、彼らから油を買い取って、搾油している搾油工場に対して森林保全、人権保護などの意識啓発などを行います。

こうした活動は、日本企業の担当者だけでは不可能です。現地の信頼できるNGOをパートナーにして、現地政府などと協力しながら現地との信頼関係をもとに行なっています。マレーシアでの活動は、パートナーだったNGOの担当者が、不二製油グループに転職して企業側として取り組んでいます。なお、森林破壊については、月に一度国際NGOと連携して衛星写真によって、パーム農園の開発地域をモニタリングして森林破壊状況をチェックし、問題があれば是正を求めます。

以上は、パーム油の最上流で行われているサプライチェーン対策のほんの一環です。このような地道で根気のいる活動によって　サプライチェーンのサステナビリティを高めることができます。しかし、こうした活動は消費者の応援がなければ持続できません。

たとえば、不二製油グループでは、資本関係のない直接サプライヤーから調達をする場合、サステナビリティの取り組みは、不二製油グループから取引先に要請することになります。一次製油会社は、実はインドネシアやマレーシアでは大企業で、不二製油は多くの顧客の一つでしかなく、影響力を行使するのはむずかしいのです。

ここで、日本の消費者、そして食品会社を味方につければ、要求がしやすくなり、サステナビリティの確保がしやすくなります。また消費者が、カップ麺やスナック菓子などの食品会社にRSPOの認証をとる要求をすれば、認証油の調達を増やすことができます。不二製油グループの取り組みの詳細は、不二製油グループ本社のHPに出ていますので、関心のある方は覗いてみてください。トップページからサステナビリティについてこうした調達だけでなく、さまざまな取り組みについて詳細な開示をしています（パーム油のサステナブル調達：https://www.fujioilholdings.com/csr/environment/palm_oil/ サステナビリティトップ：https://www.fujioilholdings.com/csr/）。

ＲＳＰＯはパーム油という生活に密着した認証でしたが、同様に私たちの周りにはさまざまな持続可能な認証マークがあります。持続可能な森林経営を認証するＦＳＣ、オーガニック＆フェアトレードのコーヒーやカカオの認証、オーガニックコットンの認証、持続可能な漁法の認証（ＭＳＣ）、持続可能な養殖業の認証（ＡＳＣ）、フェアトレードの認証、有機農産物の認証などです。

オーガニック食品、オーガニックコットン、フェアトレードコーヒーなどの商品の中身の認証だけでなく、ＦＳＣは紙にもつけられるのでパッケージでもみるようになりました。最近ではオーガニック豆乳パックなど、豆乳にオーガニックなラベルがつき、紙パックに森林認証がついている製品もコンビニでみることができます。ですから、みなさんがよく買う製品のパッケージから見直してみてはどうでしょうか。意外なマークがついていて、実はサステナブルでも頑張っている製品かもしれません。

モントレーベイ水族館で学んだ魚の物語

これらの認証の中で、おそらく最も私たち日本人にインパクトがあるのが、魚、水産物の認証です。特に私たち日本人は、世界で最も魚が好きな国民です。スシはいまやクールジャパンを代表する食でもあります。しかし、その魚に問題があること、日本の水産業と消費者にその原因があることは世界で知られているほど、日本国内では知られていません。

私は長年多くの人に環境問題について話をしてきましたが、一番反響があり、ショックだといわれるのが、この魚の問題です。私が魚の問題を知ったのは、2013年5月のことでした。米国カリフォルニアのモントレーベイ水族館にて開催された「持続可能な食に関するイベント」に私が参加したことがきっかけでした。このイベントには、全米のマスコミ関係者や料理関係者、研究者、NGOなど持続可能な水産物に関心の高い人たちが参加していました。

モントレーベイ水族館は、世界の海洋生態系保全活動の拠点です。そこが持続可能な水産業推進を目指して日本のステークホルダーをこのイベントに招待してくれたのです。招待されたときに、ステーキやハンバーガーなど肉食文化の米国人が、繊細な和食文化を持つ私たち日本人に、魚のことについて何がいえるのだろう？と思っていました。しかし、イベントに参加してみて彼らには海洋資源の枯渇に対する危機感があり、通常の日本人の感覚とは、大きなギャップがあることを知って愕然としました。

ちなみにモントレー市は、20世紀初頭から第二次世界大戦までイワシ漁とイワシ缶詰製造で栄え、ノーベル賞作家のスタインベックの小説『キャナリー・ロウ』の舞台としても有名な街です。しかし、1950年以降、なぜかイワシがまったく捕れなくなり、町は壊滅的な打撃を受けます。

その後、海岸沿いに並ぶ缶詰工場跡地をホテルや土産物屋として再生して、一帯の海岸を海のサンクチュアリとして徹底的に保護した結果、いまや岸のレストランからアザラシやラッコが泳いでいるのが見えるような豊かな海洋生態系に触れることができる米国でも有数の観光地でもあります。海洋生態系に関する世界的な

発信拠点でもある場で開催されたイベントでは、

- 世界の海洋資源が人間の乱獲によって急速に減っていること。
- サンゴやイルカ、海鳥、カメなどの生物や生態系も、底引き網や巻き網などによって大きくダメージを受けていること。
- しかし、魚類を保護し、資源管理を徹底すれば海洋資源は回復すること。

を学んで帰ってきました。日本人は魚好きを自称しており、外国では食べないような多様な魚を食べていることから、魚について造詣が深い国民を自認していると思います。私も、モントレーに行く前はそうでした。しかし、どうもそれが違うということで、帰国してから漁業について調べてみて、その深刻な状況とそのことが知られていないことに愕然としました。

世界の水産資源は危機的な状況にある

モントレーでわかったのは、世界的にサステナブルなシーフードと漁業への関心は高まっていること。その漁業が危機的な状況にあるということが、魚に関心のある人の間では常識ということでした。先ほど、世界の植物油の生産量が15年でほぼ倍になり、パーム油は3倍になったことを紹介しましたが、魚の消費動向はさらに厳しい状態にあります。

世界の水産物消費は、1961年〜2016年の間に、年率3・2%増えています。その間の人口の伸び1・6%を大幅に上回り、肉の消費量の2・8%すら上回っています。その結果、一人当たりの消費量は9キログラム（1961年）から20・5キログラム（2017年）と倍以上に。そして、タンパク質摂取の17%を占めるようになりました[20]。その結果、天然魚介類のうち適性に利用できる魚種はわずか7%、満限まで利用しているのが60%で、獲りすぎが33%という状況になっています。なお世界の主要な天然水産物とは、ニシン・イワシ類、タラ類、マグロ・かじき類、イカ・タコ類、エビ類、サケ類で、主要な養殖水産物：コイ・フナ類、紅藻（ノリ）類、褐藻（昆布など）類、サケ類です[21]。

魚のことを何も知らない日本人

日本では日本人の魚離れが叫ばれていますが、それでも世界標準からすると魚大好きな「魚大国」です。一人当たり消費量は、世界平均で20・5キログラムですが、日本は45・6キログラム（2016年）と倍以上あります。もっとも1990年の70・2キログラムからは大幅に減っているとはいえますが[22]。

でも、いまでも飲食街を歩いていると、「新鮮な魚」を売りにする看板がどれだけ多いことでしょうか。しかし、環境保護問題の中でも、魚や海洋資源に関する情報は格段と少ないのが現状です。海洋プラスチックごみ問題で、海洋生態系にダメージがあるという報道は増えましたが、漁業の問題、漁業資源の枯渇については、深刻度合が低いようです。サンマが２０２０年は少ないなどといわれますが、「今年は不漁だなぁ」程度の認識でしょう。

その中では、比較的関心が高いのが、絶滅危惧といわれるウナギです。高くなったといわれながら、引き続き、町のうなぎ屋さんに行けば食べることができますし、牛丼チェーンでは看板メニューの一つになっているので、あまり危機感はないと思います。しかし、実は大変、危機的な状況です。

ウナギとクロマグロはなぜ減ったのか

日本人は世界のウナギ消費量の6～7割を消費するといわれています。食用のウナギには、生息地によってニホンウナギ、ヨーロッパウナギ、アメリカウナギ、オーストラリアウナギの4種がありますが、いずれも大幅に減少しています。ニホンウナギの場合、親ウナギ漁獲量は１９６１年の３４００トンから、最近では２００トン程度に減少してしまっています。

15分の1以下です。同様にアメリカウナギも、ヨーロッパウナギも、過去数十年で急減しています。国際海洋探査委員会（International Council for the Exploration of the Sea）の調査で、ヨーロッパ12カ国の19の河川で漁獲されたウナギの稚魚は、１９８０年から２００５年までに、平均で95～99％減少したそうです。

その要因としては、化学物質や河川のダム化に加え、人による乱獲だといわれています。とても意外で残念なことに、その乱獲の最大の理由は、日本人である可能性が高いのです。

戦後から高度成長時代まで、「ウナギはウナギ屋でさばいて焼いてもらい、特別のときに食べる」ハレの料理でした。しかし、90年代以降、そのウナギがスーパーや外食チェーンで安く手に入るようになったことに気がついた人はいませんか？

それはアメリカやヨーロッパのウナギの稚魚を中国に輸出し、中国で養殖した養殖ウナギを大量に輸入したためです。北米や欧州のウナギはそのために漁師が乱獲して激減したといわれています。欧米ではウナギは、あまり一般的な魚ではありません。

なお、通常養殖というと産卵させて育てて食べるので資源量は、管理されているイメージがあります。しかし、ウナギは商業レベルでは人工的に産卵できないので、天然の稚魚を獲ってきて養殖池で育てる養鰻業です。つまり、食べれば食べるほどウナギ資源は、減っていくのです。乱獲の結果、２００９年にはヨーロッパウナギは「絶滅の危惧あり」としてワシントン条約で国際取引が規制されていることを知っていましたか？　マスコミ報道などでは、「最近、ウナギが高騰しているのは中国人のウナギ消費量が増えたため」などと報道されたりします。最近に限ればそういう影響があるかもしれません。

しかし、そもそも15分の1以下に減らしてしまった私たち日本人がウナギ資源を大事にせず、日本だけでなく世界のウナギをすでに大量に食べてしまっていたことも忘れてはいけないです。同様に日本人が大好きなので乱獲していて、そのため激減している魚がクロマグロです。

中西部太平洋まぐろ類委員会（ＷＣＰＦＣ）が、２０１２年12月に公開した科学調査報告では、漁獲がなかった時代の資源量の３・６％程度に減少している。つまり、96％減少してしまったそうです（勝川俊雄　東京海洋大学准教授、公式ブログより）。

クロマグロについてはワシントン条約で国際商取引を全面禁止種リストに加える提案がされて、マスコミの話題になっているので、減っているのかという認識は、みなさんもあるでしょう。

ちなみに、マグロにはクロマグロ以外にビンチョウマグロやキハダマグロなど多種あります。では、メジマグロは聞いたことがありますか？　関西では結構、メジマグロは有名だそうです。これは新種のマグロではなく、体長50～60センチのクロマグロの稚魚です。成魚を獲ることが問題になっている魚の稚魚（子ども）を私たちは知らずに食べているのです。これを知ると絶滅がいわれているクロマグロの子どもを食べる気にはならないでしょう。

モントレーのイベントでも、「日本人は海洋資源を乱獲しているが、どう考えているのか？」と参加者に質問されました。今回、モントレーのイベントで講演した英国の有名シェフで、海洋保護活動家のHugh Fearnley-Whittingstall氏は、彼の魚料理の本の中で、クロマグロについて「スシバーでは、勧められても食べないように。あなたはパンダを食べますか？」と記載しており、日本人として恥ずかしくなりました。

よく考えてみると、学生時代には最も安く大きくコストパフォーマンスが良い、といわれたホッケも皿からはみ出るサイズだったのに、いまや小さくなりました。アユも20センチくらいのものを小さいころ食べていましたが、10センチくらいです。

鯖もノルウェー産のほうがおいしい、といわれるようになりました。金沢の名産のサバのへし子も、お土産に買おうと手に取ると、ノルウェー産だったりします。魚が減り、小さくなったのには、温暖化による海水温の変化、化学物質などによる海水汚染、海流の変化など複雑な理由があるといわれますが、私たちが後先考えずに獲りすぎたことも見逃せません。

漁業管理のあり方自体が問われる日本

漁業の課題がむずかしいのは、海の中のことだからです。実際に魚がどのくらい生存しているのか人間にはすべてがみえません。農業だと陸上なので全体をある程度は把握することができます。パーム農園は衛星写真でもモニタリングしていました。

しかし、海の中は深海を含めて未知の分野が大きい。たとえば、サンマやマグロのような回遊魚が例年通り獲れないのは、本当に生存量が減ったのか。または、太平洋の回遊ルートが変わり、例年の漁場に来なくなっただけなのか。そこがはっきりとわからないため、ここにある魚を獲っても大丈夫だろうと思いがちです。

しかし、さまざまな研究により中長期的に魚が減少しており、主たる原因は乱獲といわれています。親魚がいなくなれば次世代は生まれませんから。ですので、持続可能な漁業政策とは、資源管理を適切にすることです。残念ながら日本では効果的な資源管理対策が、近年まで取られてきませんでした。

次のページの図表5－10は、日本のサバの生産量の推移です。80年代以降、減少の一途をたどり、90年代から2000年ごろまで、100万トンを切るレベルに落ち込んでいました。一方、欧州（ノルウェー）では、日本と同様に80年代まで減少しましたが、それ以降は300万台で推移していました（勝川俊雄 東京海洋大学准教授ブログより）。

この違いはなんでしょうか？

80年代に入り、欧州の漁業大国ノルウェーでは、しっかりした漁業管理政策を導入します。具体的には、船ごとに獲って良い量を割り当てたのです。その結果、各漁師は最高の価格で売れる成魚（サバの場合は、秋に

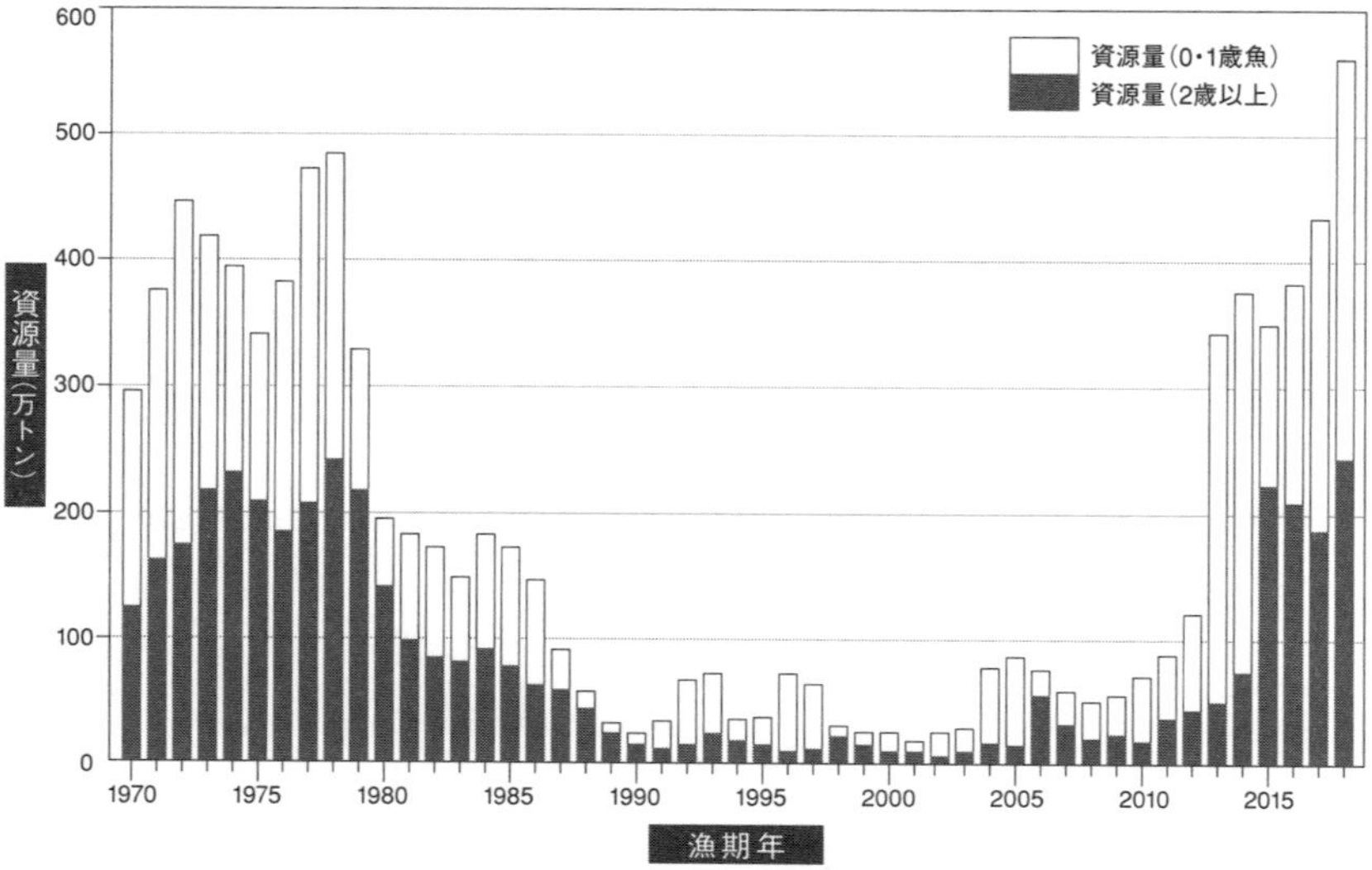

※資源量の棒グラフは、0･1歳魚と2歳以上に分けて図示。
（出所）中央水産研究所 令和元年度マサバ太平洋系群の資源評価より

図表5-10 日本と欧州のサバの資源量の推移

油が乗った秋サバ）状態で獲ります。

これに対して日本はオリンピック方式といって、解禁時期になれば早い者勝ちで獲れる方式を続けてきました。

となるとサバの場合は、春にまだ小さいサバでも獲ってしまう。秋まで待てば油の乗った秋サバになることがわかっていても、そこまで待つ前に誰かが獲ってしまうわけです。

小さいサバでも獲れるうちに獲る。その結果、指の長さほどのサバが大量に水揚げされます。これらのサバはローソクサバといって小さいために食用には売れず、魚粉などにしか使われません。安いので漁師さんは大量にとるのでどんどん減るという悪循環になりがちです。

一方、ノルウェーなど、個別割り当て方式の国は船ごとに獲れる量が決まっているので、一番高く売れる太った成魚になる時期まで待って獲ります。結果として漁師は、儲かる職業となっています。（片野歩氏のブログ／「漁が消えていく本当の理由」を参考）。

また、幼魚を獲り続ければ、その種は絶滅していきますよね。日本のサバ漁が回復するのは、２００４年以降です。積極的な資源管理策をその時期から導入した結果、２０１８年は１９７０年以降、最も高くなりました。また、２０１８年にやっと漁業法が改正され、個別割り当て方式が導入されることになるので、今後はさらなる改善が期待されます。

しかし、いままで日本の漁業管理のあり方に問題があったことについて、魚好きを自認しているのにもかかわらず、ほとんどの人は、知らないのではないでしょうか？　その原因は、魚が身近にありすぎて、あえて正面から学ぶ対象になりづらかったこと。サバの味噌煮込みのようなものは、ソウルフードみたいなものですからあえて学ぶ対象か、というとむずかしかった、と私は推測しています。

一方で、欧米では刺身やスシは高学歴の人たちが健康によくオシャレだという触れ込みで食べはじめていますから、漁業資源に関する知識もセットで学ぶ機会が多いのだと思います。また、森林破壊のように悲惨な現状をビジュアルでみられなかったため危機感が持ちにくい。だからこそ、海洋プラスチックが魚や海獣たちを苦しめている映像にショックを受けたんだろうと思いますが、魚を獲りすぎていなくなった海を私たちは知らないのです。

マスコミも知らないから報道しない。外国から指摘されると、39カ国以上に拠点を置く非政府の自然保護団体のグリーンピースが、捕鯨を批判してきたいやな記憶が思い出されて、心理的に反発したくなる、そんなことも障壁になっていると思います。

世界が問題視するIUU（違法、無報告、無規制）漁業

さて、漁業における問題はこれだけではありません。実は、世界が問題視している海洋資源問題に、IUU問題があります。IUUとは、「Illegal, Unreported and Unregulated（違法、無報告、無規制）」の漁業です。特に、アフリカの漁業者の場合、IUUが多いといわれます。IUUは1100～2600万トン（世界の漁獲生産高の1～2割を占める）ともいわれてます(23)。

EUは早くからこの問題に取り組みはじめ、2010年から輸入魚のトレーサビリティ確保に動いています。IUU漁業の疑いある国にはイエローカード、改善の見られない国にはレッドカード（輸入禁止）を出して、IUU漁業をEUの港から締め出しています。その結果、規制の緩い国にIUUの疑いのある魚が流れてきます。米国では、輸入水産物の20～32％、日本では24～36％が、IUUと推計されています(24)。

IUU対策はEUがリードしていて、米国は2014年にタスクフォース設置、2015年行動計画策定。2018年に一部、魚種監視を開始しています。また、世界的には2016年、IUU漁業に対する「国際イニシアチブ／PSMA」を発効しました。こうした動きに日本のフォローは遅く、PSMAに加盟したのは1年後の2017年になってからです。これにより冷凍マグロ、ロシアからのカニの輸入に規制措置がとられるようになりましたが、世界の動きに対して遅いのが残念です。

こういう数字をみると私たちがお店の店頭で手に取る輸入魚の3割は、IUUであっても不思議はないわけですが、その実態は私たちにはわかりません。

また、魚に関しては、もう一つ悲しい問題があります。2014年6月英国ガーディアン誌はタイの養殖業で奴隷労働が行われていることを告発しました。その養殖魚を英国の大手小売が扱っていたため、大きな社

会問題に発展しました。

その後、タイのマグロ漁業、ツナ缶やすり身の加工業にも奴隷労働問題が浮上し、主に移民や難民、誘拐した労働者を酷使する実態が明らかになりました[25]。こうした動きを受けてＩＬＯは、ＥＵの出資と大手小売などと協働で２０１６年からタイ漁業の調査プロジェクトを開始したところ、台湾の遠洋漁業においても奴隷労働問題浮上しました[26]。いまや水産業は奴隷労働の現場というイメージすら定着しているのです。

持続可能な漁業に関する国際シンポジウムに参加したところ、タイのＮＧＯが奴隷労働状態の被害者たちを救済した話を聞きましたが、２年間に一度も陸に上がることなく船底で魚の処理などをさせられていたということでした。昔、読んだ「蟹工船」そのものの世界がまだあり、そういう魚を食べているかもしれないことに愕然となりました。日本でもＩＬＯ制度政策がはじまりましたが、その前に消費者ができることもあります。

投資家も注目！　魚の認証ラベル「ＭＳＣ」「ＡＳＣ」

では、どうやったらＩＵＵではなく、獲り方も持続可能で、十分に資源量がある魚を選べるのでしょうか？魚にもパームと同様に消費者にもわかりやすい認証ラベルＭＳＣ（Marine Stewardship Council）の「海のエコラベル」があります。ＭＳＣは１９９７年に欧州で発足しているので、パーム油のＲＳＰＯよりも歴史があります。この評価の基準は、「資源の持続可能性」「漁業が生態系に与える影響」「漁業の管理システム」で

（出所）MSC（海洋管理協議会）／ASCジャパン（水産養殖管理協議会）より

図表5-11 海に関する2つの認証ラベル「MSC」と「asc」

す。発足から20年以上たったところで、２０２０年７月末現在、世界でＭＳＣラベル付き製品数４万３５００品目以上、日本でも９１４品目になっています。

前年同期が７９２品目なので、２割近く増えています。マルハニチロや日本水産などの水産会社は当然ですが、小売では、日本生協連、イオングループ、セブン&アイグループなどが認証商品を扱いはじめました。

外食では、ファーストフードの「マクドナルド」、神奈川県で本格的な和食を提供する「きじま」でも、認証魚を扱いはじめています。また、おもしろい活動ではパナソニックや三井住友海上などが社員食堂で扱うなど、さすがに魚好きの日本人ですから、広がりは早いのでしょう。

なお、計画的に生産できる養殖なら問題ないのでは、と思う人もいるでしょう。しかし、養殖にも問題があります。養殖施設の建設が自然環境を破壊することもあります。たとえば、エビ養殖がマングローブ林を破壊することもあります。また、大量の糞や残餌、抗生剤による環境汚染も深刻な場合があります。そして養殖魚を1キログラム育てるには、餌（主にイワシやアンチョビなどの魚粉）が3～10キログラム必要とされるので、そのために餌用のイワシなどの天然魚が過剰捕獲されて、地域の生態系かく乱を招くこともあります。養殖魚には寄生虫リスクが高まるので大量の抗生剤を投与されることもあります。こうした問題を生まない養殖を認証するのは、水産養殖管理協議会（Aquaculture Stewardship Council）のＡＳＣ認証です。

英国のシンクタンク Planet Tracker は、２０１７年に世界の水産会社２００社以上の情報開示などを調査しました。そこで日本企業40社が、全体の売上の46％を占めていることが明らかになりました。

日本の漁業生産量は、１９８５年の１２８０万トンから２０１７年に４３０万トンへと減り、世界シェアも13・4％から2・2％に激減しています。それにもかかわらず世界の水産業の中で、日本企業の存在は大きいとして、２０１９年には日本の水産会社41社を分析した投資家向けレポート「Perfect Storm」を発表しています。投資判断の材料として、サステナビリティの取り組みを評価しています。

41社の時価総額は、合計１３４０億ドル（約14兆円）に上り、世界の水産業に与える影響が大きいからというものです。私たちが思う以上に、世界の中で「日本の水産業の魚食」のあり方は、インパクトが大きいとして注目されているのです。

食に真摯に向き合う「マクドナルド」和食の「きじま」

以上、私たちの日常生活に密着したパーム油と水産物のサプライチェーンにおける課題を示しました。しか

エシカルな食：身近なファーストフード マクドナルドでも

〈魚の取り組み〉

欧州や米国、カナダ、ブラジルのマクドナルド店舗では生態系に配慮した持続可能な漁業を認証する海のエコラベルMSC承認を取得した魚を使用しています。日本マクドナルドでも2019年8月よりMSC認証を所得し、持続可能で環境を配慮した漁業で獲られた天然のアラスカ産スケソウダラを使ったフィレオフィッシュをお客様に提供しています。

〈コーヒー〉

日本マクドナルドは、森林や生態系を守り、労働者に適切な労働条件を提供する農園が栽培する認証コーヒー原料への切り替えを徐々に進めており、2019年10月現在、お客様に提供しているコーヒーは、レインフォレスト・アライアンス認証の農園豆を100%使用しています。

〈お客様用紙製容器包装類〉

2020年中に店舗で使用しているお客様用紙製容器包装類を100%FSC認証済み資材に切り替える目標を掲げています。

〈パーム油〉

パーム油は、世界で最も多く、消費されている植物油、環境や地域社会に配慮して生産されないと、熱帯雨林やさまざまな生物の大規模な消失に直接影響をおよぼしています。日本マクドナルドは、2015 年から徐々に店舗で使用しているパーム油を持続可能なパーム油である、RSPO認証の油へ切り替えを推進しており、2018年末現在、店舗で使用しているフライオイルについてはRSPO認証を所得しています。

（出所）日本マクドナルドウェブサイトより抜粋　写真は日本マクドナルド株式会社が提供

図表5-12 マクドナルドの「エシカルな食」の取り組み

し、こうした問題は食に限ってもパーム油と水産物だけではありません。ここでより幅広く、食のサステナビリティを追求している事業者の取り組みを二つ紹介しましょう。

一つは、図表5－12の「日本マクドナルド」です。「日本マクドナルド」のフィレオフィッシュは、MSC認証の魚をRSPOの油でフライにして、FSCという森林認証の紙パックに入れて販売されています。また、コーヒーはレインフォレスト・アライアンス認証の農園豆を使用しています。

ファーストフードの「マクドナルド」がこうした取り組みをしているので、気がつかないうちにMSCの魚とRSPOの油で揚げたMSCの魚を食べている人も少なくないでしょう。大衆的な全国チェーンによる取り組みは、扱う量がケタ違いなので、認証市場を大きく後押しします。

一方で、量はそれほどでもないけれど、究極のエシカル食を追求する高級店もあります。私が最近感動したエシカルな食は、神奈川県にある本格的な和食の「きじま」の究極のエシカル弁当です。図表5－13の上の写真は2019年の東京サステナブルシーフードシンポジウム(27)で提供されたお弁当のメニューです。魚がMSCとASCというだけでなく、野菜や肉、調味料も有機や自然栽培のものばかりです。お箸もFSC認証のものを使っています。それもそのはず、図表5－13をみれば会社の姿勢としてすべての食材に厳しいサステナブルな基準をもうけているのです。実はここまでエコな食材が身近で入手できるのにもびっくりし、お客様にはおいしい食事を、同時に海や森林を守りながら、という姿勢に感銘を受けました。当然、お弁当もすばらしく、おいしかったのはいうまでもありません。こういうお店を使う（支援する）ことでさらにエシカルな食が広がっていきます。

消費者の私たちは、自分たちがスーパーで買っている食品や日用雑貨は、味や香り、使い勝手が気に入っているから、あるいは値段がお手頃だから、というような理由で買います。ラベルに国産とか有機農業で栽培さ

きじまの活動が該当するSDGs

SUSTAINABLE DEVELOPMENT GOALS

2030年に向けて世界が合意した「持続可能な開発目標」です

美味しい和食と豊かな海を、未来もずっと。きじま

持続可能な水産物の利用

●国際的なサステナブル・シーフード認証であるMSC・ASC認証水産物の利用をさらに推進する（二〇一九年に日本の和食料理店で初の認証取得）。

有機・自然栽培農産物の利用推進

●環境に負荷をかけない無農薬・無肥料の自然栽培の農産物の利用推進。現在は、自然栽培米は100％有機・自然栽培の農産物の利用は全体の約60％～70％になった。さらに利用を推進している。

抗生物質や遺伝子組み換え飼料不使用動物福祉（アニマルウェルフェア）に配慮した畜産物の積極利用

●清潔で十分な広さが確保された畜舎や放牧が可能な屋外空間、PHF（ポストハーベストフリー）で非遺伝子組み換えの飼料で育てられた畜産物の利用をさらに推進する。現在は肉（平飼いの鶏・放牧豚・抗生物質を使用していない牛）、平飼いの有精卵、パスチャライズ牛乳など利用している。

化学調味料・各種エキス類・保存料・合成着色料・合成香料・食品添加物の撤廃

●きじまで使用する調味料は、化学調味料・保存料・合成着色料・香料など一切不使用。現在は、醤油・油・砂糖・酢・みりん・味噌・白醤油・魚醤・がり等を利用中。今後も昔ながらの伝統的な製法を守る和の発酵食品の利用をさらに推進する。

海を汚す石油由来の合成界面活性剤の完全撤廃

●水産資源を利用して事業を営む者として、海洋の水質に重大な影響を及ぼす石油由来の合成界面活性剤の撤廃を達成

（国内の石けんメーカーと共同で取り組んでおります）

FSC認証を取得した国産木材の使用

●「きじまみなとみらい店」では日本の和食店で初めて店内の内装（カウンター・テーブル・フローリング等）にFSC認証木材を使用しております。

●年間四十万膳のお箸をFSC認証を受けた国産木材へ切り替えるプロジェクト進行中。

環境印刷

●お客様がきじまの店内で手に触れまたは目にする印刷物を、一つひとつ環境と人に優しい非石油系溶剤のインクやFSC認証の紙、また再生可能エネルギーを使ったものへ変更を進めています。

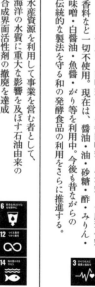

前 菜
<Appetizer>

○ASC ブラックタイガー海老 酢漬け
<Sweet Pickled ASC Black Tiger Shrimp>

○有機しいたけ 平飼い有精卵の黄身寿司
<Organic Shiitake Mushroom "Kimi-Zushi" >

○有機白ごまクリーム豆腐
<Organic Creamy Sesame Tofu>

○自然栽培バターナッツとサツマイモのきんとん
<Organic Butternut Squash & Sweet Potato Mash>

○自然栽培野菜の煮物 人参 里芋 ごぼう
<Assorted Simmered Seasonal Organic Vegetables>

○MSC メバチマグロの砧巻き
<MSC Bigeye Tuna "Kinuta" Roll>

○自然栽培百合根 酢漬け
<Pickled Organic Lily Bulb>

煮 物
<Simmered food>

○うみさち飛竜頭 蟹餡かけ
<Seafood Tofu Dumpling (MSC Scallop, ASC Vannamei Shrimp) with MSC Snow Crab Dashi Sauce>

揚げ物
<Fried Food>

○有機レンコン 海老とひじきはさみ揚げ
<Fried ASC Vannamei Shrimp & Hijiki Seaweed Mousseline with Organic Lotus Root>

○ASC 海老（BT）の柚子胡椒マヨネーズ和え
<ASC Black Tiger Tempura Marinated with Yuzu-Kosho Mayonnaise>

○MSC かつお竜田揚げ 玄米黒酢餡かけ
<Fried MSC Bonito with Organic Brown Rice Sauce>

○自然栽培南京と岩手県産放牧豚の博多揚げ
< "Hakata" Fried Pumpkin & Pasture raised Pork>

○自然栽培柿の酢漬け
<Sweet Pickled Organic Persimmon>

焼き物
<Grilled food>

○MSC ホタテ 黄金焼き
<MSC Scallops "Golden Broil" >

○バラマンディ 幽庵焼き
< Barramundi "Yu-an" Grill>

○平飼い有精卵の味玉
< "Aji-Tama" Egg >

○有機生芋こんにゃく ピリ辛炒め煮
<Stir Fried Spicy Organic Raw Konjak >

○自然栽培サツマイモのレモン煮
<Organic Sweet Potato Simmered in Sweet Lemon Syrup>

炊き込みご飯①
<Seasoned Organic Rice#1>
「ASC アサリと有機ケッパーの炊き込みご飯」
<ASC Clam & Organic Caper>

炊き込みご飯②
<Seasoned Organic Rice#2>
「ASC サーモンと自然栽培新生姜の炊き込みご飯」
<ASC Salmon & Organic Baby Ginger>

（出所）きじまメニューより抜粋　写真は株式会社きじま提供

図表5-13 和食の「きじま」のエシカルな取り組み

れたことを示す有機という記載があるから買うということもあるでしょう。また、原材料一覧をチェックする人もいると思います。それがエシカル消費そのものです。

しかし、エシカルという言葉がカタカナでなじまないという人も少なくないので、私は日本人にふさわしい言葉は「おかげさま」の心を持った消費だと思います。サプライチェーンの上流があるから、その商品を購入し、消費できる。昔はお米をつくる人がいるおかげでご飯が食べられる、といわれたものですが、その考え方はすべての商品やサービスに当てはまることでしょう。直接、お米をつくる人の顔を知らなくても、つくってくれたことに感謝する。その気持ちがエシカル消費なのです。

NOTE

注(1) The Sustainability Consortium 'Greening Global Supply Chains' 2016Impact Report

注(2) 内閣府 平成27年9月「消費者行政の推進に関する世論調査」世論調査報告書 https://survey.gov-online.go.jp/h27/h27-shouhisha/gairyaku.pdf

注(3) 三井物産戦略研究所 産業調査第二室 松浦武蔵 2014年5月19日 https://www.mitsui.com/mgssi/ja/report/detail/1221323_10674.html

注(4) https://www.sustainability-fj.org/pdf/141225.pdf

注(5) https://www.dentsu.co.jp/news/release/2020/0427-010047.html

注(6) ＩＳＯ／ＳＲ国内委員会「ISO26000:2010 社会的責任に関する手引き」日本規格協会、および松本恒雄監修「ISO26000実践ガイド」中央経済社

注(7) UNEP'Global Material Flows and Resource Productivity'2016

注(8) https://www.globalnote.jp/post-1555.html

注(9) https://www.globalnote.jp/post-1409.html

注(10) https://www.theguardian.com/environment/2018/may/21/human-race-just-001-of-all-life-but-has-destroyed-over-80-of-wild-mammals-study?fbclid=IwAR0VC9UzWdH9_8ulSHQ4bZOUWa3xu9FgYOEwiWCw1kRHvqRRKzqShYW5mg

注(11) スーザン・ストラッサー著・川邉信雄訳『欲望を生み出す社会』東洋経済　p4

注(12) FAO 'The future of food and agriculture Trends and challenges'

注(13) ILO http://www.ilo.org/global/topics/forced-labour/lang--en/index.htm

注(14) RepRisk Special Report 'Forced Labor' April 2016

注(15) Planting up Progress https://foodfoundation.org.uk/wp-content/uploads/2019/07/Plating-up-Progress-FINAL.pdf

注(16) https://www.wwf.or.jp/activities/basicinfo/2484.html

注(17) WWFジャパンウェブサイト

注(18) https://rspo.org/about

注(19) http://rspo.jp/

注(20) FAO"State of World Fisheries and Aquaculture 2018",p.2

注(21) 水産庁「平成29年度水産白書」p.97

注(22) 水産庁「平成29年度水産白書」p.117-p119

注(23) WWF Factsheet March2017 確かな管理、豊かな資源 ―IUU漁業の現状と解決策―

注(24) G.Pramod,Y.T.J.Pitcher, G.Mantha 'Estimates of illegal' and unreported seafood imports to Japan7 Marine Policy84 pp42-51

注(25) http://www.greenpeace.org/japan/ja/library/publication/20161111/

注(26) http://www.greenpeace.org/japan/ja/news/press/2018/pr20180525/

注(27) https://sustainableseafoodnow.com/2019/

CHAPTER 6

コロナを経て「持続可能な社会」への脱皮

「人間の都合」と「地球の都合」どちらを選ぶのか

コロナ禍のメッセージ

持続可能な社会へのパラダイムシフトは、古くは１９７０年代のローマクラブの報告書、１８８０年代のブルンブラント委員会で、「持続可能性」が定義されたころからも囁かれていました。今世紀に入り、そして令和になって、そのささやきは異常気象の頻度にリンクするように、大きくなっています。

本書では、その声がささやきからクレッシェンドして、大きくなっていくさまを示してきました。今年に入り、予想外のコロナ禍の衝撃音が鳴り響いてますが、耳を澄ますと底流には、いまや合唱になったサステナビリティの声が流れています。

国際的には政治、経済、金融のリーダーたちは、コロナからの道筋を「ビルドバックベター」、つまり、いままでより良い形へ再建するとか、「グリーンリカバリー」という緑による復興などと、口々に発言しています。日本ではこういう論調をあまり耳にしないことを残念がる声も少なくありません。欧米のように「ビルドバックベターを日本でも」と主張する人もいます。

確かにコロナ禍による経済ダメージから立ち直る手段は、単純にコロナ以前に戻す復旧ではなく、新たなサステナブルなステージへの復興という発想は大事です。しかし、私は「復興」という物的な立て直しというイメージが強い言葉より、コロナ前の「近代強欲資本主義」から「サステナブルな社会」に脱皮する、という生物が成長するイメージのほうがふさわしいのではないかと思います。

そう考えると、コロナと異常気象は、さなぎが蝶に生まれ変わるように脱皮する、そのための最も苦しい試練なのかもしれません。

持続可能性の問題を「人間の都合」で組み立てていないか

思い起こせば、持続可能性という言葉を定義した１９８７年、国連の「環境と開発に関する世界大会」による「ブルントラント報告」から、１９９２年のリオの地球サミット、１９９７年の京都議定書、２０００年のＭＤＧｓ、２００２年の「持続可能な開発のための世界サミット（リオプラス10）、２０１２年の国連持続可能な開発会議（リオプラス20）、そして、２０１５年のＳＤＧｓとパリ協定まで。世界のリーダーたちは、このように持続可能な社会への道筋を示してきましたし、社会全体を持続可能な方向に誘導しようとし、力を入れてきました。しかし、気候変動や生物多様性の喪失、貧困撲滅、人権侵害の改善のスピードは、あまりに速く、まったく追いついていません。

企業活動をすべて再生可能エネルギーによって行うことを宣言する「ＲＥ１００（事業活動により生じる環境負荷を低減させるために設立された環境イニシアチブ）」に署名する企業は日本でイオンやパナソニックなど大手35社、世界全体でも２４０社（２０２０年６月）を超えました。ＥＳＧ投資は、世界全体で３０００兆円（２０１８年）を上回り、日本でも２０１５年から２０１９年までに12倍に拡大し、３３０兆円を超えています。それにもかかわらず大気中の二酸化炭素の濃度の増加を止めるには至らないのです。

世界の森林は、ブルントラント報告後の１９９０年から２０１５年までのわずか25年で３・１％も減ってしまっています[(1)]。また、世界の魚種資源のうち現段階で30％が乱獲されており、完全利用されている魚種は50％を超えています[(2)]。こうした警告は幾度も出ているにもかかわらず、地球環境は損なわれ続けています。そして貧困問題はそこそこ改善しているとはいえ、まだゴールにはほど遠いのが現状です。

なぜ、意識はあるのに進まないのでしょうか？

私はこの持続可能性の問題を「地球の都合」と「人間の都合」に分けて考えるべきだと常日頃から、考えてきました。リオのサミットも京都議定書もパリ協定も、人間の都合だけを考えると、かなり頑張ってきたといえます。環境問題は健康問題のように、自分がマスクをしないと手洗いしないと、自分と周囲の感染リスクが高まる、というようなわかりやすい因果関係がみえないのです。

理屈上は関連があることがわかっていても、自分がCO_2を減らす努力をしたからといって、自分の気象災害リスクがそれに応じて減るわけではありません。となると、わかりやすい経済的な要素が優先されます。とりあえず、目の前の課題である経済的損害を回避しようと動きます。それによって環境対策は、後手にまわる。

私たちの頭の中を「地球ファースト脳」と「経済ファースト脳」をすでに図表3-1で示しましたが、その通りなのです。そこにＳＤＧｓやパリ協定というわかりやすい持続可能な枠組みが示され、コロナが後押ししています。また、ＥＳＧ投資が企業のサステナビリティの努力を後押しするようになって、多少動きは早くなり、自治体でも持続可能な都市づくりがはじまっています。こういう動きをみると、期待が持てるという気になります。しかし、これらはすべて人間の事情です。

地球の事情はそんなに甘くない

これに対して地球の事情は、まったく異なります。１９９０年に公表されたＩＰＣＣ第一次報告書「温暖化を食い止めるためには、直ちに温室効果ガス削減排出を6割削減しなければならない」ということなのです。繰り返しですが、2017年の世界初の海洋に関する「国連会議 The Ocean Conference（国連海洋会議）」では、ピーター・トムソン71回国連総会議長は、以下のように地球の事情を代弁しています。
「一線を越えようとしている漁業資源の減少、海洋酸性化の程度、海洋に投棄されたプラスチックの量のどれをみても、良識のある人なら、もう時間はなく、すぐにでも行動を起こす必要があると結論づけられるはずです」。この図式をみていると、私はあることを思い出します。どこの家でもあったであろう、子どものころの夏休みの宿題をめぐっての母親と子どもの会話です。

母親「宿題はやったの？」
子ども「今日は○○ちゃんと遊びに行ったから、できなかった」

1週間後――
母親「宿題どのくらい進んだ？」
子ども「○○ちゃんとまた遊んだから、漢字ドリルと算数ドリル1枚づつしかできなかった」
母親「それだけで間に合うの？　工作は？　絵日記は？」
子ども「絵日記は昨日の分はやったよ。工作とかはまだ　夏休みはたくさんあるから大丈夫」

お盆が過ぎたころ――
母親「工作はやったの？　自由研究はどうなってる？」

子ども「自由研究は、○△をやろうと思ったけど、材料を揃えるのにお金かかるからまだやってない」
母親「お金がかかるのはわかったけど、そういう相談は早くしてね。手伝うから、ドリルも日記も毎日やるのよ。自由研究も急がないと！」
子ども「わかってる。でも、明日はプールに行く約束したから、自由研究はできないかも」
母親「ちゃんとやらないと、おこづかい、減らすわよ」
子ども「わかってる！　でも、明日は遊びに行くからおこづかいはちょうだいね」

8月29日——
子ども「お母さん、自由研究もできてないし、ドリルも半分しかできてないよ。どうしよう〜。助けて！」
母親「だから、早くからちゃんとやるようにといったでしょ。手伝うけど、罰としてお小遣いなし、お菓子もなしよ！」

「地球母さん」が私たちを叱っている

私たちは、この8月29日の状況下に置かれているのではないでしょうか？「地球母さん」は、いままでも何度も、私たちに環境問題を解決するための宿題に早く取り組むように、メッセージを発していました。しかし、子どもである私たちはタカをくって、「すぐにやるから」といいながら、いまの状況では達成できないといいわけをし、本気で取り組んできませんでした。

いままでやさしかった「地球母さん」の怒りが爆発したのがコロナ禍かもしれません。「おこづかいも、おやつもなし」と親が怒り出す状況のように思えます。私たちはやさしくいわれているうちは、たいしてやらない。怒られて、夕食もお預けで、はじめて泣きながらでも宿題をやることになります。そんな状況は、いまの「地球母さん」と人間の母親と子どもの関係に重ねられます。

つまり、環境が大事といいながらも「経済が〜」と、いいわけをして真剣に取り組んでこなかった（ドリルを半分だけやった状況）では、とてもじゃないけれど、地球を守ることはできないのです。すべての宿題を終えるには、時間が足りない、いま、取り組まなければ間に合わないと思った母親が、お盆明けに子どもを叱るように、コロナは地球が私たち人類を厳しく叱って罰を加えている状況かもしれません。それは、人類を滅ぼすというより、早くきちんと宿題（持続可能な社会にすること）に取り組ませるためだと思います。

コロナ禍にある「私たちの日常」への影響

2020年7月、世界では1330万人がコロナに感染し、57.6万人が命を失っています。国によっては医療体制の崩壊がおきましたし、そうでなくても医療関係者の犠牲的な献身に頼る状況です。また、世界各地で中小企業からは、アパレルのブルックスブラザースとか、食品のフォションといった老舗の大企業も破綻するなどグローバル経済に大打撃を与えています。私たちの身の回りでも商店街で、「閉店」という看板を出しているお店が目につくようになりました。

２０２０年３月に設置された内閣府の有識者懇談会「選択する未来２・０」が、２０２０年７月に中間報告[3]を取りまとめています。ここで5月25日から6月5日に行なった「コロナ影響響下における生活意識・行動の変化に関する調査」の概要が報告されています。明確な変化がここにみられます。顕在化したプラスの面として、以下をあげています。

- 就業者の3分の1強がテレワークを経験し、「柔軟で多様な働き方」が大企業を中心に急速に広まった。
- 東京23区では5割超の人の通勤時間が減少し、その7割超が今後も減少した通勤時間を保ちたいと考えている。また、テレワーク経験者では仕事より生活を重視するように変化した人の割合は3分の2に達している。
- 新型感染症の拡大前と比べて、家族の大切さを以前より意識する人は約半分になり、家族を重視する傾向が強まっている。
- 70％超の子育て世帯において家族と過ごす時間が増加し、その80％超は家族と過ごす時間を今後も保ちたいと考えている。
- 夫婦間で家事・育児の役割分担を工夫するようになった夫婦は3割を超え、そのうち9割超が工夫を継続すると考えている。
- 東京23区の20歳代の約35％で、地方移住への関心が高まっている。
- 新型感染症の下で、独身者の20歳代の4割近くが結婚への関心が高まっている。
- 新しいことに挑戦・取り組んだ人は全体で5割を超え、特に20歳代では7割近く、60歳代でも4割を超えている。

- 教育においても、一つの正解を導き出す同質的な能力ではなく、変化への対応力、課題設定・解決力、創造力の重要性が一層高まり、学校で教えるべき教育内容も問われている。また、オンライン教育の活用により、ひきこもりなど一人ひとりの能力や状況に応じた対応が可能であることも認識されはじめている。
- 国民皆保険制度や医療提供の体制、保健衛生行政の重要性が再認識された。
- 感染症拡大を防止する国際貢献など新たな国際関係構築の必要性も高まっている。また、国際的なデータ流通の活用、気候変動を含めたＳＤＧｓなどに関するルールなど、グローバルな課題の重要性も再認識されている。

コロナ禍から生まれた新たな兆し

こうした傾向は、まさにいままで政策として掲げながらも進んでいなかったことです。テレワークのメリットは前からいわれていました。しかし、日本企業の人事評価システムや業務スタイルではむずかしいといわれていました。

ところが、コロナのために有無をいわさずテレワークせざるを得ない状況に追いこまれたら、一気に進みはじめました。

少子高齢化対策として、若い世代のジェンダー意識や仕事や家庭に関する意識と行動変容が求められてきました。そしてコロナで家族観の変化が一気に加速しました。また、過度な首都圏への一極集中の是正も政治課題でしたが、これもコロナで風向きが変わりつつあります。

一方、今回の危機では、さまざまな問題も浮き彫りになりました。

- 4月に非労働力人口が94万人に増加し、そのうち約7割が女性であり、高齢者や子どもなど、弱い立場にしわ寄せがいっていること。
- 保健所において手書きでFAXをしていたり、押印主義、対面主義、書類主義の手続きが官民両方に残っているために不合理な仕事を強いられていること。地方自治体や中小企業、非正規雇用労働者などにおけるデジタル環境など未整備がテレワークの利用拡大の障害となった。
- 学校の教育現場では、小中学生では、オンライン教育受講率の地域差が大きいことが明らかに。そして高校生のオンライン教育の受講率は大学生・大学院生の半分程度にとどまっていて、公立学校が遅れている。
- フリーランスなど多様な働き方が広がる一方、こうした働き方が既存の法制で十分に保護されていなかったことからセーフティネットにおける格差が顕在化。
- 迅速かつ的確に対象者に向けてセーフティネットを発動させるため、行政のデジタル化や適切な情報管理の速やかな実行が必要であることが浮き彫りに。

以上のような課題を踏まえて、回避すべき未来と、選択すべき未来像を示しています。回避すべき未来とは、

- 多様な能力が認められず、働き方も画一的で、新しい発想やイノベーションが生まれない社会。
- 男性中心の硬直的な働き方や社会構造が変わらず、所得が伸びず、ワークライフバランスも実現できない社会。
- 危機時の負担が女性や高齢者などの社会的に弱い立場の人に集中し、生活の質における格差も広がり、個人が幸せを感じられない社会。
- 企業が従来以上にリスクに慎重となり、雇用や投資を行わず、イノベーションも不活発、持続的な成長が実現できない社会。

まさに昭和な世界への逆戻りです。コロナによる経済被害が大きいため、この景気が良かった時代へ逆戻りしようとする重力作用は小さくないと思います。特に高齢なリーダーにとっては自分たちがやってきたスタイルのほうがやりやすいでしょう。しかし、こうした社会には未来がありません。

選択すべき未来に向けて、多様性にこそ価値がある「新たな日常（ニューノーマル）」を目指していくとして、具体的には、

- 創造力を持ちあわせた多様な人材が次々とイノベーションを起こせる、自由かつ柔軟性に富み、変化を取り入れ、失敗への許容力の高い社会。
- 個人が自由度の高い働き方や暮らしができ、ワークライフバランスを実現して豊かさを感じる社会。
- デジタル技術の活用により、高付加価値の財・サービスを創出するとともに、個人情報などが保護され、効率性、利便性、安心を皆が享受できる社会。

・性別などに関わらず人への投資を行うとともに、十分な所得再分配機能、セーフティネットが提供される中で全ての人が能力を伸ばし、発揮できる包摂的な社会。
・地域社会やコミュニティなどにおいて必要な人との交流やつながり、支え合いの価値を大切にする社会。

まさに、ＳＤＧｓが指し示す社会ではないでしょうか。

コロナから速やかに回復するために目指すべき姿は、ＳＤＧｓが目指す社会と軸を一つにしています。ただし、これらは「人間の事情」に基づいているので、人の価値観や意識・行動を変革する力がありますが、地球との関係にまではあまり踏み込まれていません。これに対して地球環境への配慮を、毎日食べる食事から変えていくというのが、オリンピック・パラリンピックです。

オリンピック・パラリンピックと持続可能性

２０２０年7月の4連休、東京は旅行が自粛ムードでしたが、本来ならオリンピックが開催されている予定で、日本の持続可能な社会に拍車がかかるはずでした。

オリンピック・パラリンピックはスポーツの祭典なので、持続可能性とは縁がないと思われるかもしれません。しかし、オリンピック・パラリンピックにおいて、持続可能性は重要なテーマなのです(4)。リオの地球サミットが開催された1992年、アルベールビル冬季オリンピックが行われましたが、これが世界から批判されたことが持続可能な取り組みへの第一歩となりました。

それまでにも短期間の大会のための巨大な施設建設が自然環境を破壊するという批判がありました。しかし、アルベールビルでは、大会設備建設のために、絵のように美しい山斜を視覚的に荒廃させ、新しいホテルやリゾートに供給するために、貴重な水の蓄えを使い、自然棲息地を破壊し、ローヌ川上流を「運河化」しました。大会後は覆いのないむき出しの焼却プラント、埋め立て用地のゴミなどの問題が生じたと厳しく批判されました。

その後、1994年のIOC100周年会議にてIOCは環境をスポーツや文化と並ぶ第3の要素としました。さらにIOCは1996年、オリンピック憲章を改正して、スポーツ界の環境保全の基礎概念と実践活動を規定しました。そういう流れの中で2012年のロンドンオリンピックでは、持続可能性の取り組みは加速します。2020年7月現在、東京オリンピック・パラリンピックは、2021年に延期されていますが、2020年4月に公表された「持続可能性大会前報告書(5)」の中では、

「過去に深刻な公害問題を克服し、成熟社会となった日本及び東京は現在、気候変動や天然資源の枯渇、生物多様性の喪失、差別等の人権問題など、持続可能性に関する世界共通の課題に直面しています。世界においても、SDGsという世界共通の目標に向けて、これまでの社会経済活動のありようを抜本的に変革しようとしています。その中で、1964年大会開催後、再び開催される東京2020大会は、スポーツを通じて持続可能な社会に向けた課題解決への責務を率先して果たしていく重要な役割を担います」

とSDGs、持続可能性の重要性について述べています。

大会では重点的に取り組むテーマとして、5つが設定されていました。

①気候変動 Towards Zero Carbon（脱炭素社会の実現に向けて）。
②資源管理 Zero Wasting（資源を一切ムダにしない）。
③大気・水・緑・生物多様性等 City within Nature/Nature within the City（自然共生都市の実現）。
④人権・労働、公正な事業慣行等 Celebrating Diversity（多様性の祝祭）。
⑤参加・協働、情報発信（エンゲージメント）United in Partnership & Equality（パートナーシップによる大会づくり）。

これに対して具体的取り組みとして、

- 資源管理の具体策として聖火リレーのトーチ：東日本大震災の復興仮設住宅のアルミ建築廃材。
- オリンピック聖火ランナーのユニフォーム：ペットボトルのリサイクル素材。
- 入賞メダル：日本全国から集められた小型家電などからのリサイクル金属を使用。
- 表彰台：市民の協力により回収された日用品の使用済みプラスチック容器からのリサイクル。

などがあげられます。また、大会用の建築材や大会中の食事や日用品についても、すべて持続可能な調達基準が設けられており、大会が日本に先に述べたＭＳＣ、ＡＳＣ、ＦＳＣ、ＲＳＰＯなどのエシカル消費を拡大させるトリガーとなることが期待されます。大会が中止になったとしても、エシカル消費はレガシーとして私たちの生活に残ることが期待されます。

地域に目を向けるとSDGsの取り組みは、足元のコミュニティからはじまっているかもしれません。SDGs宣言をした県や市町村の話は紹介しましたが、内閣府ではSDGs達成にむけて具体的な取り組みをしている都市を「未来都市」として認定しています。2018年は29都市、2019年は31都市、2020年は33都市が選定されています。

未来都市には、さいたま市や横浜市、大阪市などの大都市も、金沢市や松山市などの地域の中核都市や、真庭市、石垣市などの中小都市も選定されています。それぞれの地域のリソースを活用し、環境、経済、社会の三位一体でのSDGs達成のビジョン計画を持っています。

初回選定された北海道の下川町は、衰退していた林業をITを活用して伐採から加工までシームレスに産業化して競争力をつけ、まちの健康省エネ住宅づくりにつなげ、除雪や防災対策にも生かしました。

森林バイオマスを使ってエネルギー自給化を図るなど、経済、社会、環境三位一体の取り組みを行なっています。内閣府地方創生推進事務局のサイトでは、選定都市とその仕組みがくわしく紹介されています。意外とみなさんの街も選ばれるかもしれません。

「ビジョン」と「実行計画」

内閣府の有識者懇談会でも、オリンピック・パラリンピック委員会でも、このようにSDGsを下敷きにして、将来ビジョンをつくり、実行計画をたてています。すなわち、環境・社会・経済を不可分と位置づけること。

SGDsの精神を達成するためには、企業・金融・消費者の三位一体で取り組む

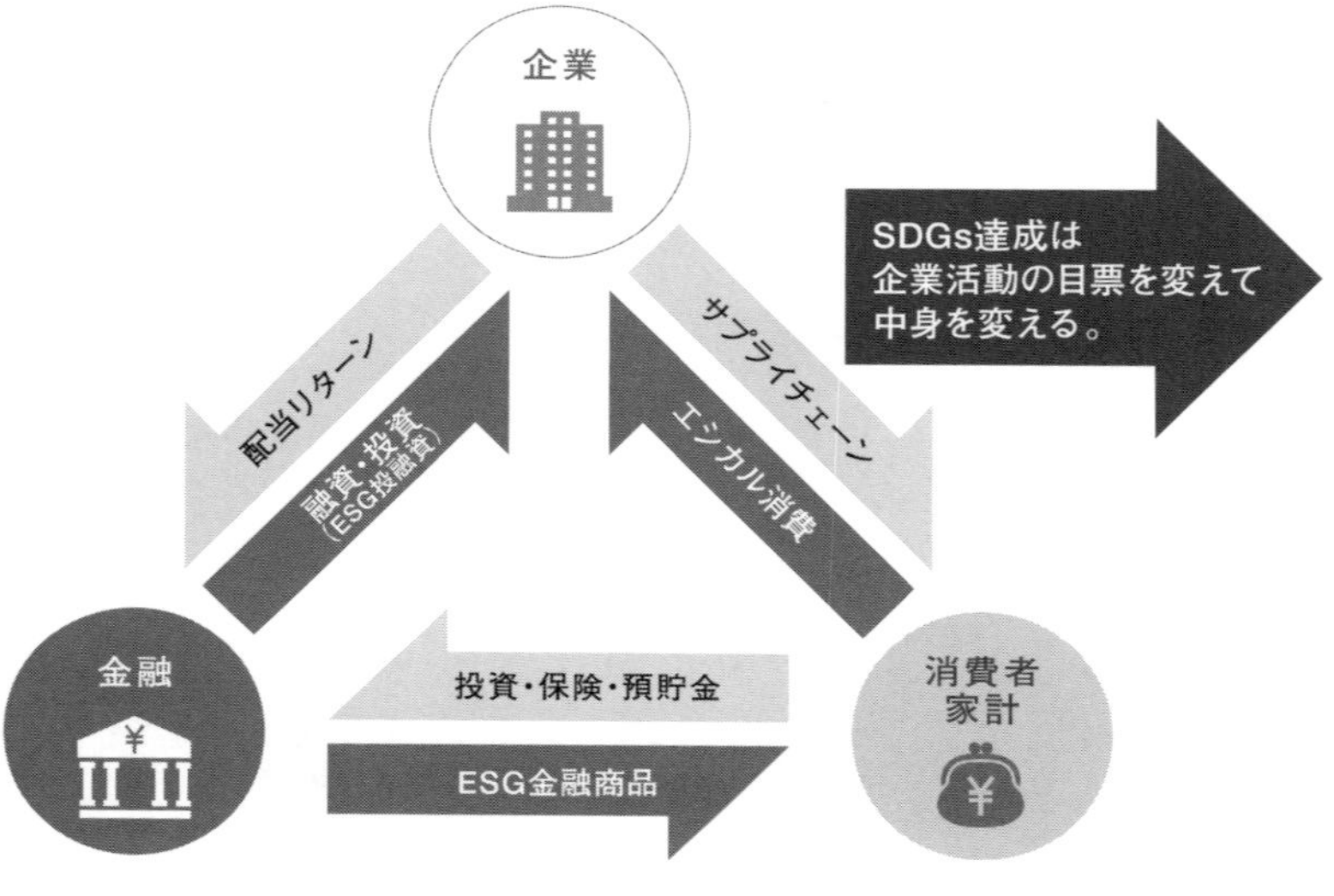

図表 6-1 SDGsと企業、金融、消費者の三位一体

取り組む主体も、多様なステークホルダーとの協働を考えていること。目標を持続可能な未来に定めており、いままでのように金銭的利益は、最優先課題ではないこと。こうしたメッセージが織り込まれています。そしてコロナがこの動きを後押ししている、というカタチがみえてきます。

具体的には、ＳＤＧｓを達成するために消費者・家計、金融、企業が三位一体で取り組むしくみが必要です。企業が提供するエシカル商品・サービスを消費者が優先的に購入するようになれば、エシカル・サステナビリティは企業にとって、競争力にもなります。

それは金融がＥＳＧの取り組み評価をしやすくし、ＥＳＧ投融資拡大につながります。それを受け企業は、ビジネスのエシカル化を加速させます。こういう好循環が回るようになれば、投資家も消費者も企業のエシカル、サステナビリティをより高く評価するようになり、経済全体のサステナビリティ度合が高まり、おのずと社会が持続可能になっていくと期待されます（図表6－1）。

奈良時代の式年遷宮、江戸時代の暮らしからの学び

コロナ禍は大変な損害をもたらしていますが、だからこそ繰り返しいうように、20世紀型の「経済成長至上主義社会モデル」から、「持続可能な社会モデル」への脱皮を促す触媒の役割を果たすことができるはずです。そして、脱皮後の社会形成の指針となるのが、ＳＤＧｓです。

その際には、発想の転換も必要でしょう。私たちは欧米の先行事例にしたがうだけでなく、ご先祖の日本人が、古来より持つ知恵を活用して、和の知恵として世界に貢献すべきではないでしょうか？

たとえば、伊勢神宮の式年遷宮は、１３００年前の奈良時代、初回の持統天皇の時代から１３００年間、原則20年毎に行われています。20年に一度、神様の神殿と神宝に使う資材は、装束を含めすべてを新しく整えるのです。そしてそれらは初回からすべて同じ形を継承しています。ちなみに、御用材は檜1万本（直径60センチ、樹齢２００年以上のもの）、萱2万３０００束（一束25キログラム）、神宝は19種１９９点、装束は５２５種１０８５点を数えます。

直近では、２０１３年に62回式年遷宮が５５０億円かけて執り行われました。このような大事業を奈良時代、平安時代、鎌倉、室町、安土桃山、江戸、そして明治維新、という激動の時代を通じて行なってきたのであれば、持続可能するとはどういうことかという学びがあるはず、そう思い、式年遷宮について大和総研時代に「伊勢神宮の式年遷宮『常若《とこわか》』から学ぶサステナビリティ」というレポートを作成しました(6)。

式年遷宮の成り立ちから得られた持続可能な組織はどうあるべきか、とする考察を以下のようにまとめました。

・その組織のミッションと価値は、その社会の根源的価値と軸を一つにしている。
・そのミッションと価値が共有されれば、時代に即しすぎた合理的と思われる説明は不要。
・単なる拡大ではなく、一定の規模となったら継続を目的にする。
・絶対に変えない本質を守るために、それ以外は時代に応じて柔軟に大胆に変える勇気を持つ。
・日々の業務に従事しながら千年先を想像できる長期の時間軸を持つ人材を育成する。
・常にステークホルダーとの良好な関係を維持するための努力(マーケティング、資金調達を含める)を継続する。
・サプライチェーンの末端に与える社会的・物理的影響を考慮する。
・ステークホルダーは平等に扱い、喜んでかかわるような価値を提供する。
・自給すべきことはなるべく外部ステークホルダーに頼らず、自己責任として自前で対応する努力を継続する。
・経済的にはステークホルダーとは、相互依存のwin-win関係を構築・維持する。

以上のような点が、組織が超長期的に持続していく条件として浮かび上がりました。むやみやたらな拡大主義ではないのです。持続可能と拡大(成長)は、かなり異なるものなのです。

さらに、西洋の発想とは違う逆の発想もみられます。

西洋合理主義では、永遠を目指すならば、壊れない堅牢な石で建物を造るという発想になります。しかし、伊勢神宮は、逆に朽ちやすい白木と萱の建物を建てます。それを定期的に壊して再生させることで、永遠の若さを保つ、『常若』という発想です。西洋とは真逆な発想です。「押してダメなら引いてみよう」という逆の可能性も柔軟に考えられるやわらかい頭が必要です。これはイノベーションを生み出す土壌になります。

若い世代が発掘する江戸時代の技術

また、江戸時代は２５０年の間鎖国して完全自給自足しながら人口を増やし、文化を発展させてきました。彼らの生活は、太陽エネルギー、限りあるバイオマス資源を最大限利用するしかけにあふれていました。

「丑三つ時」など江戸時代の時刻の表現は聞いたことがあると思いますが、その時間の長さは時期によって変わるのはご存じですか？　現在では1日を24等分しているので1時間の長さは変わりません。しかし、江戸時代は1日を昼と夜にわけて、それぞれを6等分するという不定時法を採用していました。その単位が一刻《いっとき》です。でも一刻は2時間とは限りません。日の出のころが明け六つ、日暮れが暮六つでした。夏は日が長いので、明け六つから暮れ六つまでが長くなり、冬は逆に短くなります。

化石燃料で夜明かりをつけることができない時代、太陽の光を最大限活用しようという先祖の知恵です。いまのグローバル化された社会で不定時法を使うことは、まったく合理的ではありませんが、太陽が昇っている時間を最大限利用するという発想（サマータイムを導入する理由でもありました）は、これからの暮らしを考えるうえで、おもしろいヒントになると思います。また、江戸時代の技術やノウハウにも注目が必要でしょう。

２０１９年に私が審査員をつとめた内閣府の「ＳＤＧｓまちづくりアイディアコンテスト[7]」は全国の中高生から住み続けたい町にするためのＳＤＧｓに基づくアイデアを募集したものですが、入賞作の中には地元の名産品や、伝統産業を再度見直して復活させようというものもありました。

一つは京都の木津川の伝統産業であった柿渋を利用し、紙袋の耐水・耐久性を高めたごみ袋の開発。柿渋の耐久・耐水・防腐・防虫・防臭効果は日本家屋や家財道具に欠かせないものでしたが、プラスチックの普及でいまはほとんどみることがありません。この機能に着目したアイデアでした。

もう一つは、名古屋の伝統野菜でおやつとしてたべられていた八事五寸人参《やごとごすんにんじん》を名物スナックとして復活させようというもの。いずれも地元の高校生の発案です。このように、偏見のない目で探せば、私たちが工業化の中で捨ててきた古い技術や産物にサステナブルな価値が見つかるかもしれません。なにせ炭素が使えない時代のものですから、基本的にエコのはずです。

その先の社会とは、モノの豊かさと心の豊かさ

ＳＤＧｓというのは、２０３０年がゴールですが、これは終わりではありません。本当に持続可能な社会への通過点でしかありません。パリ協定による社会の脱炭素化を達成する目標は、２０５０年です。ＳＤＧｓはいままで国際社会がしかけてきた、持続可能な社会へ誘導する仕組みの一つでしかありません。

では、本当に持続可能な社会とはどのようなものでしょうか？

私が理想とする持続可能な社会への道筋は、図表６－２に示した経路です。私たち人類は豊かさを追い求めてきました。しかし、産業革命以前、太陽エネルギーに依存していた時代は技術レベルも低く、物質的に大きく成長はできませんでした。食うか食わざるかという低い経済水準において、豊かさはほぼモノの豊かさにリンクしていました。

豊かになればお腹いっぱい食べられる、替えの服がある、病気になったら医者にかかることができる、学校

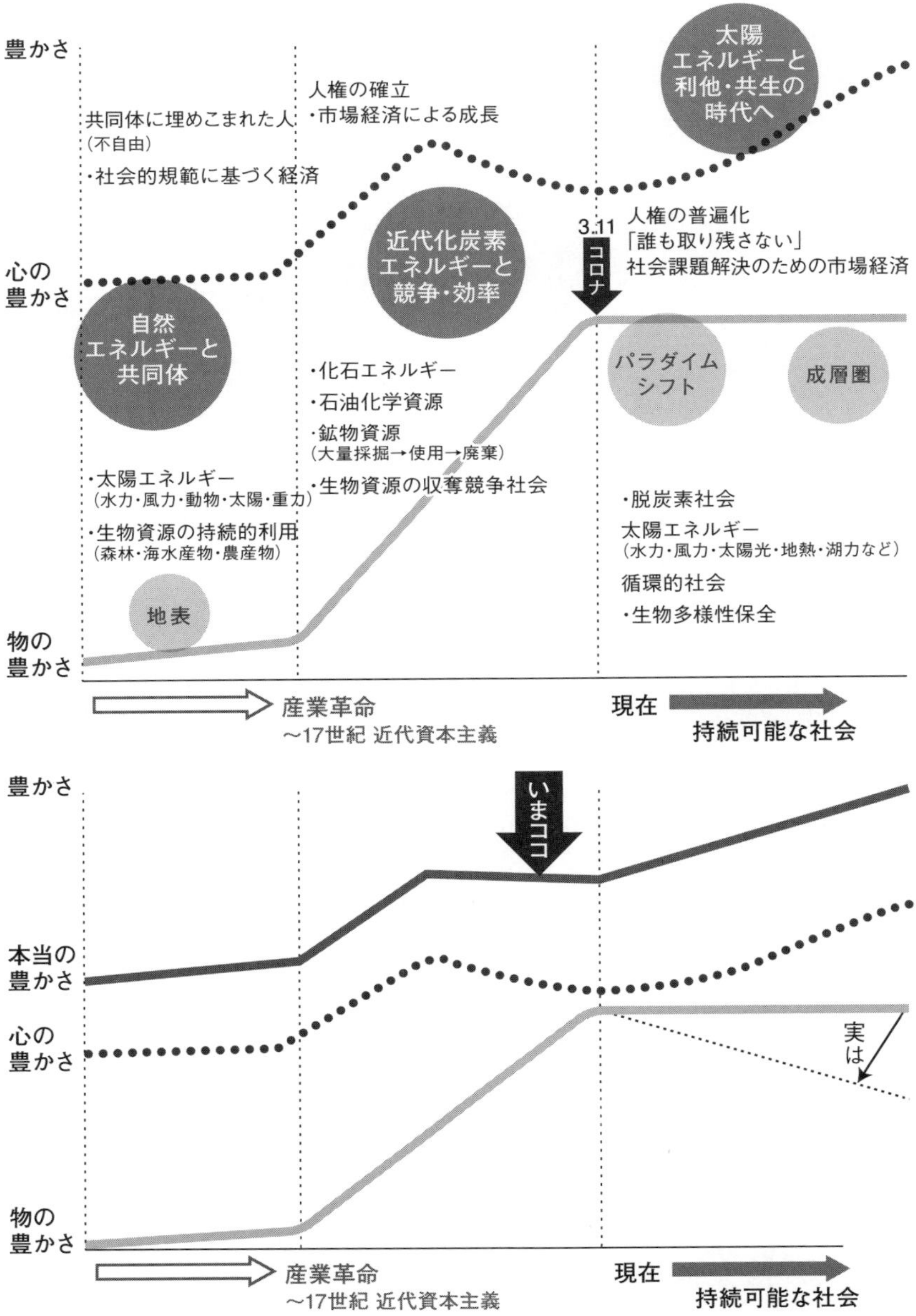

(出所)大和総研レジメより

図表6-2 持続可能な社会への道筋

に行ける、こうしたこと自体が大きな価値だったからです。そこで現れた産業革命によって、太陽エネルギーと人的エネルギー以外のエネルギーが使えるようになり、同時に科学のイノベーションが起きました。そして運輸、製造、通信などにおいてもさまざまなイノベーションが生まれ、生産、物流、情報発信、エネルギーの面で急速に物質的な富が増えていきます。それにリンクして心も豊かになってきます。しかし、一定のレベルまでいくと物質的に豊かになっても心の豊かさは減ることがあります。

近代経済学の始祖といわれるアダム・スミスも道徳感情論において、「身体の安楽と心の平穏に関しては、身分の上下を問わず誰もが似たり寄ったりであり、国王が勝ち取ろうとしている安全の保障を街道の脇でひなたぼっこしている乞食はすでに所有している」(8)と述べています。

また、1990年代に世界8万人以上を対象に行なったアンケート「世界における生活満足度と所得の関係」(9)によると、一人当たりGDPが1~1・5万ドル近辺までは所得と生活満足度には正の相関がみられますが、1・5万ドルを超えると、その相関ははっきりしなくなるのです。

つまり、最低限文化的な暮らしができるレベルの所得さえあれば、それ以上の物質的豊かさは必ずしも心の豊かさにはつながらないのです。仕事のしすぎでストレスがたまるとか、病気になるとか、マイナスになることも少なくないです。

そこで本当の豊かさを「モノの豊かさ＋心の豊かさ」とすると、産業革命から途中まではモノの豊かさも心の豊かさも増えるので、本当の豊かさは飛躍的に広がります。しかし、GNPが1・5万ドルなど一定の水準までくると、モノの豊かさの増加を心の豊かさの低下が相殺して、本当の豊かさは増えなくなります。

「おかげさま」と「お互いさま」

そしていま、地球が生み出す生物資源の1・7倍を使っている状況(10)では、これ以上の物質的な豊かさを追い求めることは困難です。そうであれば、本当の豊かさを追求するには心の豊かさを増やすしかない。それは、「誰一人取り残さない」利他と共感・共生を価値とする経済へのシフトです。

自己利益最大化ではなく社会課題解決に価値を置く社会、脱炭素型経済を基にした、地球に感謝し、地球が与えてくれる資源を大事にする循環型社会です。そして人々が満ち足りている社会。日本人にとっては「おかげさま、お互いさま」の社会といったほうがしっくりするかもしれません。

こうした社会への移行は、気候変動による嵐も吹き荒れ、足元もおぼつかない茨の道ではありますが、その道筋は見えてきました。コロナ前まではおずおずと踏み出していましたが、コロナで一気に走り出す雰囲気になっています。その社会への困難な旅に私たちは踏み出しているのです。

NOTE

注⑴（出所）FAO "Global Forest Resources Assessment 2015"

注⑵United Nations "The Ocean Conference　Factsheet: Marine pollution"、国連海洋会議（2017年6月5日〜9日、ニューヨーク）背景資料

注(3) 内閣府「選択する未来2・0」https://www5.cao.go.jp/keizai2/keizai-syakai/future2/chuukan.pdf

注(4) 公益財団法人 自然エネルギー財団 常務理事 大野輝之レジメ「持続可能なオリンピックへの道 ～リレハンメル、シドニー、ロンドン～ 東京2020の課題」より

注(5) 東京オリンピック・パラリンピック競技大会組織委員会「持続可能性大会前報告書」

注(6) https://www.dir.co.jp/report/research/capital-mkt/esg/20160624_011010.html

注(7) https://www.kantei.go.jp/jp/singi/sousei/wakamono/sdgs_contests.html

注(8) アダム・スミス「道徳感情論」 村井章子、北川知子訳 日経BP社 p402

注(9) World Values Survey 1990-1993/1995-1997 (ICPSR) および World Development Report 1997. ブルーノ・S・フライ、アロイス・スタッツァー、佐和隆光監修、沢崎冬日訳『幸福の政治経済学』ダイヤモンド社

注(10) (出所)https://www.wwf.or.jp/activities/activity/4033.html

EPILOGUE

三尺三寸箸に思う

先日、クリーニングを受け取りに行ったら、ＳＤＧｓのバッジが一緒にもどってきました。店の中で作業している町の小さなクリーニング屋さんです。いつも洗濯物を渡すたびに、ご主人が丁寧に汚れ具合をチェックして説明してくれます。

ご主人はバッジを手にとり「これは、エスディージーズでしたっけ？　確か環境とかの活動ですよね。でも17もあるんでしょ？　私なんかには、17なんて正直良くわかりません。まあ、サステナビリティだっていわれれば、なんとなくわかるんですけどね」といわれました。

ご主人のように地域の中で実直に仕事をしている方たちこそが、まさに「ＳＤＧｓ的」だと思うのですが、「私なんて～」と避けられてしまいました。でも、環境や人権の専門家ではない限り、突然「国連のほうから17のゴール持ってきました！」といわれたら、「遠慮しておきます」と引くのは当然かもしれません。それでもご主人の口ぶりから、「なんかよく説明できないけど、大事なのだけはわかるよ」という気持ちは、ひしひしと伝わってきました。良くわからないけど大事だと認識させることができるのはＳＤＧｓのパワーかもしれません。

一方、先行きがみえないコロナ禍の最中の8月1日、日本経済新聞の一面には「世界の企業3社に1社が赤字」という見出しが躍りました。自動車や小売、外食、サービス、運輸、などは大打撃を受けている。一方でデジタル関係は大幅増益だと。コロナによって生活様式の変更が余儀なくされ、産業の主役交代がまさに起きつつあるのです。

最近、若い世代がコロナの苦境下で人のために活躍しているという報道をテレビやネットで見ることが増えています。その中でも、私には自宅の3Dプリンターでフェイスマスクを作成し、医療機関に寄付した高校生の笑顔が印象的でしたが、彼ら彼女らは異口同音にうれしそうに「社会で困っている人のために役に立てて幸せ」と、いいます。

豪雨災害被災地の現場でも、「いま、大変な人のために役に立つ」と、うれしそうに語るボランティアの若い人たちがたくさんいます。

「もらうことより与えること」に喜びを感じる。そういう発想が広がっているのでしょう。

国際的なCSRやESG投資のコミュニティでも「いまの若い世代は価値観が違う」といわれます。彼らや彼女たちのまっすぐな笑顔を見ていると、経済や産業の構造だけでなく、価値観を含めて時代は本当に大きく転換しはじめたことを実感いたします。「奪うこと、もらうことからはじまる社会」から「まず与えることからはじまる社会」への転換です。

「人の良心」と「物理の原則」とも調和するために

ところで三尺三寸箸の話を知っていますか？

ある人が天国と地獄を見学する機会に恵まれました。一見するとどちらも似たような世界なのですが、ご馳走があるテーブルに人々がついているのです。しかし、よく見ると地獄では誰も食べていない。なぜなら、みな三尺三寸もある長い箸で食べようとしてるので食べられず飢えに苦しむ。

一方、天国は同じ三尺三寸の長い箸を使って自分が食べるのではなく、お互いに相手に食べさせているのでお腹一杯食べられて幸せ。

テーブルの上のご馳走と長い箸、どちらも道具立ては一緒です。発想の違いが地獄を天国にする。これは心の問題だけでなく、物理的な動きにも当てはまります。

たとえば、水泳の息継ぎのときは、まず、息を吐いてから吸うのです。最初に吐かずに息を吸おうとすると、水しか入りません。先に得ようとすると、欲しいものでなく不要なものが入ってくる。

いままでの社会は「まず自分がとる」を原理で動いてきました。しかし、その発想は「人の良心と物理の原則」とも調和しないものでした。発想を変えて、一人ひとりが勇気を持って、まず自ら与えられるものを与える。そうすれば全員が与えられ満ち足りる。

それが「誰一人取り残さない」社会をつくる最強のコツかもしれません。

さて、この本の企画を生産性出版編集者の村上直子さんからいただいたのは、2年以上前でした。1年以上前から書きはじめながらも遅々として進まない私を、いつもにこやかに激励してくださり、ここまで引っ張っていただいたことに心から感謝申し上げます。また、締め切りぎりぎりまでに大量の原稿をさばいて、図表などをきれいに描き、まとめていただいたｈｉｔｏｅの榎本大輔さん、横山織恵さんにも、心からのお礼を申し上げます。

また、この本を書くための経験や知識をモノの考え方をはぐくんでいただいた大和総研の諸先輩と同輩の方、原稿書くのを見守ってくれた新しい職場のみなさんにも、感謝の気持ちを置かせていただきます。

著者

温暖化　天の川も　反乱す

夏の暮れ　強き日差し　に励まされ

お役立ちサイト（ほんの一例）

最後に、私が使っている情報サイトや、かかわっている団体などを紹介しましょう。

エシカルな世界は、日々広がっているので、これは私が触れて知ってる狭い範囲のことです。みなさんもこれらを出発点として、SDGs達成にむけ、一緒に伴奏するパートナーを探してください。

エシカル消費全般について広く知りたい

■一般社団法人 日本エシカル推進協議会 https://www.jeijc.org/
私が理事を務めている団体です。フェアトレード、エコ、幅広くエシカル消費を推進する個人や組織が参加しており、食べ物からファッションまでエシカルについての情報があります。

■日本サステナブル・ラベル協会：https://jsl.life/
最近増えているエコやフェアトレードのラベル。ここには大事なラベルについての情報があります。

■消費者エシカルラボ
https://www.caa.go.jp/policies/policy/consumer_education/public_awareness/ethical/ethical_lab/
地域におけるエシカルライフ推進のための情報発信拠点です。

■オーガニックプレス https://organic-press.com/
「オーガニックプレス」は、オーガニック業界の魅力やトレンドを発信するオーガニック情報の総合サイト。食品、コスメ、ライフスタイルにかかわる企業や店舗の製品やイベント情報がばっちりわかります。

■サステナブル・ビジネス・マガジン・オルタナ（http://www.alterna.co.jp/）。わかりやすい語り口で、いま話題になっているサステナブルな課題について紹介しています。

環境問題や社会課題について知って活動したい

■WWFジャパン https://www.wwf.or.jp/ 環境問題専門の国際NGO

■国際環境NGO グリーンピースジャパン（https://www.greenpeace.org/japan/）
環境問題専門の国際NGO

■オックスファムジャパン （http://oxfam.jp/）人権問題専門の国際NGO

■プラン・インターナショナル・ジャパン（https://www.plan-international.jp/first/）
途上国の子どもの支援を行う国際NGO

モノ以外にもエシカルな暮らしはできます。

エネルギーを見直そう

■全国ご当地エネルギー協会（http://communitypower.jp/）地域からエネルギーも地産地消に。

■みんな電力（https://minden.co.jp/）炭素を出さない電力がみなさんの家庭でも契約できる時代に。

生ごみを見直そう

■Local Food Cycling https://www.jun-namaken.com/lfc/
マンションのベランダでもできる簡単なコンポストキット販売とサポートをしてくれます。

エシカルなお金

■日本サステナブル投資フォーラム JSIF https://japansif.com/
私が共同代表理事をつとめるNPOで、ESG投資推進活動と情報発信をしています。

■Ready for （https://readyfor.jp/）寄付型のクラウドファンディングサイト

■セキュリテ（https://www.securite.jp/）投資型のクラウドファンディングサイト

■ユーモ（https://eumo.co.jp/）共感型のコミュニティ通貨

日々の暮らしの中で気をつけてみると、みなさんの身近でも有機の八百屋さんとか、オーガニックパン屋さんとか、サステナブルなお店やライフスタイルが目に入るようになってきました。コンビニでも、オーガニックやフェアトレード食品が並びはじめています。ぜひとも、身のまわりのことで、できることから、日々の暮らしから変えていきましょう。

著者紹介

河口 真理子（カワグチ マリコ）

立教大学 特任教授、不二製油グループ本社株式会社 ＣＥＯ補佐、株式会社大和総研 特別アドバイザー（2020年4月より）。2020年3月まで大和総研にてサステナビリティの諸課題について、企業の立場（CSR）、投資家の立場（ESG投資）、生活者の立場（エシカル消費）の分野で20年以上調査研究、提言活動を行なってきた。

現職ではサステナビリティの教育と、エシカル消費、食品会社のエシカル経営に携わる。アナリスト協会検定会員、国連グローバル・コンパクト・ネットワーク・ジャパン理事、ＮＰＯ法人日本サステナブル投資フォーラム共同代表理事。エシカル推進協議会理事、プラン・ジャパン評議員、サステナビリティ日本フォーラム評議委員、WWFジャパン理事、環境省中央環境審議会臨時委員など。

著書には、「ソーシャルファイナンスの教科書」（生産性出版）がある。

ＳＤＧｓで「変わる経済」と「新たな暮らし」

2020年9月11日　初版第1刷

著　者　河口 真理子
発行者　髙松 克弘
編集担当　村上 直子
発行所　生産性出版
〒150-8307　東京都千代田区平河町2-13-12
日本生産性本部
電　話　03（3511）4034
https://www.jpc-net.jp/
印刷・製本　シナノパブリッシングプレス
装丁&
本文デザイン　hitoe

乱丁・落丁は生産性出版までお送りください。お取り替えします。
SBN978-4-8201-2107-7